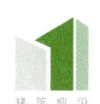

国 家 出 版 基 金 资 助 项 目
"十四五"时期国家重点出版物出版专项规划项目

中国城乡可持续建设文库（第一辑）
丛书主编　孟建民　李保峰

Organizational Optimization and Functional Improvement of Rural Space
Enlightenment from the Practical Exploration of Changyang County,
Wuling Mountain Area, Western Hubei Province

乡村空间组织优化与功能提升

基于鄂西武陵山区长阳县实践探索

洪亮平　薛　冰　乔　杰　著

http://press.hust.edu.cn
中国·武汉

图书在版编目（CIP）数据

乡村空间组织优化与功能提升：基于鄂西武陵山区长阳县实践探索 / 洪亮平, 薛冰, 乔杰著.
武汉 : 华中科技大学出版社, 2025. 6. -- (中国城乡可持续建设文库). -- ISBN 978-7-5772-1567-9

Ⅰ. F327.634

中国国家版本馆CIP数据核字第2025WY5844号

乡村空间组织优化与功能提升
——基于鄂西武陵山区长阳县实践探索　　　　　　　洪亮平　薛冰　乔杰　著

Xiangcun Kongjian Zuzhi Youhua yu Gongneng Tisheng
——Jiyu Exi Wuling Shanqu Changyang Xian Shijian Tansuo

出版发行: 华中科技大学出版社（中国·武汉）　　　　　　电话: （027）81321913
地　　址: 武汉市东湖新技术开发区华工科技园　　　　　　邮编: 430223

策划编辑: 金　紫
责任编辑: 刘姝甜　　　　　　　　　　　　　　　　封面设计: 王　娜
责任校对: 李　弋　　　　　　　　　　　　　　　　责任监印: 朱　玢

录　　排: 华中科技大学惠友文印中心
印　　刷: 湖北新华印务有限公司
开　　本: 710 mm×1000 mm　1/16
印　　张: 19.5
字　　数: 327千字
版　　次: 2025年6月第1版 第1次印刷
定　　价: 168.00 元

作者简介

洪亮平

华中科技大学建筑与城市规划学院教授，博士生导师。住房城乡建设部科技委城市设计专家委员会委员，中国城市规划学会城市更新分会委员、城市设计分会委员。主持国家社科基金、自科基金、国家科技支撑计划项目子课题、住房城乡建设部科研课题、湖北省社科基金等20余项。出版学术著作7部，发表高水平学术论文50余篇。主持地市级以上城乡规划设计项目100余项，获国家级及省部级优秀规划设计奖20余项。主要研究方向：城市设计与城市更新、乡村空间研究、中外城市比较研究。

薛 冰

湖北省规划设计研究总院有限责任公司高级工程师，博士。获评湖北省总工会"优秀学习型职工"，获聘华中科技大学建筑与城市规划学院校外硕士研究生导师。主持参与项目30余项，获省部级优秀城乡规划设计奖10余项，参与住房城乡建设部重大课题1项，参与湖北省社科基金项目1项，参编湖北省规划标准2项，参编出版著作2部。研究方向：乡村规划、城乡国土空间规划、城市更新与城市设计。

乔 杰

华中科技大学建筑与城市规划学院副教授、硕士生导师。英国皇家地理学会（RGS-IBG）会士（Fellow）、中国城市规划学会乡村规划与建设分会青年委员、湖北省乡村规划研究会理事。主持参与国家和省部级项目10项，获国家和省部级奖项6项，出版著作和教材4本，在《城市规划》《城市规划学刊》等发表期刊论文20余篇，入选"2024中国知网高被引学者Top 1%"。研究方向：乡村产业振兴与县域城镇化、乡村规划与乡村治理创新、乡村文化与乡村建设。

前　言

　　2021年中央一号文件明确提出："加快县域内城乡融合发展。""把县域作为城乡融合发展的重要切入点，强化统筹谋划和顶层设计，破除城乡分割的体制弊端，加快打通城乡要素平等交换、双向流动的制度性通道。统筹县域产业、基础设施、公共服务、基本农田、生态保护、城镇开发、村落分布等空间布局，强化县城综合服务能力，把乡镇建设成为服务农民的区域中心，实现县乡村功能衔接互补。"党的二十大报告再次强调全面推进乡村振兴，要坚持农业农村优先发展，坚持城乡融合发展，畅通城乡要素流动。全面推进乡村振兴，县域是关键。县域是我国社会治理和经济发展的基本单元，在国民经济发展中扮演着重要角色。从空间角度看，农业主要集中在县域，农村主体分布在县域，农民多数生活在县域，推进县域乡村空间组织优化和功能提升是持续优化城乡空间布局、推进城乡融合发展的重要内容。

　　武陵山区是我国最大的跨省少数民族聚居区，肩负着长江中游地区重要生态屏障和多民族地区乡村振兴的重任。受地理环境、区域人口、生态条件等综合因素作用，鄂西武陵山区乡村人居环境具有复杂多样性的特征。一方面，鄂西所处自然地理环境基底的空间异质性较强，乡村地区生态环境承载力较低，环境被破坏后的再生修复能力较弱；另一方面，受市场和区域交通限制，大部分乡村地区可供投入的提升环境生产力与恢复力的外部资源十分有限，乡村产业发展动能低，产业发展活动水平低，产业兴旺和生态宜居建设面临重大挑战。

　　在新型城镇化的推动下，近年来鄂西武陵山区乡村人口由单向流动向双向流动转变，同时山区空间内向发展格局明显，但乡村空间组织能级下降加剧了乡村空间的萎缩，为此需要顺应乡村内生性发展要求对乡村空间进行重组。乡村振兴战略的提出释放了乡村地域功能组织活力，乡村地域空间要素的价值被进一步认知，乡村地域功能呈现出多元分化的格局，以往生产功能主导下的地域功能结构的单一性被打破，乡村地域依托优势资源禀赋和区位条件形成多功能主导下的多种地域单元。同时，乡村地域内部各种功能要素通过集整与重组实现有机融合，要素组织效率提高，乡村地域功能等级得到显著提升。

本书出版受湖北省社会科学基金一般项目"后脱贫时代鄂西武陵山区乡村空间组织优化与'多维一体'乡村振兴策略——基于长阳土家族自治县实证探索"后期资助，立项编号为HBSK2021025，本书是该项目研究的主要成果。全书结合华中科技大学规划团队在长阳土家族自治县持续约10年的乡村振兴实践，在充分的乡村空间发展现状调查及样本村庄产业与空间规划的基础上，主要运用社会网络分析方法，以长阳县域乡村空间发展数据为样本，解析了鄂西武陵山区县域乡村空间发展的若干典型特征；在国家、省、市相关乡村振兴战略的指引下，按照县域乡村空间体系、乡村主体功能区划、村庄功能共同体构建三个层次，提出了针对鄂西武陵山区乡村资源禀赋特点与发展动力特征的乡村空间组织优化路径；在探索提出鄂西武陵山区长阳县域乡村空间体系三种典型模式(中心均衡式、偏心十字式、尽端轴带式)的基础上，以长阳县沿头溪小流域乡村空间单元和郑家榜村为实证案例，探索提出山区乡村空间功能提升与产业振兴的路径策略，并对鄂西武陵山区乡村空间组织优化下乡村产业振兴与社会治理的相关制度创新进行了探讨，以期通过理论研究与实践相结合，为推进湖北省城乡高质量发展、促进民族地区脱贫攻坚成果转化、全面实现乡村振兴提供有力支撑，也为国土空间规划体系下县、镇、村规划理论与方法提供有益探索。

洪亮平

于华中科技大学

2025年3月

目　录

1　绪论　001

1.1　乡村振兴背景下研究乡村定向的必要性与现实意义　002

1.2　相关概念解析　004

1.3　国内外相关研究　009

2　鄂西武陵山区长阳县乡村空间发展状况　019

2.1　鄂西武陵山区乡村发展的目标任务　020

2.2　长阳县乡村空间发展现状　024

2.3　长阳县样本案例的空间典型性分析　033

2.4　长阳县乡村空间的数理研究方法　038

3　鄂西武陵山区乡村空间发展特征解析　047

3.1　山区乡村空间与县域乡村空间体系认知　048

3.2　长阳县乡村空间发展特征分析　064

3.3　长阳县乡村空间功能网络特征识别　096

4　长阳县不同层级乡村空间组织优化路径　143

4.1　县域乡村空间组织优化目标　144

4.2　基于网络凝聚子群分析的乡村主体功能区划　150

4.3　基于最大引力连线分析的县域村庄功能共同体识别构建　165

4.4　基于网络中心度分析的中心村筛选　184

5　长阳县域乡村空间体系组织模式　　199

　5.1　县域乡村空间体系组织模式选择原则　　200

　5.2　中心均衡模式　　205

　5.3　偏心十字模式　　211

　5.4　尽端轴带模式　　217

6　长阳县典型乡村空间单元的功能提升
　　——以沿头溪小流域和郑家榜村为例　　225

　6.1　沿头溪小流域乡村振兴概况　　227

　6.2　沿头溪小流域空间——功能提升策略　　242

　6.3　郑家榜村乡村振兴概况　　255

　6.4　郑家榜村空间——功能提升策略　　260

7　鄂西武陵山区乡村空间组织优化下的制度创新　　271

　7.1　政策制度创新策略　　272

　7.2　产业结构调整策略　　278

　7.3　社会治理转型策略　　284

参考文献　　291

1

绪 论

1.1 乡村振兴背景下研究乡村定向的必要性与现实意义

1.1.1 乡村空间研究的必要性

（1）乡村振兴战略为乡村地域功能转型升级注入新的活力

乡村振兴战略是国家针对社会主义现代化建设中城乡发展的结构性矛盾提出的科学论断。从乡村振兴的内容来看，乡村振兴包括了产业、人才、文化、生态与社会组织的振兴，是对乡村地区具有全局性的战略统筹。传统种植业主导下的乡村地域功能聚焦农业生产行为，乡村地域功能结构呈现出生产功能突出，生活、生态功能弱化的结构特征。乡村振兴战略的提出释放了乡村地域功能组织活力，乡村地域空间要素的价值被进一步认知，乡村地域功能呈现出多元分化的格局。以往生产功能主导下的地域功能结构的单一性被打破，生态功能、生活功能、文化功能被激发，成为与生产功能同等重要的功能要素，乡村地域依托不同的优势资源禀赋条件形成多元功能主导下的多种地域单元，传统的乡村地域功能结构由单一结构转向多元复合结构。同时，乡村地域内部多种功能要素通过集整与组织协同形成有机融合，乡村空间要素组织效率提升，乡村地域功能等级得到显著提升。

（2）生态文明发展为欠发达山区乡村空间组织提供新的思路

欠发达山区乡村肩负着减贫、生态环境保护与永续发展三大任务。武陵山区曾是我国"十三五"时期14个集中连片特困地区之一，也曾是湖北省贫困人口最多、贫困程度最深、少数民族最集中的片区[1]。受地理环境复杂、少数民族人口众多、自然灾害频发等诸多影响因素的共同作用，鄂西武陵山区县域乡村贫困人口既具有区域代表性，又表现出复杂多样的特征[2]。同时，欠发达山区乡村所处自然地理环境基底的空间异质性较强，乡村地区生态环境承载力较低，环境被破坏后再生修复能力较弱，加上乡村可供投入的提升环境生产力与恢复能力的外部资源十分有限，乡村产业发展动能降低，产业发展活动的强度被限制在较低水平，致使乡村产业根基十分脆弱。而生态文明发展关注人与社会、环境的和谐可持续性，生态文明发展视域下的欠发达山区乡村发展是基于已有的环境承载力，以产业结构转换提升乡村空间生产效率与产品价值，以产业生态化、产品精品化、空间有序化为目标组织乡村空间生产，在环境承载能力范围内适度融合生态资源优势发展旅游服务业，转换乡村发展与空间组织动能，以生态化发展思路统筹乡村产业、社会经济与空间环境治理行为，最终完成欠发达山区生态环境保护与乡村永续发展的历史任务。

（3）欠发达山区乡村内生性发展迫切需要乡村空间组织的支撑

信息时代乡村发展外部环境日益开放，欠发达山区乡村发展的外部环境并非传统的交通隔断效应下的全封闭状态。与乡村生产、生活息息相关的各类资源要素以市场化的组织方式自由流通，制约乡村发展的时空距离因素正在逐渐弱化，城乡之间、城市与区域之间的要素流通逐渐顺畅。但同时也可看到，由于长期低水平内生性发展的积累，欠发达山区县市在接驳区域资源要素流通集聚方面的能力依然较差，县市乡村参与调度、支配区域资源要素的水平依然较低，在城镇化的推动下，欠发达山区乡村演化为人口与其他资源要素向大中城市倾斜流动的起点，乡村空间发展的外向动力减弱，空间内向发展趋势显著，乡村空间组织能级下降，导致乡村空间萎缩。

内生性发展影响下的欠发达山区乡村空间萎缩矛盾的破题需要乡村空间体系有序组织的支撑。县域乡村空间体系在宏观、中观与微观三个层级通过乡村空间要素、功能与结构的优化组织，嵌入乡村发展的整体格局，从内外双向重构乡村空间组织秩序。通过系统的乡村空间体系重构，扭转欠发达山区乡村生产功能单元微观下沉导致的空间组织个体化、细碎化局面，以空间要素集中规模化、空间功能复合多元化、空间结构紧凑网络化的优化策略构建欠发达山区乡村发展的基础技术支撑。

1.1.2　山区乡村空间研究的现实意义

（1）锚固"十三五"时期湖北省贫困山区脱贫攻坚成果，持续推进乡村振兴

在"十三五"时期，即自上而下行政主导的脱贫攻坚阶段，湖北省对贫困山区扶贫的资金、项目、政策、资源和人力是按照县—乡（镇）—村三级行政层级投放的。由于山区自然环境基础设施条件、经济发展水平和社会治理的多样性与复杂性，所有这些投入很难落地到欠发达山区实实在在的微观地理单元、人居单元、产业单元和社会治理单元中。因此，巩固湖北省脱贫攻坚成果，促进前期投入与后脱贫时代乡村振兴的有效衔接，首先需要按照"自然-经济-社会多维空间耦合"的原则，对山区乡村空间进行重组优化，将前期投入锚固到县域不同层级具体的功能性空间单元中，使脱贫攻坚成果"落地入土"，持续发力推进湖北省后续乡村振兴。

（2）对推动湖北省欠发达山区乡村空间重组优化，固本强基，大力提升山区乡村系统功能效率与乡村振兴能力具有重要实践意义

针对湖北省欠发达山区生态空间碎片化、产业空间空心化、社会空间松散化的现实特点，运用有效的技术手段与合理的路径策略，对欠发达山区各个县域以尺度特征、规模与边界、功能与职能为主要类型的物质性特征，以及以等级与非等级、节点网络联系性与方向性为主要类型的社会性特征进行准确识别，按照"多维一体"单元化与组团化的思路对山区乡村空间进行重组优化，固本强基，有利于大力提升山区乡村系统的功能效率，使后续乡村振兴投入更具目标性与精准性，整体提升乡村自身的内生力与可持续发展能力。

（3）对新的国土空间规划体系下提高湖北省欠发达山区乡村规划的科学性与实效性具有重要学术价值

后脱贫时代，面向全域全要素新的国土空间规划体系，乡村规划正逐步向多学科融合、多目标治理方向转化。基于积极利用大数据平台和社会网络量化分析等多学科方法，提升乡村规划的科学化与政策化水平，本研究着眼于乡村发展全域全要素整合、乡村治理多目标多领域合力，聚焦山区乡村空间重组优化与乡村振兴策略设计，对提高湖北省欠发达山区乡村规划的科学性与乡村振兴的实效性具有重要学术价值。

1.2　相关概念解析

（1）乡村、乡村聚落、乡村居民点

从字面含义来看，"乡村"概念包含了"乡"与"村"两层含义，而"乡"的概念生根于"农村"概念，同时在内涵上与"镇"又存在差别。清末颁布的《城镇乡地方自治章程》中明确了城乡分治的治理体制，规定以府、厅、州、县治城厢地方为"城"，城厢外的市镇村庄，屯集人口满五万者设"镇"，不足者为"乡"。民国时期也将镇作为县下面城镇地方的行政建制，规定：人口密集之处称镇，人口散活之处称乡。由此可见，"乡"、"镇"与"城"存在明显的空间界线。"城"之外的广袤地域包含了同等级的"镇"、"乡"以及基层的"村"。"乡"与"镇"仅存在人口规模基数差异，"乡"是尚未达到"镇"所要求的人口基数的村庄集合。在《中华人民共和国城乡规划法（2019年修正）》中规定乡规划与村庄规划是独立于城镇体系规划、城市规划与镇规划的规划类型，这也从地域空间类型上区划了乡村与城镇的空间界线。对于乡村的划分标准，国际上并没有统一的标准，德国与法国规定人口少于2000人的居民点为乡村，美国将少于2500人的居民点划为乡村，中国学术界将聚居常住人口在2500人以下、非农人口不超过30%的居民点称为乡村。

乡村聚落与乡村居民点是指乡村地区人类各种形式的居住场所（即村落），包括所有的村庄和拥有少量工业企业及商业服务设施，但未达到建制镇标准的乡村集镇[①]。乡村聚落与乡村居民点聚焦乡村生活空间，既成为村民居住、生活、休息和进行政治、文化活动的场所，也是从事生产劳动的场所。从地域空间层面来看，乡村聚落聚焦微观层面乡村物质空间组织演化，其空间分布、形态和内部结构等反映了人类活动与自然环境间的综合关系[3]。

（2）乡村空间、乡村空间体系

乡村空间的概念界定需要关注两个问题，一是乡村在地域空间上的空间范围，二是乡村空间固有的空间属性。

首先，在地域空间方面，乡村空间指代的是广阔的非城镇空间，包含了乡村聚落以及围绕聚落形成的生产空间与生态环境空间。然而城镇与乡村在地域空间上并不存在绝对的分割线，城镇与乡村空间演化的动态性，使城乡之间的界线趋于模糊，特别是在部分城镇化水平较高的大城市周边，城镇与乡村之间的过渡空间具有连续性，地域空间上保持部分非城又非村的复合功能地带，因此，这里对乡村的空间地域范围的界定有必要采用概括性的整体界定而非精准的边界划定，即界定于广

---

① 资料引自百度百科"乡村聚落"词条。

大的非城镇地域。

其次，以乡村空间固有的空间属性界定乡村空间的概念，需要对乡村空间的层级要素与在地性特征的展现进行综合分析。传统的对乡村空间的界定是从乡村地方性与乡村社会表征两个方面出发进行的[4-5]。而Halfacree在列斐伏尔空间生产理论影响下，将乡村空间系统划分为三个密切关联的部分：乡村的地方性、乡村的社会表征与乡村的日常生活[6-7]。乡村空间"三重模型"将乡村空间认同与乡村空间在地性、乡村空间功能性作为界定乡村空间属性的重要组成部分。

将乡村地域空间与空间属性解析的相关内容融入乡村空间概念的界定中，得到乡村空间的概念：城镇地域以外以农业生产为主体，可满足农民生活、居住、生产及其他活动需求，且为城乡提供生态保障功能的地域空间。生态空间、生产空间、生活空间从要素层面组成了乡村空间，而构成要素的多样性强化了空间地域性在空间形态、特征与结构的认知与研究过程中的影响。乡村空间要素关联响应构成了乡村空间的功能与结构，从某种意义上讲，乡村空间是由各空间要素在一定地域范围内相互作用形成的多功能镶嵌体。

乡村空间体系在概念内涵方面与地理学研究中的"城镇体系"具有相似性。城镇体系概念反映了城镇聚落体系所具有的地域空间含义。借鉴城镇体系概念[8]，总结出乡村空间体系的概念为"一定乡村地域范围内由不同规模、不同功能定位的村镇，按照一定的组织逻辑与关联网络，形成的具有一定时空地域结构且相互联系的村镇网络有机整体"。空间地域、村镇个体、村镇关系网络以及具有稳定结构的有机整体成为构成乡村空间体系的四个重要组成部分。

（3）村庄功能共同体

对于鄂西武陵山区的乡村来说，乡村空间体系组织构建的重点在于乡村产业与空间的协同发展。传统农区的乡村通过生产的规模化与现代化实现跨村庄层级的大空间尺度下的整体生产，其产业的规模化与乡村空间向局部地区的节点集聚形成同步构建。而鄂西武陵山区乡村空间资源分布较为分散，但同样在村级以上空间尺度下要素分布的类型具有明显的同质性。同时，中观尺度下邻近村庄在一定空间范围内建立了村庄联系网络，并在生产方式与发展模式上存在相似性特征。因此，从解决个体村庄细碎化生产带来的整体水平低下问题出发，以产业协同发展为重点，鄂西武陵山区乡村空间体系组织优化有必要采取资源整合规模化的方法对多个村庄进行统筹组织。

这里借鉴"城市群"的概念[①]，对村庄功能共同体（村庄组群）进行概念释义：村庄功能共同体是指一定地域范围内，以1个以上中心村为核心，以3个以上行政村为构成单元，依托便利的道路交通等基础设施网络所形成的空间组织紧凑、经济联系密切并最终实现产业同构化和空间一体化的村庄群体。村庄功能共同体是以村庄产业功能同构化实现突破发展为目标，基于微观村庄层面内在联系性构建的村庄产业功能体。从空间场域与功能性来看，村庄功能共同体是在某一典型的微观地理单元下的村庄产业协同发展功能体，其空间组织优化行为的地域空间范围是介于亚区域（乡镇一级）与行政村之间的空间层面，对微观层面的村庄空间进行整合再提升，因此具有中观与微观双重空间属性。理想的村庄功能共同体包含的村庄个数在5—8个之间，但由于山区单一村庄空间腹地较大，局部村庄功能共同体覆盖的村庄个数也可以维系在3—4个。

（4）区域、亚区域

区域、亚区域是对不同层级地域空间的表达，是指具有一定空间边界的地域空间。在县域乡村空间体系研究中所提到的"区域"指的是县域内的乡村地域，县域行政界线决定了其空间范围边界。"亚区域"指的是"区域"层面以下的细分层级，它与"区域"的关系是部分与整体的关系，以组成要素数量来判断，"亚区域"层面组成要素数量较之"区域"层面更多。

亚区域空间层级在县域乡村空间体系研究中主要是指县域内各村庄主体功能区，对于长阳县[②]这种典型的欠发达地区山区县来说，受自然地形条件与交通区位的影响，村庄主体功能区的空间边界在局部地区出现与行政边界不相一致的现象，单一地以乡镇行政边界区划次级乡村空间单元的思路，并不能完整且准确呈现山区乡村空间的分布规律，特别是在空间可达性制约条件下乡村内在空间联系网络的形成方面，跨乡镇行政边界构建空间联系的现象时有发生，因此，为能更为准确地反映县域乡村空间的客观规律，弱化行政界线在乡村空间功能区划中的刚性分割效应，本书在长阳县域乡村空间体系组织优化研究中，界定亚区域空间层级，以应对传统

① 引自百度百科"城市群"词条。
② 即长阳土家族自治县。

的行政管理层级下的行政区划不能准确反映乡村空间特征的问题。

（5）引力模型、村庄引力连线、村庄最大引力连线

引力模型是用于分析和预测空间相互作用形式的数学方程。引力模型源于牛顿万有引力定律，Tinbergen、Poyhonen将其引入经济学领域并提出"两个经济体单向贸易流量与各自的经济规模成正比，并与它们之间的空间距离成反比"。随着经济地理学家的不断关注，引力模型被广泛地运用于城镇空间相互作用的研究中。

乡村空间体系研究中引力模型的运用主要是通过对村庄发展质量与空间可达性的分析，综合评价村庄节点之间的引力大小，并以此为基础构建村庄关系网络。在村庄引力模型分析中，村庄个体发展体量较小的限制，使其在跨越大空间尺度下的引力联系并不存在，同时欠发达山区乡村较差的整体发展质量以及空间可达性紧缩了单个村庄与其他村庄的引力联系范围，使村庄引力网络存在局部断点阈值。因此，对于山区乡村来说，单个村庄节点与其他村庄节点存在有限的引力联系，将存在引力联系的村庄节点在空间上连接起来，构成村庄引力连线。在这些引力连线中，引力值最大的连线称为村庄最大引力连线。同时，村庄引力连线具有方向性。由于村庄引力计算是基于村庄发展质量与空间可达性的数理计算，存在引力联系的两个村庄节点之间引力值并不相同，最大引力连线仅反映出与当前村庄节点存在最大引力联系的村庄节点的分布情况。

（6）村庄网络凝聚子群

网络的凝聚子群分析是社会网络研究的重要方法。凝聚子群是社会关系网络中存在的一个行动者子集合，在此集合中行动者存在相对较强的、紧密的或直接的联系。将社会网络分析中的凝聚子群概念引入乡村空间体系研究中，可结合乡村自然环境与空间可达性，以村庄空间引力联系的强弱在亚区域层面区划乡村主体功能。村庄网络凝聚子群是县域乡村空间网络中的组成部分，在村庄网络凝聚子群内部，除村庄个体节点之间存在较强的空间引力联系外，村庄地域空间在要素、形态与结构上同样存在一定的相似性。

（7）村庄点度中心度、接近中心度、中间中心度

中心度是指社会网络中行动者居于核心地位的程度[9]，是评价社会网络中心性结构的重要指标。而在社会网络中心性评价中，中心度又可以分为点度中心度

（point centrality）、接近中心度（closeness centrality）与中间中心度（betweenness centrality）三种。

点度中心度：在社会网络中，以个体节点与其他很多个节点存在直接联系的数量衡量节点的中心地位。在县域乡村空间网络中，村庄点度中心度以村庄引力连线数量直接评价乡村空间网络的中心性，连线数量越多的村庄在乡村空间网络中扮演的角色越重要。

接近中心度：在社会网络中，以节点处在很多其他节点联系的最短路径上的次数衡量节点的中心地位。对于山区乡村来说，地形条件限制下的道路交通基础设施在空间上难以达到均匀分布，部分交通区位优势显著的村庄节点成为其他村庄联系路径必经之地。在测度乡村中心性强弱方面，点度中心度仅评价了与村庄发生互动关系的村庄的数量，并没有反映出联系的强弱情况，而接近中心度则通过与其他节点的最短距离强化了村庄节点在网络中的必要性，因此，村庄接近中心度比点度中心度更能够反映村庄中心性的强弱。

中间中心度：在社会网络中，以节点处在其他节点联系路径上的次数衡量某一节点的中心地位。在村庄空间网络中，村庄中间中心度集中反映了村庄节点的交通区位优势。中间中心度是村庄节点掌控乡村地域要素流通的关键。与接近中心度的最短距离相比，中间中心度并不约定目标村庄距离其他村庄的距离是否最短，而是通过评价村庄整体空间可达性的好坏进行中心性强弱评价。

1.3　国内外相关研究

1.3.1　乡村空间组织与乡村规划研究

（1）乡村空间形态、功能与特征研究

对乡村空间形态、功能与特征的研究主要集中于地理学与城乡规划学领域。1841年，德国地理学家科尔（J. G. Kohl）首次论述了不同地形条件下，道路交通条件对聚落空间分布的影响作用，以及聚落所在地理环境对聚落的集聚及分散布

局产生的内在影响[10]。1902年，路杰安（M. Lugeon）深入分析了村落空间区位的分布与自然环境条件的影响关系[11]。法国地理学家白兰士（V. Blache）、白昌纳（J. Brunhes）等人认为农村居民点布局反映了整个区域的自然条件，同时聚落的形状和位置又受局部地理环境影响[12]。1939年，阿·德芒戎（A. Demangeon）通过对法国农村聚落与农业生产之间的互动关系进行研究，从形态学的角度将乡村聚落划分为长型、块型、星型、趋向分散型四种类型。希尔（M. Hill）则归纳出规则型、随机型、集聚型、线型、低密度型和高密度型六种乡村聚落的空间形式类型[13]。

国内对乡村空间形态、功能与特征的研究起步较晚。严钦尚在《西康居住地理》中提到乡村居住空间形式与自然影响之间的关系极为密切[14]。陈述彭、杨利普在《遵义附近之聚落》中分析了房屋、市集分布与自然环境、交通等要素的关系[15]。随着乡村地理学的系统性发展，乡村聚落的研究日益完善。金其铭在《农村聚落地理研究——以江苏省为例》中揭示了自然环境、生产方式与乡村聚落的空间形式的关系[16]，并在《乡村地理学》一书中将乡村空间聚落的形式归纳为集村和散村两大类[17]。王焕等在金其铭研究基础上，将江苏乡村聚落空间形式划分为低密度块状、低密度点状、高密度点状、高密度条带状四种类型[18]。杨凯健、黄耀志立足江苏乡村实际，总结出水网主导下的带状和团块状、路网主导下的团块状以及棋盘网格状三种空间聚落形态[19]。陆元鼎、魏彦钧通过对广东省的调研[20]，提炼出广东农村聚落空间的梳式布局系统、密集式布局系统、围拢式组团式与自由散点式或排列式四种典型形式。裴安平、刘顺以考古学的方法分别对澧阳平原、洞庭湖流域的史前聚落形态进行研究[21-22]。鲁西奇在《人群·聚落·地域社会：中古南方史地初探》中发现镇村聚落多平行于河道呈一字形布局[23]。郑涛从乡村人地关系的视角分析了扬州市江都区村庄空间的集聚式、轴带式、放射式、散点式四种形态特征[24]。任国平、刘黎明等[25]应用景观格局指数和多元logistic回归模型和因子分析法对上海青浦区乡村聚落景观空间形态格局进行了相关研究。

（2）乡村空间组织机制与模式研究

①乡村空间组织机制。

德国农业经济学家杜能（J. H. Thünen）的《孤立国同农业和国民经济的关系》

一书中提到的农业区位论中就已提出农村空间布局的距离衰减规律[26]。德国著名经济学家和社会学家阿尔弗雷德·韦伯在1909年结合工业最低运费、最低工资和最佳集聚三大因素，提出追求最低成本的工业生产区位的工业区位理论[27]。1982年，学者威廉指出德国北部乡村人口在政策导向下流向少数中心地，进而导致乡村居民点空间结构发生变化。乡村空间研究由物质空间层面转向社会文化属性层面使部分学者更加关注人类活动行为对空间组织的影响效应。吴文恒等分析，影响村庄空间格局演化的主要因素为经济原因、社会结构演变、城镇化以及村民传统观念变革、不同时期国家政策的影响，而推动空间演化的根本动力是乡村人口的变动[28]。人类自身的需求推动乡村聚居的组织，并使其经历形成、演变、发展、衰落与重生等过程[29]。乔家君在研究中国乡村社区空间过程中[30]总结出自然环境在乡村聚落选址早期具有决定性推动作用，并对近代乡村聚落空间多元化构架提供庇护、捍域、留有后路、抵御灾害和生态节制等功能。何峰等通过对湖南汉族传统村落空间形态的历史观察[31]，提出当前村落演化为宗法礼制消散、人口增加与经济增速缓慢的内在动因与制度审批规范化以及自上而下政策制度左右的外在动因共同作用的结果。何峰等将传统村落视为一个自治体，并提出传统村落按照自主互助的方式进行空间营建[32]。文晓璐利用自组织理论分析了哈尔滨市乡村聚落空间组织，认为各行政区之间非线性的联系推动了乡村空间的分化[33]。

②乡村空间组织模式。

国外对乡村空间组织的研究经历了由20世纪70年代的功能主义到80年代的"政治-经济"影响再到90年代的社会文化构建的变迁，如将不同国家经济发展动态演变过程与乡村空间的变化关联研究，强调政治政策影响以及权力机构对于乡村空间组织模式形成的影响作用[34]。社会构建下的乡村空间日益成为脱离乡村地域功能的符号化田园模式。由于我国多元地理空间和社会经济发展的差异性，国内关于乡村空间组织的研究呈现从单一学科视野转向综合研究的态势。如部分学者从沟域经济的空间组织特征的角度提出了基于生态建设、沟道治理、生态产业培育和新农村建设"四位一体"的北京山区乡村空间的组织模式[35]；吕红医运用"点穴"原理从空间自组织角度对乡村空间组织模式进行描述[36]；姜雪婷等从文化同源性视角提出广东永汉传统聚落的"后龙山林地＋建筑群＋地堂＋鱼塘＋耕地"基本构成模式[37]；翁一峰从产权关系视角分析苏南地区乡村人地空间组织模式[38]；乔杰等以中部贫困山区典型村庄为案例演绎了乡村全面发展的一般过程[39]；王竹等从"地方语言"的角度，提出乡村空间组织的"生态人居"模式，提炼出"地区乡村的空间句法"[40]。

（3）乡村发展转型、土地整治与空间重构的相关研究

针对当前全球化背景下的粮食安全、气候变化与经济多元化等议题，国外重新审视乡村地区发展的重要性，并将其作为未来规划的一个核心部分。乡村发展研究将越来越注重宏观问题或巨型系统下诸如粮食安全和全球农产品贸易格局变化问题带来的乡村发展路径设计问题，区域化、本土化背景下乡村发展的模式探索，如微观层面乡村发展对外部环境不确定性的适应性路径设计，以及如何实现乡村空间资源的有效管理与运用等[41-42]。国内对于乡村发展的研究始于民国时期。梁漱溟将乡村建设分为政治、经济和组织建设三项内容[43]。晏阳初认为中国的乡村建设需要的不仅是对乡村环境的建设，更重要的是对乡村社会深层的结构问题的全面建设[44]。而后对乡村发展模式的研究主要集中于不同地域空间的特色型发展路径与模式的总结。王金霞等通过对比乡村发展的定县模式和北碚模式，提出以立足于农业发展的内涵式乡村改造模式为主要特点的定县模式是适合走上农业现代化之路，践行科学发展观的正确抉择[45]。张富刚等从区域乡村发展动力源角度提出工业化和城市化外援驱动主导型以及农村自我发展主导型两种农村发展模式[46]。龙花楼等针对经济发达地区提出城镇带动与内生增长两种发展模式[47]。

乡村空间重构是有因果联系的复杂过程[48]。国外对乡村空间重构的研究起源于20世纪70年代，城市化与乡村非农化转变了乡村空间形式。部分学者从经济、社会、环境以及村民参与等方面对乡村空间重构的概念进行界定[49-50]。乡村空间重构研究的内容则涉及空间重构的影响因素与动力机制、空间重构路径、空间重构模式。在乡村空间重构的影响因素方面，有学者提出城乡收入与福利差异引导乡村人口外流，造成乡村空间资源的流失荒废[51-52]，国家通过政策制定遏制乡村空间的无序发展[53-54]。在乡村空间重构路径方面，国外学者主要从乡村空间的物质空间、经济空间、社会空间、文化空间、生态空间等方面进行了细致的研究[55-56]。在乡村空间重构模式方面，为应对移民导向、经济转型、土地利用转型、权力的影响，有学者针对乡村空间提出多种新型重构模式[57]，如在土地利用方面提出控制城市蔓延、提升乡村生态空间保护、实现乡村空间可持续发展的模式。

我国乡村正经历着乡村地域空间格局优化、社会经济形态重组以及城乡地域系统功能提升的转型过程，乡村空间重构研究在内容上与国外研究一致，即聚焦乡村空间重构的影响因素、构建路径、构建模式方面，在研究视角与方法上多从乡村土地利用的变化切入，运用数理分析的方法进行综合研究。陈晓华、张小林经过研究[58]认为中国城市化的快速推进引发了乡村空间的巨大变革，中国乡村重构的重点应放在乡村空间系统的重构上。刘彦随等认为推进乡村地域系统的空间、组织与产业的"三整合"是解决乡村空心化的重要路径[59]。而部分学者指出聚落空间层面是当前乡村空间重构研究的主要领域。龙花楼等提出通过村镇空间体系优化重构乡村"三生"空间的路径模式[60]。有学者从城乡关系优化、村镇体系调整、基础设施保障三个方面提出北京市乡村空间重构的实践路径[61]；储程等认为以权力关系、权力与资本的关系为核心的柔性尺度重组是推动全面乡村空间重组的关键[62]。

1.3.2　乡村空间体系的相关研究

张小林用系统论的方法将乡村空间系统界定为"具有特定性质的一种时空系统"，并指出了乡村空间系统的三大特征：大分散小集中、空间非独立性、可持续发展性[63]。在前述概念解析中乡村空间体系与乡村空间系统存在概念内涵差异，乡村空间体系的研究更多地关注乡村空间层级性、功能性与结构性的解析与构建，而现有的研究成果中与此内容相关性较强的是当前县域宏观尺度下的村镇体系研究，以及中微观层面的乡村居民点体系两个领域。

（1）村镇体系的相关研究

国外村镇研究主要集中于经济视角下的村镇发展、规划视角下的村镇规划、地理空间视角下的村镇体系研究三个方面，而村镇体系研究则侧重于小城镇和村庄的空间分布、地域结构演变及其空间组合关系等方面[64-65]。地理学家克里斯泰勒（W. Christaller）的中心地理论构建了村镇体系研究的理论雏形，后经过众多地理学家的深化完善已经形成当前村镇体系研究的理论基础。聚落地理学家关注村镇空间结构形态演变的过程与动力机制[66]；部分学者则借鉴城市增长中心的构建思路，通过培育新型村镇增长中心，形成村镇地域空间等级梯度的区划，如弗里德曼提出针对发展中国家城镇化的"农村都市"构建计划，在农村地域构建新型中心[67]，这与现有的村镇体系规划中的"重点镇"、"一般镇"、"中心村"、"基层村"的区划思路一致。而第一次世界大战后英国与美国在霍华德田园城市理论指导下进行的卫星城建设，一定程度上缩减了城乡发展差距，促进了农村村镇体系空间重构。

国内村镇体系规划研究主要从地理空间出发研究聚落层面村镇体系空间整合优化问题。同时，地域空间尺度方面的村镇体系研究主要集中于县域层面[68]。《县域村镇体系规划编制暂行办法》（建规〔2006〕183号）中规定："县域村镇体系规划是政府调控县域村镇空间资源、指导村镇发展和建设，促进城乡经济、社会和环境协调发展的重要手段。"部分学者从资源集中、空间集约的角度提出中心镇整合、中心村集中集约发展的聚落体系优化策略[69]；有学者提出在县域尺度上以新市区与新城—城镇组团（重点中心镇、一般城镇、集镇）—新型农村社区三级构建村镇体系规划布局[70]；还有学者认为乡镇村镇体系等级结构应按照"重点镇—中心社区——一般社区"三级体系进行重构。部分学者在村镇体系规划中针对不同等级村镇进行了不同的职能分类，以村镇体系规划统筹发展规划、土地利用规划、总体规划、生态规划、旅游规划等内容，构建县域层面的"多规合一"规划框架[71]。

（2）乡村居民点体系的相关研究

国外对乡村居民点体系的研究主要集中在乡村居民点等级体系、乡村居民点体系模式等几个方面。克里斯泰勒对德国南部居民点以及公共服务设施的等级规模与空间距离关系进行相关研究，提出了中心地理论；廖什（August Losch）在克氏中心地理论基础上将生产区与市场区结合，提出了基于不同商品门槛值的市场区空间分布，并得出正六边形的居民点分布模型[72]；艾萨德（Walter Isard）基于居民点人口与环境机制及非均匀分布的背景对中心地理论进行了完善补充，提出居民点空间分布呈现出不规则六边形的空间形态[73]；V. Tidswell基于东约克夏地区各种商品购买情况，分析了该居民点空间的等级体系分布；Robert在前述中心地理论的基础上，对经济活动成本、市场距离与居民点分布半径进行了相关性分析；部分学者综合市场区与居民点空间分布情况，结合当地乡村居民点的实际情况将乡村居民点分为八个等级，以此完善了中心地理论的相关内容[74]；以色列学者将中心地理论内容应用于公共服务设施的配置上，提出了等级服务中心模式，即6—10个村庄围绕1个中心村，村庄服务设施配给内容与水平和村庄数量与规模相协调[72]。

国内乡村居民点（聚落）体系研究的内容包括聚落等级规模序列及其职能、聚落体系空间组织等。有学者认为聚落的等级体系与人口规模、各类土地利用面积相关性较强，聚落职能的复杂程度与等级体系高低相关[75]；部分学者认为当前我国乡村聚落等级体系呈现出"小、散、乱"的空间状态[10, 76]。在聚落体系的空间组织方面，研究内容多聚焦中心地理论的地域验证性研究。如李立通过对江南地区传统聚落体系进行研究，认为江南聚落体系符合中心地理论范式结构[77]；杜国明等在黑龙江省农区居民点体系研究中发现当地居民点体系并不完全符合中心地分布模式[78]。部分学者对乡村聚落体系的影响机制进行了相关研究，如赵之枫提出城乡二元性对乡村聚落体系的孤立与分散效应；张杜娟、刘科伟认为乡村聚落的自组织过程形成了空间体系的均衡状态，而在当前城乡一体化背景下乡村聚落体系面临重组[65]。在聚落体系的空间格局研究中，部分学者在乡村聚落体系规划方面运用中心地理论进行了众多实践性研究[68, 79]，如中心村镇的选取与建设[80]、区域村庄布点规划[81-82]、聚落体系与模式[83]等。

1.3.3 山区乡村空间的相关研究

山区乡村具有土地空间功能结构复杂、层次丰富、国土空间景观多样化等特征。国内外对于山区乡村空间的相关研究多集中于乡村聚落空间，其中包括对山区聚落空间分布特征以及影响因素的分析，以及乡村聚落空间演化的过程与机制研究（其中包括乡村人地关系变迁、经济与社会空间重构、地域空间功能提升等方面）。国外研究方面，法国地理学家白吕纳（Jean Brunhes）在其《人地学原理》一书中将欧洲山区乡村聚落的空间形态描述为整体分散的空间分布特征，并指出村庄聚落与自然环境地形以及环境要素的关系性，在高山地区村庄聚落呈现孤点式分布，河谷地区村庄聚落较为聚集[12]。阿·德芒戎（Albert Demangeon）解析了自然条件、社会条件和农业经济三类因素对欧洲农村聚落区位、空间结构及其聚落体系演变的影响[84]。美国地理学家德伯里根据乡村聚落空间格局将乡村聚落形态分为条形、团形、环形、墙院式和网格式五种[85]。

国内对山区乡村空间的研究起步较晚，相关研究多以实地考察的方法对乡村聚落空间进行综合研究。林超等提出了大巴山区聚落的散居空间特征[86]；朱炳海考察了西康山地地区乡村聚落，分析了聚落与自然环境的关系，总结出聚落空间分布的五个特征[87]；胡振洲对山区散居乡村聚落的成因进行了系统研究，归纳出地形、气候、交通等七种影响因素，并在此基础上形成了乡村区划类型[88]；金其铭等认为地形限制下的耕地分散是导致聚落分散的主要原因[89]。从研究地域层面来看，国内对山区、丘陵区域的乡村聚落研究主要集中在西南山区、黄土高原区[90]、江南丘陵区、武陵山区等非沿海发达地区的山区地域。陈永林等提出，江南丘陵地区乡村聚落数量与规模较小，空间上主要分布在海拔200—600米的低山地域[91]；李瑛等在陕南乡村聚落体系研究中指出山区、丘陵地区以及平原地区村落人口规模的差异关系[75]；李骞国等在县域自然环境条件对黄土丘陵区乡村聚落空间分布差异的影响研究中指出，平坦地势有利于聚落聚集[92]；洪惠坤等运用GIS技术和Dagum基尼系数刻画重庆市不同地区乡村空间功能值地区差异特征，提出重庆市乡村空间存在的八种多功能类型[93]；张瑜、李德智等聚焦山区自然村聚落空间层面，提出武陵山区乡村聚落存在带状聚集、团状聚集、带状散布、团状散布四种典型空间形态[94]。

1.3.4 社会网络分析方法的运用研究

社会网络分析（social network analysis）是一门对社会关系进行量化分析的艺术与技术[95]。德国社会学家齐美尔（G. Simmel）在《群体联系的网络》中最早使用了"网络"一词；英国人类学家拉德克利夫-布朗（A. Radcliffe-Brown）首次提出了"社会网"的概念[96]。巴恩斯（John Barnes）通过对挪威渔村阶级体系的分析，首次对社会网进行了系统研究[97]。随着社会网络分析中各种概念（中心度、中心势、结构平衡性、网络均衡性、网络密度、凝聚子群）的不断形成与完善，社会网络分析方法逐渐成为社会学、心理学、人类学与数学领域研究的热点。以Kurt等为代表的社会计量学派，主要通过图论方法进行社会网络的验证性分析；以Lloyd为代表的哈佛学派，主要研究网络节点关系与整体网络结构关系；以曼彻斯特学派为代表的人类学派，研究了乡村社会"共同体"相互关系结构。"新哈佛学派"的快速发展使社会网络分析方法进入了快速发展时期[98]。F. Snickars等基于社会网络分析中的场域竞争关系提出了解耦股动理论[99]；Lin等提出了网络化效应受等级结构制约的结构相依命题[100]。Marconcini等学者运用社会网络分析方法研究了城市群空间扩张问题，指出在城市群空间网络中网络关联性较强的定居点往往位于群体网络的中心地位，这为城镇群空间结构研究以及乡村空间网络研究提供了新的思路[101]。

国内早期对社会网络分析的研究多见于社会学的人群社会结构以及统计学中的金融统计与计算机统计等方面，如张文宏、阮丹青等对天津市农村与城市居民社会网的分析[97, 102]。同时，有学者对社会网络分析的优缺点以及未来运用方向进行了总结[95, 103-104]。如汤汇道指出社会网络分析摆脱了还原主义的循环论证困境，同时在社会关系上将宏观社会结构与微观社会网络联系起来；李林艳指出社会网络分析存在缺乏动因分析、动态分析不足以及轻视社会网络本身的嵌入性的局限性。社会网络分析在经济地理与城乡规划领域的相关研究整体较少，且多聚焦宏观层面城市群经济网络结构特征与省域旅游空间网络的相关研究。如张荣天运用社会网络分析中的密度、中心度、凝聚子群等方法分析了长三角城市群网络空间结构演变特征[105]；周丰芝等运用结构洞、凝聚子群分析了长株潭城市群的经济网络中心结构[106]；葛丽霞等在北疆区域城镇空间结构研究中运用社会网络分析中的网络密度与中心度分析方法，提出各级城市分类管控的应对策略[107]；高阔等运用SNA研究了昌九一体化城市群网络结构的经济联系[108]。社会网络分析在乡村地理学与城乡规划学领域的研究较少，如王雯雯运用SNA分析方法构建了昆山市村镇体系空间模型[109]。

2

鄂西武陵山区长阳县乡村
空间发展状况

2.1 鄂西武陵山区乡村发展的目标任务

"十三五"时期，鄂西武陵山区肩负着脱贫、生态环境保护与乡村永续发展三大任务，现实中乡村扶贫攻坚、生态环境保护与乡村建设困难重重。一是精准扶贫缺乏科学的规划指引和技术支持，导致国家政策、资金和项目的投放难以落地。二是山区乡村开发缺乏经济发展与环境保护的全局统筹，生态环境的整体性随着细碎化的乡村建设逐渐降低，山区乡村生态屏障受到冲击。同时，新农村建设中，迁村并点和产业空间组织的随意性进一步加剧了该地域人居、生态空间的分离和碎片化，使乡村永续发展难以为继。武陵山区涉及湖北、湖南、重庆、贵州四省市交界地区多个集中连片特困县市（2019年），具体分布情况如表2.1所示。

表2.1 武陵山区集中连片特困县市分布情况（2019年）

所属省市	特困县市个数
湖北省	11
湖南省	37
重庆市	7
贵州省	16

2.1.1 "十三五"时期鄂西武陵山区贫困状况与脱贫攻坚

精准扶贫、乡村振兴是党中央、国务院制定的重大国家战略，也是《中华人民共和国国民经济和社会发展第十三个五年规划纲要》重点目标内容之一。武陵山区是我国"十三五"时期14个集中连片特困地区之一，也曾是湖北省贫困人口最多、贫困程度最深、少数民族最集中的片区[1]。受地理环境复杂、少数民族人口众多、自然灾害频发等诸多影响因素的共同作用，武陵山区县域乡村贫困人口既具有区域代表性，又表现出复杂多样的特征[2]。其中，鄂西武陵山区相关情况如表2.2、图2.1、图2.2所示。

表 2.2　鄂西武陵山区集中连片特困县市名单（2019 年）

所属地级市（州）	县市个数	县市名称
宜昌市	3	秭归县、长阳土家族自治县、五峰土家族自治县
恩施土家族苗族自治州	8	恩施市、利川市、建始县、巴东县、宣恩县、咸丰县、来凤县、鹤峰县

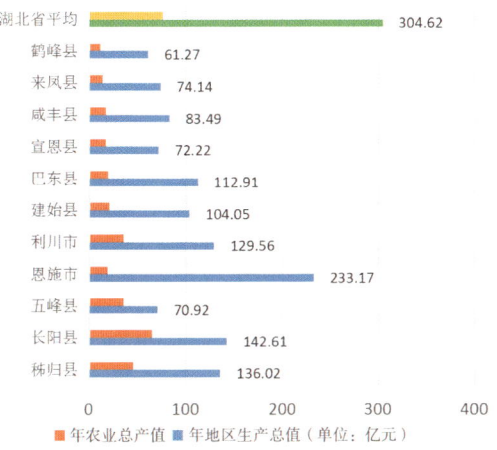

图 2.1　鄂西武陵山区县市经济发展比较

（图片来源：湖北省统计年鉴 2019）

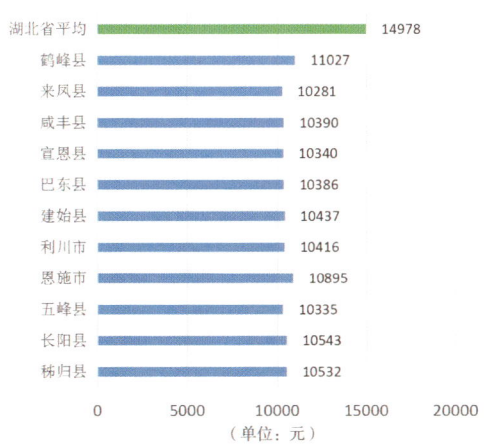

图 2.2　鄂西武陵山区县市农村居民年人均可支配收入比较

（图片来源：湖北省统计年鉴 2019）

从经济发展水平来看，鄂西武陵山区11个县市整体呈现出发展的滞后性，除恩施市以外，其余10个县市年地区生产总值均低于150亿元，鹤峰县2018年全县地区生产总值仅为61.27亿元，远低于湖北省103个区县市304.62亿元的平均水平；从11个县市农业的发展情况来看，由于山区地形条件的限制，县域农业发展较为落后，农业产值普遍较低，且在产业结构上占比不高（如图2.1所示）。在农村居民年人均可支配收入方面，鄂西武陵山区11个县市整体维持在人均10000元的水平，这一水平约为湖北省农村居民年人均可支配收入14978元的2/3。由此可见，无论从县市经济发展，还是村民可支配收入来看，鄂西武陵山区县市以及乡村地区都处于滞后发展的阶段，县市经济发展难以为农村地区提供强劲与持久的支撑，鄂西武陵山区乡村发展呈现出低水平均衡发展的特征。

落后的经济发展也影响了鄂西武陵山区11个县市的人口迁移情况。鄂西武陵山区县市人口规模对比如图2.3所示，利川市与恩施市的总人口超过湖北省区县市平均水平，其余9个县市户籍人口均低于湖北省平均的59.93万人，各县市人口基数较低，产业发展的人口支撑效应不突出。户籍人口与人口流出率比较分别如图2.4、图2.5所示。从人口的流动情况来看，鄂西武陵山区人口整体流动趋势与湖北省相似，均呈现出人口外流特征，且部分县市人口流出现象突出，如2018年利川市的人口净流出数量为24.47万人，占利川市总户籍人口的26.68%。结合地区经济发展与人口总体特征，可以看出，"十三五"期间鄂西武陵山区11个县市的乡村地区

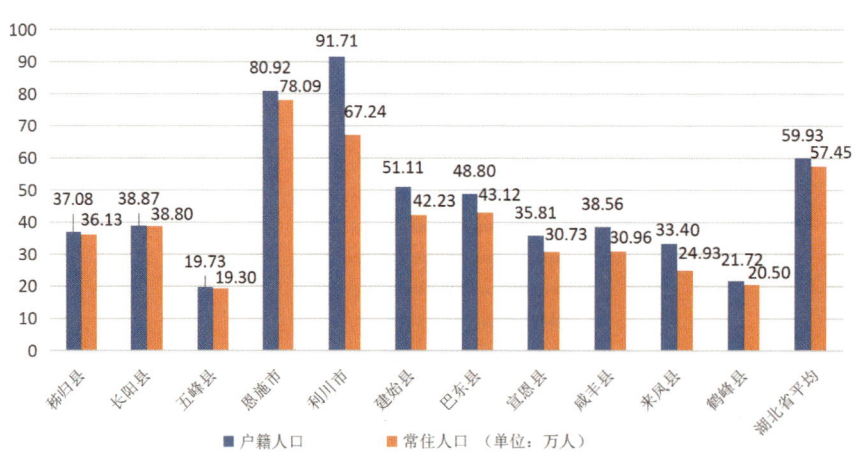

图2.3 鄂西武陵山区县市人口规模对比图

（图片来源：湖北省统计年鉴2019）

发展存在整体滞后的问题，地区扶贫、脱贫攻坚任务十分艰巨，具有较强的紧迫性与挑战性。

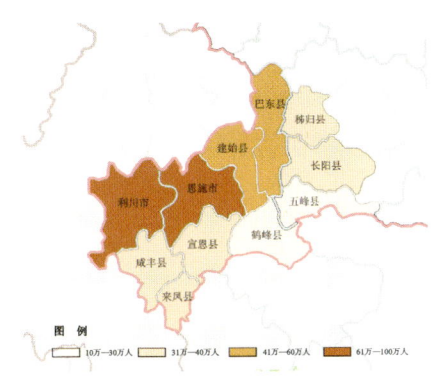

图2.4 鄂西武陵山区县市户籍人口比较

（图片来源：作者自绘）

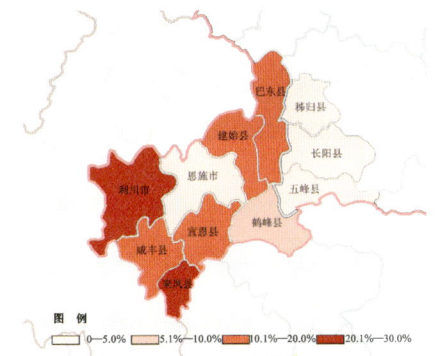

图2.5 鄂西武陵山区县市人口流出率比较

（图片来源：作者自绘）

2.1.2 鄂西武陵山区生态环境发展目标

武陵山区地质构造以喀斯特山地为主要特征，水土资源配合差，生态环境脆弱且生态敏感性较高[110]。作为我国"十三五"时期的集中连片特困地区之一，农业发展是鄂西武陵山区县市发展的主要方向之一，而山区复杂的自然环境与气候条件对武陵山区农业生产带来了不利。多山的喀斯特地貌下用于农业生产的耕地资源总量较少，同时部分地区土壤浅薄，形成耕地与山地相互嵌入的"岩卡田"自然地貌（如图2.6所示），地区农业生产效率较低。同时，武陵山区气候温湿多雨，夏冬温差小，农作物易罹病虫害，据统计，区域内农业病虫害多达130余种，严重危害地区农作物生长。例如水稻因病虫危害的损失率为9.48%—12.39%。除此之外，旱灾、洪灾、冰雹、大风等气象灾害在武陵山区具有普遍性、区域性与群发性特点，生态环境的微弱变化牵动地区生态环境的群体性变化，因此，鄂西武陵山区也是我国中部山区生态敏感性较强的区域，加之鄂西武陵山区局部地带富集矿产资源，开发利用方式不当造成植被覆盖破坏、水土流失、土壤退化、河道流域污染等生态环境问题，进一步激化了武陵山区生态环境的脆弱性。

图 2.6　长阳县耕地中的"岩卡田"现象

（图片来源：作者自摄）

2.2　长阳县乡村空间发展现状

2.2.1　自然地理环境

长阳县位于鄂西武陵山区的东部边缘地带（如图2.7所示），空间区位上属于江汉平原向武陵山区过渡的丘陵山地地带，县域全境为武陵山脉与巫山山脉延伸部。以清江为界，县域以南为武陵山脉，以北为巫山山脉。县域总体地势西高东低，北、西、南三面高起，东部有少许丘陵，素有"八山半水一分半田"之称。

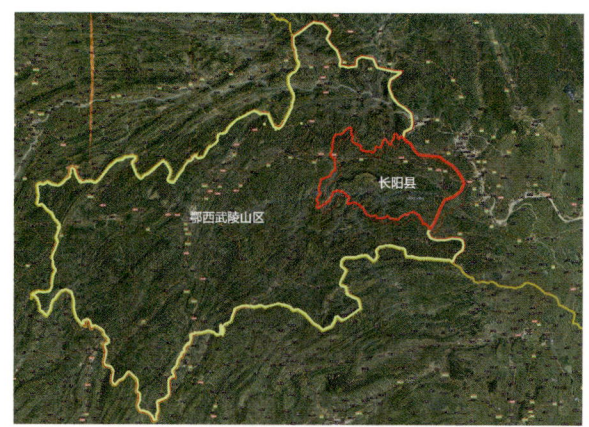

图 2.7　鄂西武陵山区 Google 影像图

（图片来源：作者改绘）

全县土地总面积为3420平方千米，土地资源的主体由林地构成，其中低丘河谷区占29.2%，低山区占19.6%，中山区占30.3%，高山区占20.9%，从河谷到高山，植被分布具有明显的垂直分布性。全县林地面积为395.87万亩（1亩约合667平方米），占全县土地总面积的77.21%，境内有耕地面积80.64万亩。此外，长阳县境内水系资源丰富，除主要的清江以外，境内还分布有河道流域10余条，属于典型的流域山地地貌特征区。

总体来看，长阳县自然地理环境具有鄂西武陵山区典型的山地型城镇特征，同时地区河流水网密集，流域山地地貌覆盖地区大部分空间范围，自然环境空间异质性较强（如图2.8所示）。从地域空间上来看，鄂西武陵山区县市基本远离区域中心城市的空间辐射，区域空间区位优势较弱。以长阳县为典型案例来看，长阳县距离武汉市空间距离较远，距离宜昌市中心城区约60千米，且存在跨江联系的问题，在空间区位上属于省域副中心城市外围的辐射带动地区，并不具有较强的空间区位优势，这与鄂西武陵山区其他县市的空间区位格局基本类似，也因此，县域村镇受外在辐射影响作用较小，主要体现出内生性变迁的空间特征。

图2.8　长阳县域高程地形图（单位：米）

（图片来源：作者自绘）

2.2.2 社会经济发展水平

（1）产业发展概况

鄂西武陵山区县市产业结构对比图（2018年数据）如图2.9所示。

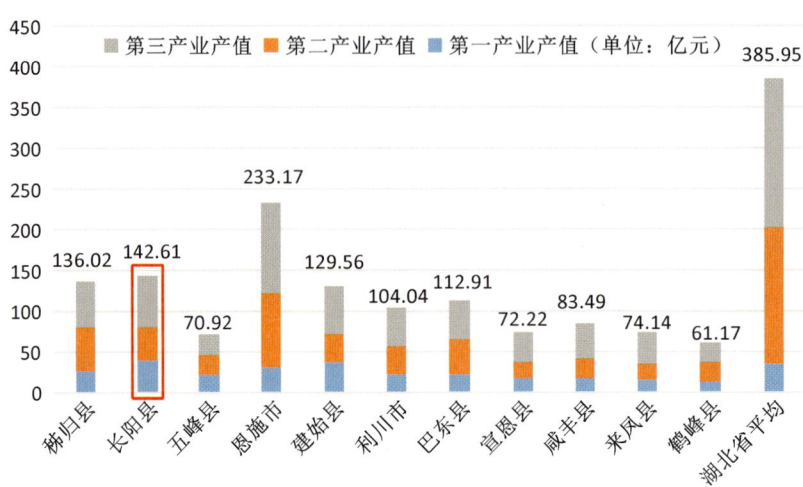

图 2.9　鄂西武陵山区县市产业结构对比图（2018 年数据）

（图片来源：宜昌市统计年鉴2019、恩施州统计年鉴2019、湖北省统计年鉴2019、长阳县2018年国民经济和社会发展统计公报，因统计口径不同，部分数据与前有异）

从鄂西武陵山区县市的生产总值来看，2018年11个县市地区生产总值大幅落后于湖北省区县市平均水平。在产业结构方面，11个县市第一产业依然占据一定比例，农业生产依然不可或缺，同时县市第二产业比重均低于第三产业比重，鄂西武陵山区县市产业发展呈现出工业发展缓慢、服务业主导发展的趋势。而长阳县样本2018年全年地区生产总值为142.61亿元，县域三次产业结构由2017年的30.53∶28.55∶40.92调整为26.23∶29.93∶43.84。全县产业发展逐步由此前整体"一三二"产业低水平均衡发展转向"三二一"产业协同发展的格局，这与武陵山区整体发展趋势一致。

从长阳县产业发展与道路交通设施的耦合关系来看，县域产业发展呈现出南北两条带状结构特征（如图2.10所示）：北部依托沪渝高速、318国道及宜长快速路形成陆路休闲旅游+特色农业产业带；南部地区围绕清江水系与丰富的自然生态资源，形成水路山水休闲产业带。

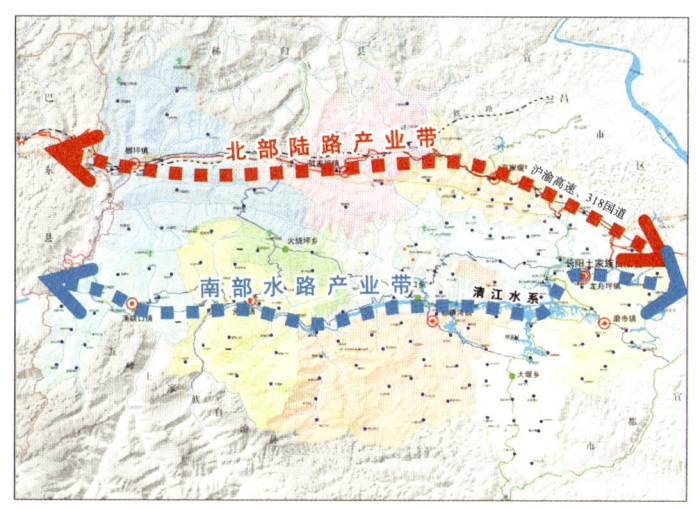

图 2.10　长阳县产业发展结构

（2）社会发展概况

鄂西武陵山区县市城镇化率及农村居民可支配收入表如表2.3所示。鄂西武陵山区县市2018年城镇化率远低于湖北省平均值60.30%，同时农村常住居民年人均可支配收入水平也低于全省平均水平，鄂西武陵山区县市社会经济发展水平呈现出低水平均衡的特点。这反映出鄂西武陵山区县市产业发展对城镇化率提升的作用有限，乡村地区整体处于落后发展的初级阶段。

表 2.3　鄂西武陵山区县市城镇化率及农村居民可支配收入表

县市名称	2018 年城镇化率 /(%)	2018 年农村常住居民年人均可支配收入 / 元
秭归县	40.02	10532
长阳县	**37.21**	**10543**
五峰县	40.40	10335
恩施市	56.02	10895
利川市	44.22	10416
建始县	41.70	10437
巴东县	39.20	10386
宣恩县	38.04	10340
咸丰县	42.79	10390
来凤县	43.40	10281

县市名称	2018年城镇化率 /(%)	2018年农村常住居民年人均可支配收入 / 元
鹤峰县	37.98	11027
湖北省平均	60.30	14978

资料来源：宜昌市统计年鉴2019、恩施州统计年鉴2019、湖北省统计年鉴2019、长阳县2018年国民经济和社会发展统计公报。

2018年长阳县城镇化率为37.21%，在鄂西武陵山区县市中排名末位，农村常住居民年人均可支配收入为10543元，与其他县市保持同一水平。

除此之外，长阳县乡村人口老龄化趋势显现（见图2.11）。在劳动力结构方面，长阳县劳动力结构符合农村劳动人口占据主导地位的特征。长阳县乡村劳动者占全社会从业人员比例为86%。如图2.12所示，全县劳动力资源总量变化整体呈现下降的趋势，相比2009年，2017年全县劳动力资源总量下降了约2万人，同时全社会从业人员数量逐年提升，劳动力资源总量与实际从业人员数量差距逐年减小，反映出全县劳动力剩余现象逐渐消退，劳动力实际就业情况得到改善。

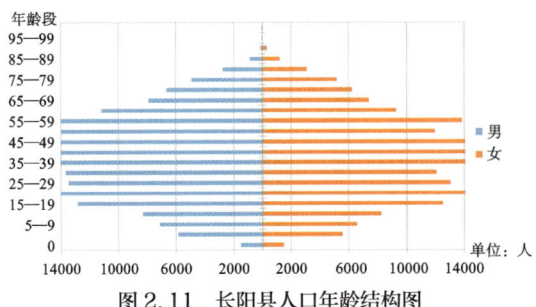

图2.11　长阳县人口年龄结构图

（图片来源：长阳县统计年鉴2018）

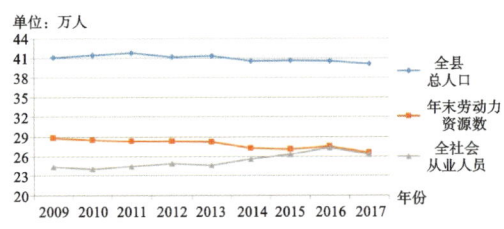

图2.12　长阳县劳动力变化图

（图片来源：长阳县统计年鉴2018）

在公共服务设施配置方面，长阳县域乡村存在高等级公共服务设施（如文化设施、医疗卫生设施）向中心城镇集中的趋势（如图2.13、图2.14所示），而村庄社区等低等级公共服务设施（如教育设施）存在配置短缺的问题，特别是教育资源方面（如图2.15、图2.16所示）。

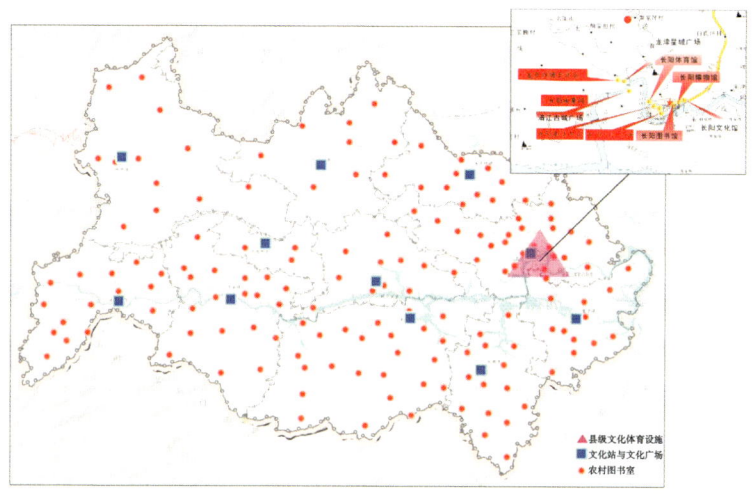

图 2.13　长阳县文化设施分布图

（图片来源：作者自绘）

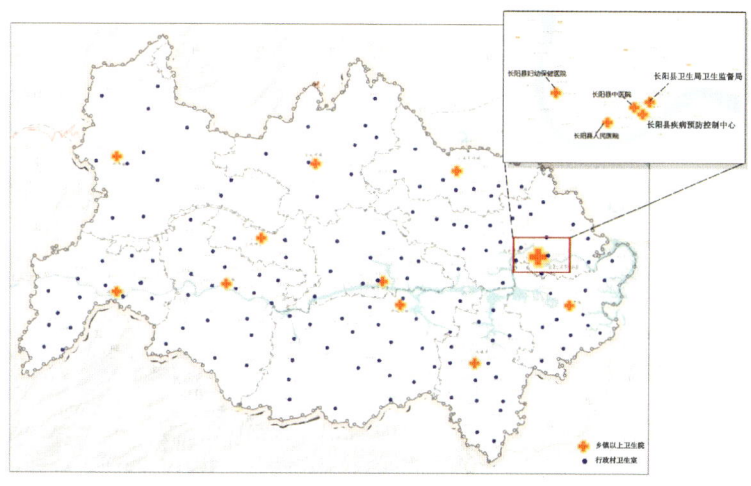

图 2.14　长阳县医疗卫生设施分布图

（图片来源：作者自绘，为 2018 年情形，目前已有变化）

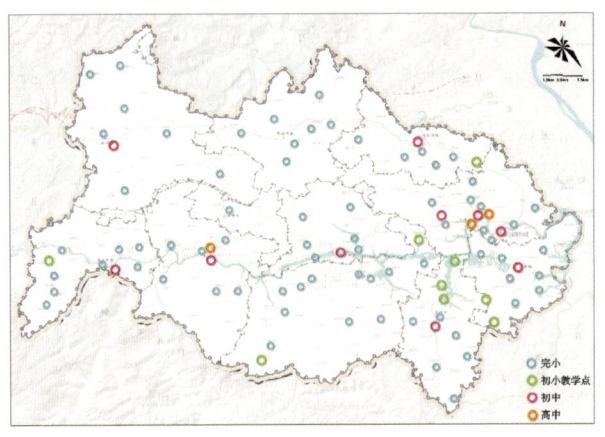

图 2.15　长阳县教育设施分布图

(图片来源：作者自绘)

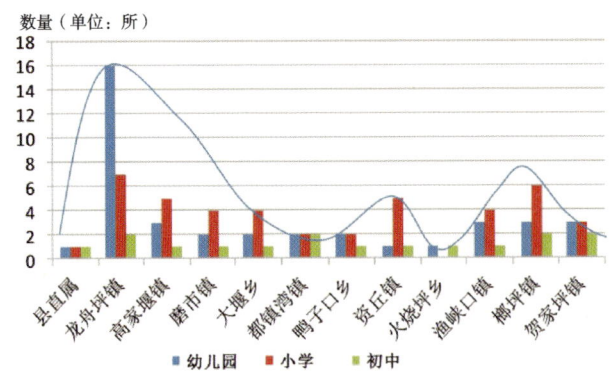

图 2.16　长阳县各乡镇教育设施比较图

(图片来源：作者自绘)

2.2.3　地域文化特征

鄂西武陵山区在地域文化方面属于土家族与汉族混居文化交融的重要地带。长阳县已拥有土家族撒叶儿嗬、都镇湾故事、长阳山歌（薅草锣鼓）、长阳南曲、长阳巴山舞、土家吹打乐、花鼓子等9项国家和省级非物质文化遗产，其中，长阳山歌、长阳南曲、长阳巴山舞被誉为"长阳文化三件宝"。而在民族文化方面，已经形成各民族"大杂居、小聚居"的格局。同时，少数民族与汉族文化的交融带动了县域旅游产业的全面发展，从"清江天下秀，长阳歌舞乡"到"中华巴土圣山"再到"巴人故里寻根游"等，长阳县域内有5A旅游景区1处（清江画廊景区），4A景区1处（清江方山景区），并吸引清江古城、土家风情园等重大文化产业落户长阳（如图2.17所示）。

图2.17　长阳县文化旅游资源分布图

（图片来源：长阳县志）

2.2.4　乡村空间发展概况

鄂西武陵山区乡村普遍具有村域面积较大、村庄人口密度较低的特点，同时乡村人口的空间分布呈现出向中心城区、镇区及其周边村庄集聚的特征。以长阳县为例，长阳县域154[①]个行政村的平均村域面积为22.27平方千米，约为湖北省行政村村均面积的3倍[②]。2017年长阳县域行政村平均人口规模约为1642人，村均人口密度低于100人每平方千米。

同时从县域人口密度分布来看，东部的磨市镇、龙舟坪镇以及清江沿岸村庄人口密度高，村均人口密度为144—250人每平方千米，其中城区所在的津洋口村人口密度最高达到680人每平方千米；而县域南侧大堰乡、资丘镇与都镇湾镇村庄人口密度小于100人每平方千米，其中雪山河村人口密度仅为37人每平方千米（如图2.18所示）。

---

① 本研究进行时长阳县域行政村为154个，后有更新。
② 据有关资料，湖北省村均国土面积为7.12平方千米。

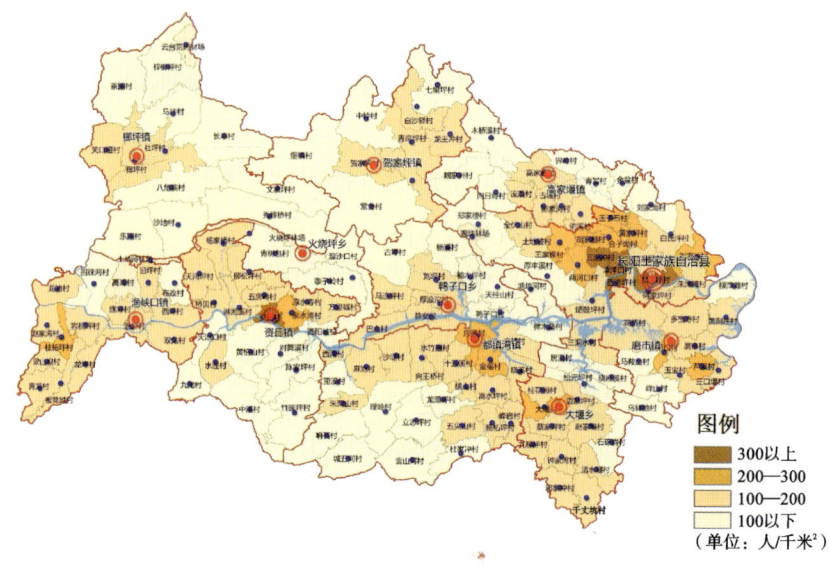

图例

■	300以上
■	200—300
□	100—200
□	100以下

（单位：人/千米²）

图2.18 长阳县村庄人口密度分布图

（图片来源：长阳县统计年鉴2018）

2.2.5 乡村发展能力与总体特征判断

综上，鄂西武陵山区县市城镇发展缺乏支柱产业与人口支撑，加上村庄地域空间尺度过大导致人口零散分布，其城镇空间集聚的人口与空间支撑较弱，从这一点来看，仍处于落后山区县市发展的初级阶段。在城镇与乡村面临突破发展与生态保护双重选择困境背景下，城镇发展难以为乡村发展提供持续且有力的动力，乡村地区内生性空间自组织特征显著，乡村空间要素组织活力降低，乡村社会文化服务水平低下。因此，鄂西武陵山区县市城镇化水平的提升应当是一个长期且缓慢的过程。

长阳县作为鄂西武陵山区的典型个体，无论从地理区位、经济规模、产业门类还是从城镇化水平、社会服务设施供给标准等方面来看，其乡村空间组织的自然环境基础、社会经济环境以及内在空间特征与鄂西武陵山区其他县市具有较强的空间一致性。而从长阳县乡村发展的概况特征来看，对于鄂西武陵山区乡村来讲，县域乡村空间体系的优化构建不是局限于某一空间尺度下的空间模式塑造，而是需要从掌握县域乡村空间的整体格局入手，探索多尺度域下的空间要素组织与体系化协同关联构建的过程。山区地域多尺度域下乡村空间的要素、功能以及结构特征的静态呈现，连同村镇个体之间关联性网络的动态特征反映，是精准落实最新的国土空间规划城乡"一张图"的规划要求以及构建适合山区乡村空间发展客观规律的模式体系的重要路径。因此，在后续山区乡村空间特征研究中应当关注如下内容：

①以长阳县为典型案例，从山区乡村内外发展的空间环境、以"三生"空间（生态空间、生产空间、生活空间）为主的乡村空间要素以及竖向不同尺度与横向同尺度域下的乡村功能结构等方面探索乡村物质环境空间特征，试图对武陵山区县域乡村可观可见的物质空间特征做细致总结。

②从村镇空间要素富集程度视角综合评价乡村发展质量，针对山区乡村环境高度空间异质化，在村镇空间距离的基础上，增加时间距离的评价指标，双向构建村镇可达性网络，进而推演出乡村空间联系网络特征。

2.3　长阳县样本案例的空间典型性分析

2.3.1　地理空间特征与产业发展的相似性

长阳县空间区位如图2.19所示。从地理空间区位来看，长阳县在空间上远离武汉城市圈的中心发展圈层，在宜昌市发展的空间格局中，长阳县定位于南向都市区发展的协同副中心，长阳县整体空间区位并不优越。地理空间层面，长阳县域80%以上范围被山地覆盖，可耕作土地面积仅占全县总用地面积的15%左右，多山流域性地貌特征导致县域水土流失面积达到1685平方千米，占县域总面积的49.12%[①]。自然资源条件对县域产业发展的约束性较为突出。2018年长阳县地区生产总值为142.61亿元，与全省县市平均水平的304.62[②]亿元差距较大；农业发展方面，长阳县农业总产值与全省平均水平差距较小，但农村居民年可支配收入落后全省平均水平29.61%。由此可见，长阳县具有鄂西武陵山区地理环境复杂、经济发展滞后、农民收入水平有待提升的典型特征。

---

① 数据来源为1999年湖北省卫星遥感普查资料。
② 数据来源为湖北省统计年鉴2019。

图 2.19　长阳县空间区位图

（图片来源：作者改绘）

2.3.2　"十三五"时期县域贫困空间分布特征的普遍性

"十三五"时期，长阳县为国家扶贫开发重点县，从其贫困人口的空间分布特征来看，贫困人口在地理空间上向县域中部高山与南部高山地区集聚。而在公共服务与基础设施建设水平较低的西部地区，贫困发生率比县域东部地区更高；在县域城镇边缘经济欠发达地区，贫困人口形成连片集聚的特征，如榔坪镇的秀峰桥村、乐园村，都镇湾镇的南部大部分村庄，资丘镇清江以南的几个村庄；同时，在社会人口较多但人口分布较为稀疏的西部地区，贫困人口比东部乡村人口更为密集（如图2.20所示）。由此可见，长阳县乡村贫困问题的产生是自然环境、社会经济发展水平及公共服务与基础设施建设水平综合影响的结果，而这种贫困空间分布特征在"十三五"期间的鄂西武陵山区集中连片特困县市中也较为普遍。

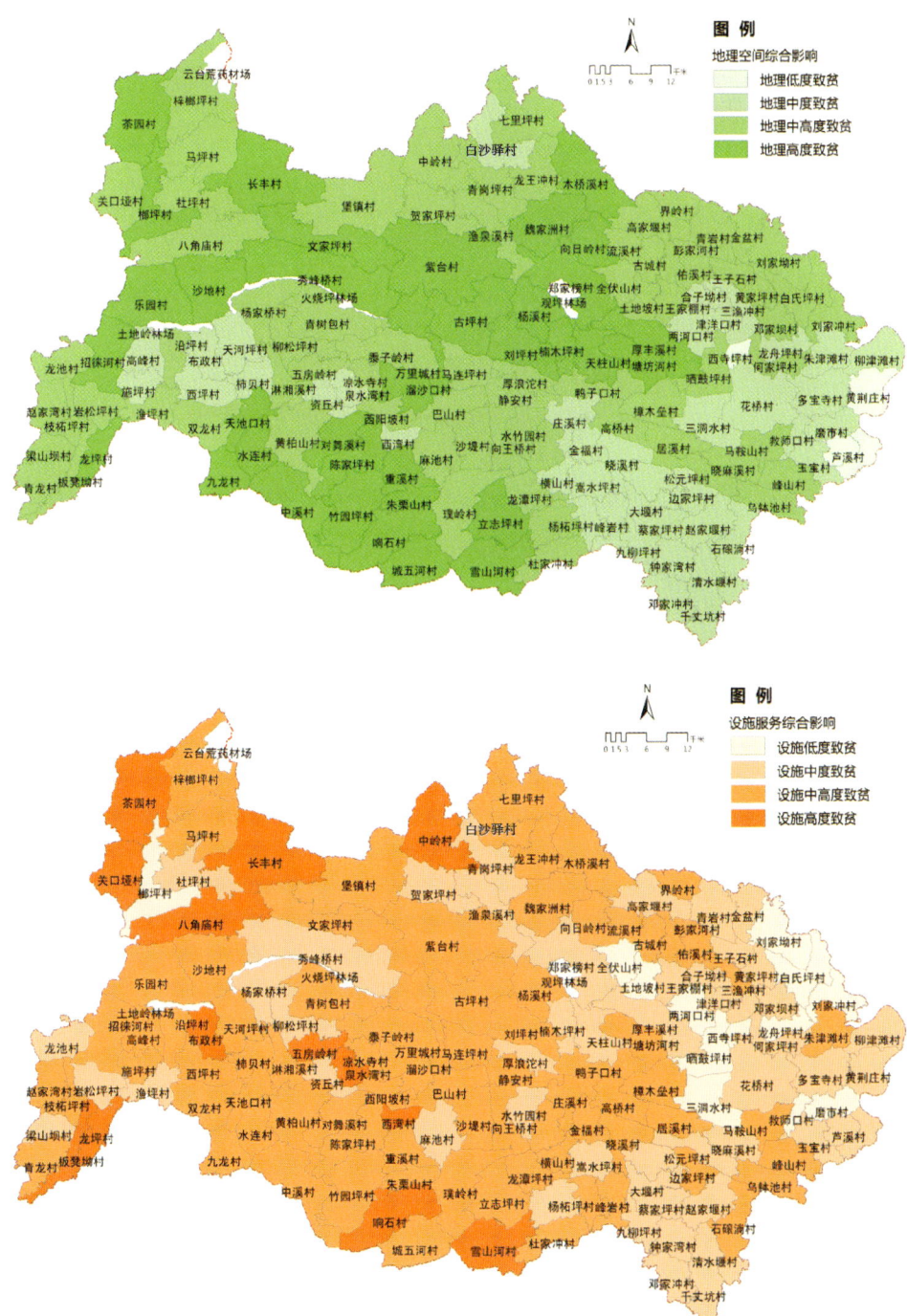

图 2.20 "十三五"时期长阳县贫困空间格局图

（图片来源：参考文献［2］）

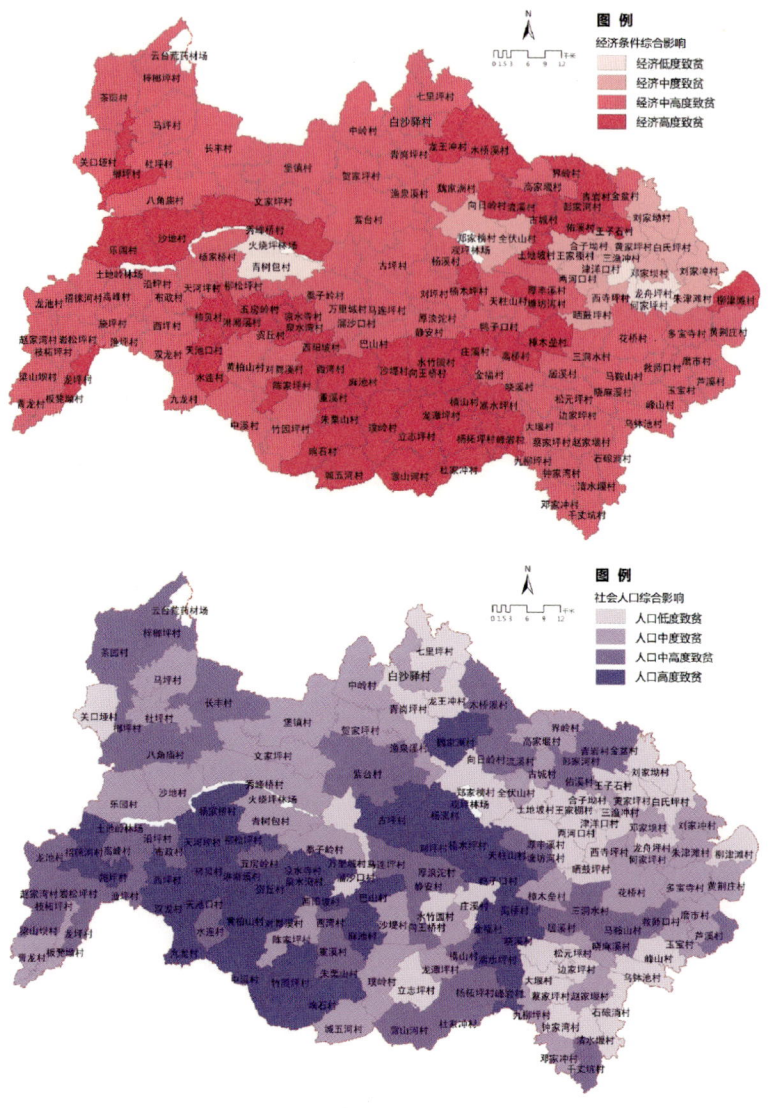

续图 2.20

2.3.3 县域地域发展特征的典型性

长阳县作为鄂西武陵山区典型的多民族聚集地区，县域内现有20多个民族，以土家族和汉族为主体。长期以来，土家族和汉族友邻相处，互通婚姻，加上人口的迁徙流动及其他历史原因，逐步形成了"大杂居、小聚居"的民族分布局面（如图2.21所示）。同时，清江流域作为巴土文化的发祥地，在长阳县域内有丰富的历史遗存（如图2.22所示），清江流域沿线已经形成长阳县文化要素密集区，在生态资源禀赋优势下逐步形成"生态+文化旅游"的产业格局。

图 2.21　长阳县民族分布图

（图片来源：参考文献［111］）

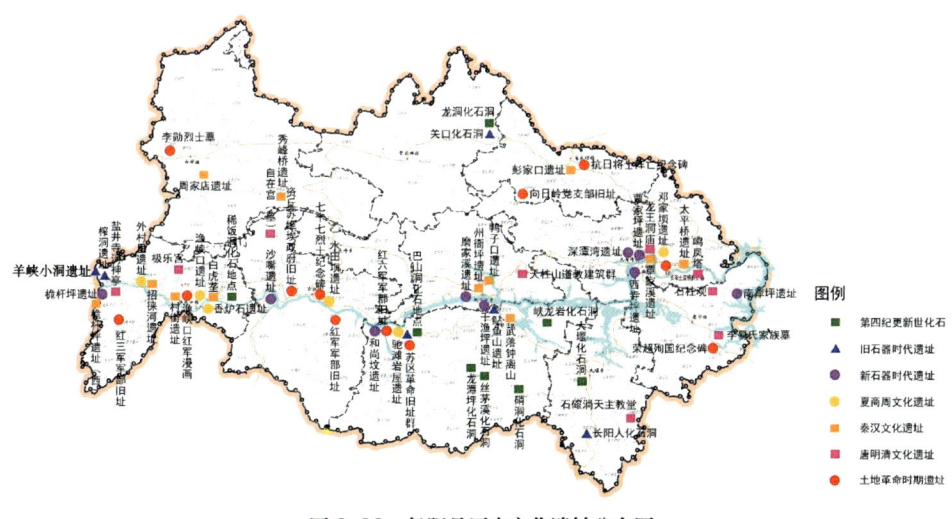

图 2.22　长阳县历史文化遗址分布图

（图片来源：参考文献［111］）

2.3.4 现行规划体系下的必然性

在我国现行的行政管理体系中，县级行政单元是我国实施宏观行政和经济管理的相对完整的基本地域单元[112]。《中华人民共和国城乡规划法》规定，县级规划行政主管部门直接负责本辖区内的村、镇两级规划管理工作。结合最新的国土空间规划体系的内容，本书对乡村空间体系的研究聚焦县域层级的体系优化构建，意图反映市县层面国土空间规划的管控内容与要求对乡镇层面国土空间规划编制与管控的规划指引，同时也期望能够从底层的村庄建设层面形成与市县国土空间规划的体系化对接，进而强化国土空间规划自上而下的穿透性指引与约束效能。

此外，长阳县作为第三批国家新型城镇化综合试点地区，其在环境保护与生态功能培育等方面较多地承载了国家与省市一级的发展职能，其县域内分布有较多的国家级、省级森林公园、湿地公园，因此，在涉及其乡村空间的规划与建设活动中，除需要从县域层面考量其建设行为的合理性以外，同时还需接受更高层次空间规划的指引与约束，这与当前国土空间规划自上而下的穿透性指引思路不谋而合。综合以上分析，本书选取长阳县作为鄂西武陵山区县域乡村空间体系组织优化构建的案例样本具有较强的典型性与可行性。

2.4 长阳县乡村空间的数理研究方法

2.4.1 数据来源

长阳县乡村空间组织优化研究涉及县域宏观、亚区域中观与村庄功能共同体微观三个层级，研究内容涉及经济、社会、空间区位、土地利用以及交通网络等多方面的综合分析。因此，本书中研究主要从人口数据、土地利用数据、经济产业发展数据、基础设施与公共服务设施数据以及其他数据五个方面进行数据整理收集。

人口与经济产业发展数据可以通过县镇两级的统计年鉴、统计报表等面板数据获取。土地利用数据一方面可以通过国土部门已有的土地利用数据库以及各相关部门的专项数据库进行补充，例如水利部门、交通部门、农业部门的部分数据，另一方面可以结合当前长阳县已完成的全县第三次国土调查的最新土地利用数据进行比较性分析。而基础设施与公共服务设施的部分数据主要通过对各对应县直部门的系统数据进行整理获取。其他数据则包含了县、镇、村三级的旅游、历史文化保护、各类设计规范等数据内容。除此之外，村庄的数据主要包含了村庄统计数据以及实地调研、入户访谈调查数据。需要指出的是长阳县域内分布有县直属的4个独立林场（观坪林场、土地岭林场、火烧坪林场和云台荒药材场），由于人口与土地等统计数据收集的原因，后续的研究中不再单独列出。

本次研究所用到的数据具体如表2.4所示。

表2.4　数据来源及用途表

数据类型	数据来源	数据用途
人口数据	2018 年宜昌市统计年鉴、2018 年长阳县统计年鉴，2015—2019 年长阳县政府工作报告，2015—2019 年长阳县社会经济统计公报，2015—2019 年长阳县劳动人口统计数据、人口增长统计数据、流动人口统计数据等，长阳县总体规划中的人口相关数据，各乡镇近 5 年统计年鉴，部分行政村统计年报等	县—镇—村三级人口数据的提取
土地利用数据	长阳县第三次土地调查数据，2014 年长阳县土地利用数据，近 10 年遥感影像与卫星航拍图片，水利、交通、环境保护等涉及土地利用的数据，部分实地调研数据	各类土地要素板块的提取（居民点、城镇建成区、耕地、林地等）；高程、坡度分析；设施点布局及用地规模数据提取
经济产业发展数据	2019 年湖北省统计年鉴、2018 年宜昌市统计年鉴、2018 年长阳县统计年鉴，2015—2019 年长阳县政府工作报告，2015—2019 年长阳县社会经济统计公报，长阳县"十三五"发展规划、长阳县"十四五"发展规划（草案），近 5 年县、镇经济普查数据，各乡镇近 5 年统计年鉴，部分行政村统计年报等	县—镇—村三级经济数据提取
基础设施与公共服务设施数据	县域道路交通现状与规划、村镇市政设施现状与规划（含给水、污水、电力、电信等）、村镇公共服务设施布点现状与规划（含文化设施、教育设施、医疗卫生设施、体育设施、社会福利设施等）	道路交通要素数据用于栅格时间距离图绘制；市政设施与公共服务设施点数据用于城镇及村庄发展质量评价
其他数据	长阳县旅游发展现状及规划、长阳县历史文化保护规划、《公路工程技术标准》（JTG B01—2014）、《公路路线设计规范》（JTG D20—2017）	旅游景区、历史文化保护点要素提取；村镇联系的时间网络通行速度标准提取

2.4.2 村镇行政单元及设施点提取

（1）城镇建设用地提取

以县国土部门提供的最新的长阳县第三次土地调查图与2014年土地利用现状图为基础，先行提取长阳县各建制镇的行政边界，并将遥感影像图中城区及镇区的用地范围与土地利用现状图中的用地图斑结合，确定城区与镇区的建设用地图斑。利用ArcGIS 10.2软件中ArcToolbox的Feature To Point工具提取城镇建设用地图斑中心点。

（2）乡村居民点提取

利用同样的方法，识别各镇（乡）范围内行政村的空间边界与中心村湾居民点的图斑，并提取中心村湾的图斑中心点，以中心点指代各个行政村（如图2.23所示）。对于行政村范围内的其他自然村湾居民点，考虑到山地乡村居民点零散不均衡分布的特点，减少用地规模过小的居民点对整体分析的分散影响，故删除200平方米以下的居民点，将筛选后的居民点纳入后续行政村尺度下的乡村空间解析。

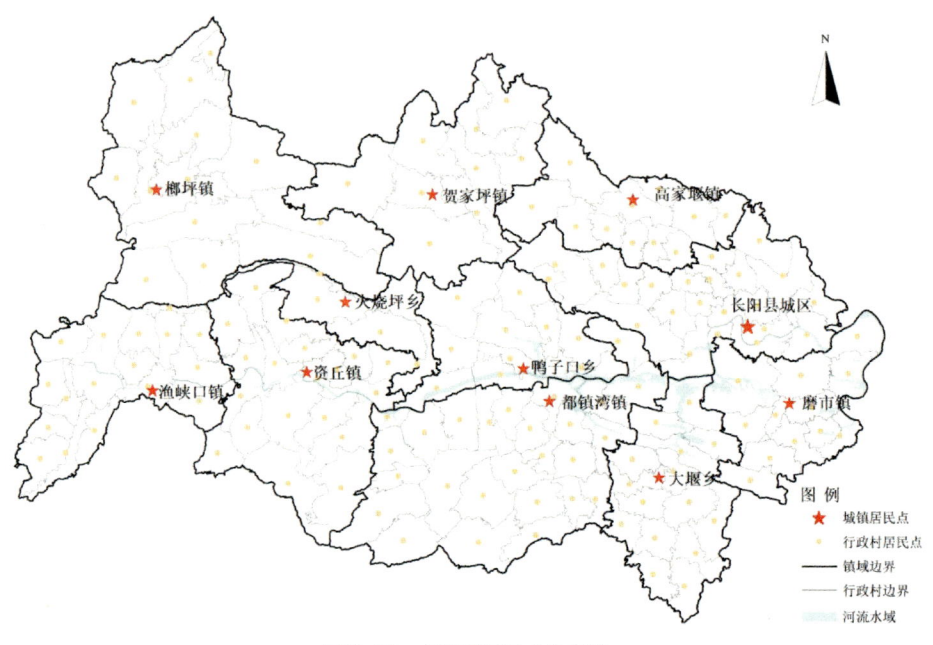

图2.23　长阳县居民点分布图

（图片来源：作者自绘）

（3）基础设施与公共服务设施点提取

通过对县、镇两级基础设施以及公共服务设施的调研，将统计数据与土地利用现状数据库以及卫星遥感影像结合，建立基础设施与公共服务设施数据库，补充中小学、医院、文体设施、市场、社会福利院、车站、高速公路出入口等设施的空间落位（如图2.24所示）。

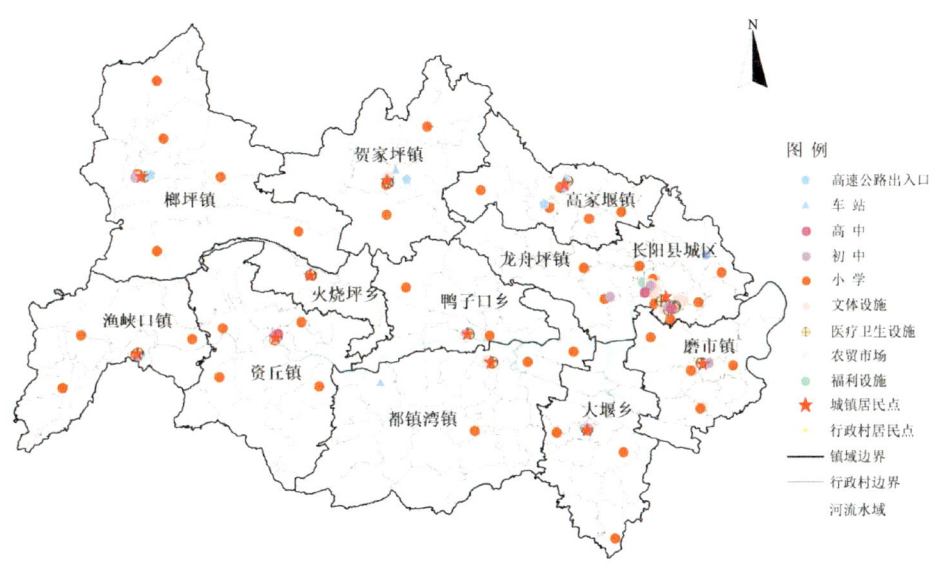

图 2.24　长阳县设施点分布图

（图片来源：作者自绘）

2.4.3　交通数据处理

交通数据处理的最终目的是得到长阳县域内的通行时间网络栅格，在此参考王雯雯[109]在构建昆山市时间距离网络模型时采用的方法，提出本研究对交通数据处理的总体思路：结合当前长阳县乡村地区的主要出行方式（目前以步行、摩托车、小汽车、公交车等为主，局部地区有水上交通的方式），在土地利用现状图中赋予不同地类不同的通行速度，构建覆盖全县层面的时间距离网络底图，进而以时间距离计算居民出行的时间成本。

时间距离是指基于栅格数据运用最短路径法计算出的任一栅格到其他目的栅格的最短距离。而山区乡村道路通行条件较之平原地区差，因此，在对长阳县乡村各空间地类赋值时一方面应适度考虑山地地形以及道路曲折程度造成的通行速度衰减性，如依据相关道路设计规范，平原地区农村道路的通行速度可以达到40千米/时，而相应的山区农村道路的通行速度仅维持在30千米/时；另一方面构建覆盖全县域的通行时间网络也需要对耕地、林地、河湖水面等非传统通行地类进行相应的赋值，这里以步行与游船等出行方式衡量上述几种用地通行速度，如耕地赋值5千米/时，山林用地赋值3千米/时。

本研究依据长阳县土地利用现状图，提取长阳县各级公路、铁路、耕地、林地以及河流等空间地类，以《公路工程技术标准》（JTG B01—2014）与《公路路线设计规范》（JTG D20—2017）中不同道路设计通行速度为基准，修正各级道路的通行速度。需要注意的是，清江水系、隔河岩水库与高坝洲水库等大型水体周边部分村庄在陆路交通不发达的情况下依然保留着轮渡的交通方式，部分水体承载了交通联系的功能。因此，在对县域境内河流水体地类的通行速度赋值时，作者并没有简单地设定为0，而是设置了一个较低的通行速度，如2千米/时，使其更加贴近实际的出行情况。

另外，考虑到县域内高速铁路、高速公路对两侧乡村地区的通行隔断效应，对其两侧做宽度为50米、通行速度为1千米/时的缓冲区。同时，在土地利用数据库中道路是矢量的线性数据，并不具备用地的面积属性，因此，在构建道路交通用地时，采用对不同等级道路做不同宽度缓冲区的方法重构长阳县域内的道路交通用地，如对高速公路做50米缓冲，对一级公路做30米缓冲，对二级公路做15—20米缓冲，对农村道路做8米缓冲。为避免对缓冲区内原有地类通行速度的影响，对道路缓冲区所覆盖地域进行地类覆盖删除替代，如果同一栅格内出现多条交通线，利用栅格运算优先取最快速通过情况赋值。

（1）空间地类通行速度划分

各空间地类通行速度如表2.5所示。

表 2.5　各空间地类通行速度表

类型	地类	通行速度 /（千米 / 时）
道路	铁路	120
	高速公路	100
	一级道路	70
	二级道路	60
	农村道路	35
居民点	市县城区	35
	乡镇镇区	25
	村庄	15
农用地	水田、旱田	5
	牧草地	5
	林地	3
水系	河流、湖泊、水库	2
	坑塘	4
其他用地	采矿用地	5
	旅游风景区	10
	港口用地	15

资料来源：《公路工程技术标准》（JTG B01—2014）、《公路路线设计规范》（JTG D20—2017）。

（2）村镇可达性时间栅格

此处参考王雯雯[109]在构建昆山市村镇可达性时间栅格时采用的方法，在长阳县土地利用现状图上，将不同地类的通行速度匹配进各地类的属性表中，利用ArcGIS 10.2软件中ArcToolbox工具箱中的转换工具，将上述构建的地类通行速度矢量数据转换为像素元为5的通行时间栅格图像，并使用栅格计算器按式（2.1）对时间单位进行统一转换。

$$T_{ij} = \frac{\sqrt{2}S}{V_{ij}} \times 0.06 \tag{2.1}$$

式中：T_{ij} 为通过位于第 i 行、第 j 列的栅格单元所需花费的时间；

S 为栅格单元的边长，本文中栅格单元边长为5米，假设通过单个栅格单元的距离为栅格对角线长度，即栅格单元通过总距离为 $\sqrt{2}S$；

V_{ij} 为栅格单元中具有最大面积的同速度值合并要素的值。

由于设定的通行速度单位为千米/时，而栅格时间单位为米/分，需要通过系数0.06转换单位。

2.4.4 研究方法

以长阳县为样本对鄂西武陵山区乡村空间组织优化进行研究主要是针对乡村空间组织要素分散、组织动力缺失、组织结构松散带来的地域基础生产单元微观下沉、乡村内在空间联系的弱连接状态，以及空间扁平化塌陷等问题。研究针对县域乡村空间体系的组织内容，意图从外在的物质环境空间要素规模化整合、空间功能协同组团化组织、空间结构弹性网络化构建，以及内在的县域乡村空间体系的空间功能网络关联性的重构等方面，形成层级性的组织优化内容体系，并将对鄂西武陵山区县域乡村空间体系组织优化的相关理论方法运用于长阳县的实证案例中，总结经验，提炼鄂西武陵山区县域乡村空间体系组织的典型模式。此外，研究内容还需增加有针对性的策略体系支撑鄂西武陵山区县域乡村空间体系几种典型模式的组织构建。因此，全书的研究应当聚焦三个方面的内容：①鄂西武陵山区县域乡村空间内外两个层面的特征识别与解析；②鄂西武陵山区县域乡村空间体系组织优化的理论方法体系梳理，以及县域乡村空间体系组织优化的实证案例解析；③鄂西武陵山区县域乡村空间体系组织模式的提炼以及组织优化策略的提出。

首先，在县域乡村空间特征识别与解析中需要综合城乡规划学领域物质环境空间形态、要素与功能结构分析内容，以及社会学领域中对乡村内在空间联系网络的结构形式解析内容。这需要用到城乡规划学空间认知中的定性研究方法以及社会学中社会网络分析的中心度与网络凝聚子群等分析方法进行综合判定。需要指出的是，社会网络分析的基础分析数据构建需要在村庄与乡镇一级构建村镇引力网络矩阵，因此，在对长阳县乡村内在联系网络结构特征识别解析过程中需要通过构建村镇综合发展质量评价体系对村庄发展进行综合评价；同时还需通过对县域不同地类的通行速度赋值构建县域乡村的通行时间栅格以计算各村庄节点之间的引力大小，最终将县域11个乡镇、154个村庄[①]的引力矩阵数据代入社会网络分析中。

其次，在县域乡村空间体系组织模型构建中主要运用定性描述的方法，借鉴

———————————
① 为本研究开展时数据，后有更新。

国内外经验，针对中心城区的不同空间区位，以产业发展为基础，以交通联系为导向，从乡村空间单元层级辐射圈层的组团化构建，除优化不同层级之间的竖向功能传导联系以外，还强化同级单元之间的横向网络联系，形成县域—亚区域—村庄功能共同体三个层级的体系结构，提炼出山区县域乡村空间体系的中心均衡式、偏心十字式、尽端轴带式三种典型范式。

对于县域乡村空间的组织优化内容，主要从层级体系层面以功能协同单元化构建各级功能区划单元，并通过典型地理单元与微观村庄层面的空间规划响应，实现体系优化组织内容的落位。研究方法方面，对不同层级功能区划的研究主要涉及社会网络分析中的网络凝聚子群分析与节点中心性分析方法；而微观层面村庄功能共同体内部村庄中心性的构建则结合中心性分析与引力模型中最大引力连线分析的方法进行综合测度。在沿头溪小流域及郑家榜村案例层面则更多地通过空间规划的方法对其空间组织优化内容进行综合性阐述。

3

鄂西武陵山区乡村空间
发展特征解析

乡村发展是社会、经济、文化与自然环境综合影响下的整体过程，其空间组织特征与县市社会经济发展阶段耦合。鄂西武陵山区作为"十三五"时期的集中连片特困地区之一，县市发展具有明显的滞后性，受其影响，县域乡村发展由于外向动力缺失，发展速度缓慢。因此，鄂西武陵山区县域乡村空间具有与县市发展一致的整体性特征，同时还具有与时俱进的动态性。而鄂西武陵山区复杂多样的地理环境特征使平原地区县域乡村空间组织具有的组织内容清晰化、组织过程系统化的特点难以展现，山区乡村空间要素的不均衡性、空间功能架构的非系统化以及空间环境的异质性导致县域乡村空间的组织过程具有不可预测性，因此，对于鄂西武陵山区乡村空间特征的解析需要结合鄂西武陵山区县市发展的现实情况，解构为以乡村空间要素、功能结构与外在环境为主的空间发展特征，以及乡村空间功能网络特征两方面进行系统解析。

具体来看，县域乡村空间发展特征是乡村空间要素组织演化的外向表征，也是乡村地域村镇节点空间网络关联吸引、协同互动、边界排异、要素整合的内在组织结果。特征解析中的乡村空间要素组织演化分析是乡村地理学与城乡规划学研究的重点，分析方法方面也已形成了成熟的科学方法体系，因此，对于乡村空间发展特征的分析主要通过乡村地理学与城乡规划学空间分析的优势展开，即在已有的统计数据基础上，分析乡村空间要素、空间功能、空间环境现状特征，以求得出乡村空间体系的初步特点。对于乡村空间功能网络特征的分析，则借助社会学中社会网络分析的系统方法进行。

3.1　山区乡村空间与县域乡村空间体系认知

3.1.1　山区乡村空间的类型、层级、结构

（1）乡村空间认知

从历史上聚落形成的过程来看，从最初原始社会的刀耕火种形成的零星居民点，到为防御外来猛兽入侵形成的带有明显边界的零散聚落，再到具有多个部落联

合抵御战争性质的大型聚落——"城邦"的出现，这反映了人类活动的空间场所所包含的要素内容与空间尺度演化过程。与此同时，聚落空间的功能构成也由单一居住功能向居住、生产、商品交易、公共服务等综合功能演变，聚落空间系统趋于多元复合，无论是系统要素构成，还是多要素系统整合协调实现聚落整体系统的功能完善，抑或是在空间形态方面呈现出的等级层次结构，都体现出了聚落空间体系化构建的特征。

与城镇聚落空间相比，乡村空间虽然在聚落规模、空间要素构成以及多系统组织复杂程度等方面存在差距，但两者在空间组织的过程机理、系统构成与系统层级等级特征，以及要素关联网络等方面存在着相似机制。空间地域界定了乡村空间组织的边界，同时通过场域要素的等级界定响应了空间体系的层级结构；而乡村空间组织的主体对象——乡镇、集镇与村庄的等级规模差异决定了参与乡村空间组织的空间要素的尺度差异，同时，不同的村镇功能体之间的关联网络在不同空间维度协同形成多元的功能结构单元；村镇之间的关系网络体现了村镇个体在体系中的定位与影响力，这与中心地理论以及核心-边缘理论中空间体系结构的向心性与均衡性展现关系密切；而空间体系组织的最终结果是形成村镇网络有机整体，这是多要素、多系统协同作用的结果，体现了村镇个体与乡村空间体系整体、各子系统与整体系统有序组织、有机共生的过程。

（2）乡村空间的类型

乡村地理学将乡村空间分为生产空间、生活空间和生态空间[113]。这种分类方法是基于乡村空间的功能性对物质空间进行划分，将乡村空间的社会属性与文化属性等非物质空间功能植入物质空间的研究范畴进行综合分析。从城乡空间功能差异性来看，乡村为城乡空间场域提供了主要的生态保障功能，是生态功能突出的地域，这也证实了部分学者提出的乡村是一个复杂且融合的生态复合系统的观点[114]。由此可见，广义的生态空间与乡村空间在地域空间上具有一致性，这在乡村"三生"空间的关系图中反映较为明确，如图3.1所示。而狭义的乡村生态空间是依据乡村"三生"空间的地域空间功能边界差异进行的细化分类，生态空间即为生活空间与生产空间以外的空间地域，其与以上两种空间存在空间边界性。

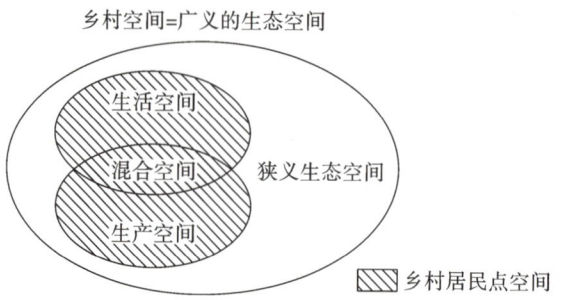

图3.1 乡村空间构成与类型解析

（图片来源：参考文献［115］）

山区乡村的"三生"空间的地域边界虽然比平原地区清晰，但也难以按照某种刚性界线进行准确划分，这是由于虽然以行政村为基础单元的乡村个体具有功能独立性，但山区高低起伏的自然条件影响了"三生"空间功能独立性存在的场域环境，每个村庄在地域上呈现出2—3种要素多向功能复合化组织的特征（如图3.2所示），所谓"麻雀虽小，五脏俱全"，山区乡村的每个村庄都是"三生"空间高度融合的独立功能体。

图3.2 长阳县乡村"三生"空间现状照片

（图片来源：作者自摄）

同时，在对案例样本的调研中作者发现，山区乡村"三生"空间存在普遍的空间融合现象，即局部乡村地区由于空间功能的复合性，出现难以精确定义其空间功能属性的混合空间，如长阳县乡村中普遍存在的"自留地"，这种用地类型既可作为生活交流的空间场所，也可以留作生产耕作之用（如图3.3所示）。但鉴于此类用地规模较小，此处不作为本次研究的重点内容。鉴于鄂西武陵山区是我国土家族与汉族混居的典型区域，这里对乡村空间的类型划分则在地理学"三生"空间的分类基础上，将乡村空间的社会属性与文化属性纳入物质空间中进行整合研究。

图3.3　长阳县乡村"自留地"现状照片

（图片来源：作者自摄）

（3）乡村空间的层级

乡村空间的层级是指在同一空间维度但不同空间尺度下的空间层次性。宏观层级、中观层级与微观层级是经济地理学、城乡规划学领域对空间层级传统的划分方法，这种划分方法从不同空间尺度下的地域空间层面约束了对象范围，划分过程中并不带有对空间层次人为评价的干预效应。乡村空间层级如图3.4所示。

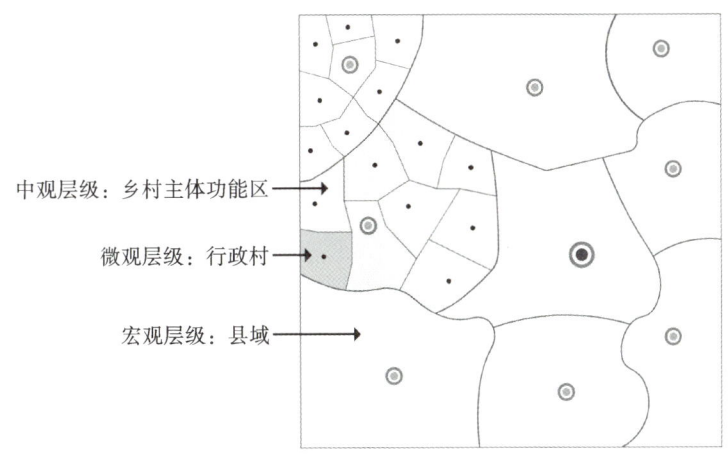

图3.4　乡村空间层级示意图

（图片来源：作者自绘）

与"空间层级"有关的另一个反映空间层次性的概念为"空间等级"，"空间等级"概念与"空间层级"的差别在于"等级"概念中带有对空间要素内容人为评价的过程，依据空间尺度大小、空间要素数量多少在相同或不同尺度下进行人为评价。如部分县域城镇体系中"县—重点镇——一般镇—中心村—基层村"的五级结构既包含了县、镇、村不同空间尺度下的层级差异，同时也包含了重点镇与一般镇、中心村与基层村同一空间尺度下的等级差异。

虽然山区乡村与平原地区乡村在行政管理体制下延续相同的"县—镇—村"三级结构，但平原地区在近似均质化的自然环境下，基层乡村空间要素的差异性较小，同一空间层级乡村空间发展特征往往在人口、用地规模以及镇村等级上存在相似性，因此平原地区乡村空间的层级性体现出与村镇体系相类似的明确的"县—镇—村"三级结构。而山区乡村复杂的自然环境驱使乡村空间要素多元分化，特别是生产与生活空间要素形成"大分散、小集中"的特征，由于乡村空间功能呈现出较强的空间异质性，乡村空间层级在镇村两级出现结构越级或结构降级的可能，这使得山区乡村空间层级结构难以归一化的"县—镇—村"三级结构进行概括，这也进一步增添了山区乡村空间层级的复杂性，乡村空间层级的复杂性特征研究需要结合实际样本案例，因地制宜探索。

（4）乡村空间的结构

空间结构是指空间要素在一定空间场域内关联影响形成的具有等级性、功能性、联系性的组织机体。空间结构的形成与参与组织的空间要素的数量及空间分布关系密切相关，空间要素的多少以及分布状况反映了空间结构的等级性与要素集聚性，同时，空间组织方式引导空间要素组织方向，并通过物质空间要素外向化呈现影响空间结构的形成。乡村"三生"空间要素的分布情况决定了乡村空间结构形成的基础，如平原地区乡村同质均一化的空间要素分布形成了基层空间结构扁平化的特征，而山区乡村异质多样性的要素基底形成了结构上的分散多样化的特征。

结合乡村空间层级，乡村空间的结构可以区划为乡村整体空间的等级、网络化结构，宏观与中观层级的功能、网络化结构，以及微观层级的等级中心结构（如图3.5所示）。同时，乡村的生产生活方式的不同引导乡村空间形成不同的结构模式，如平原地区规模化现代化生产方式使空间结构在大空间尺度下形成高等级的功能体，由此重构了乡村空间的等级结构；而山区空间要素分散，乡村外向整合资源能力较弱，同时乡村空间生产个体化特点突出，农业生产难以在大空间尺度下组织统一的生产行为，其生产单元层级下沉至行政村，乡村空间结构维系在小空间尺度上的构建，导致乡村空间活力面临层级结构约束而难以提升转变。

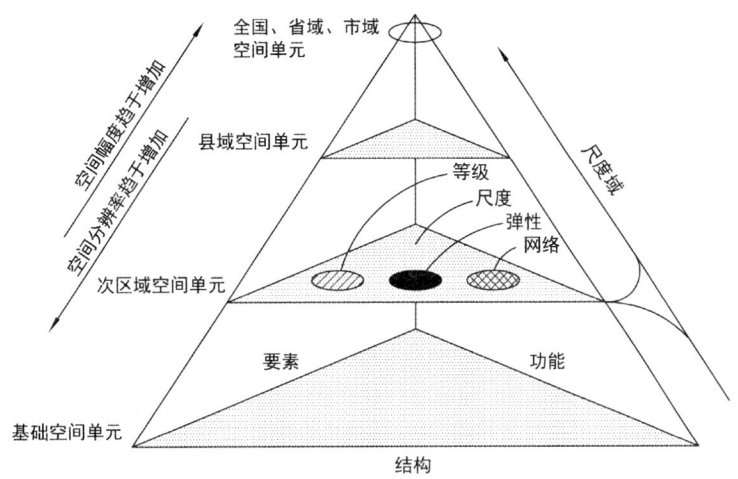

图3.5　乡村空间的结构示意图

（图片来源：作者自绘）

3.1.2　县域乡村空间体系的构成

（1）乡村空间体系的多学科认知

①基于地理学、城乡规划学与建筑学。

关于乡村空间体系的构成，不同的学科领域有不同的分析与结论。道萨迪亚斯创立了人类聚居学，提出人类聚居环境是由自然、人、社会、建筑和网络组成的复杂系统，界定了人类聚居环境是自然、社会与人造物质环境共同构成的空间场所，同时也指出观察人类聚居环境的几种途径，如通过经济、社会、政治与技术等途径[116]。吴良镛在五种空间要素的基础上概括出人居环境组成的五个子系统，即自然系统、人类系统、社会系统、居住系统与支撑系统[117]。刘玉等从地理学的乡村功能和要素属性相结合的视角，将乡村空间划分为生态环境功能、经济功能与社会文化功能主导的三大类[74]。王竑将聚落空间层次结构视为由"观念—社会—形态—地景"四个层面构成的综合体，归一化聚落空间的物质性与人工性[118]（如图3.6所示）。

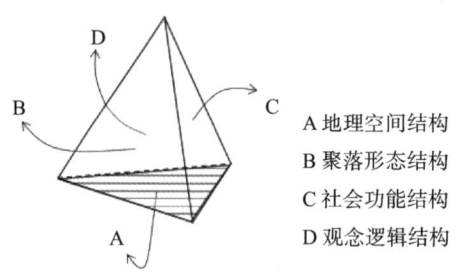

A 地理空间结构
B 聚落形态结构
C 社会功能结构
D 观念逻辑结构

图 3.6　聚落体系的构成

（图片来源：参考文献 ［118］ ）

②基于景观生态学。

从景观生态学角度来看，城乡空间是架构在多元地形地貌条件上的多功能融合的综合载体，其自然地形与地貌格局决定了城镇与产业功能的格局走向，其空间生产维系在生态框架基础上，其在资源生产要素以及交通要素的意向下形成空间格局。同时，人的居住行为以及其他社会行为活动与城镇产业发展以及生态格局耦合，形成人居空间与社会空间，由此可见，城乡空间是由生态环境与城镇产业功能以及人居和社会功能融合形成的多功能镶嵌体[119]　（如图3.7所示）。

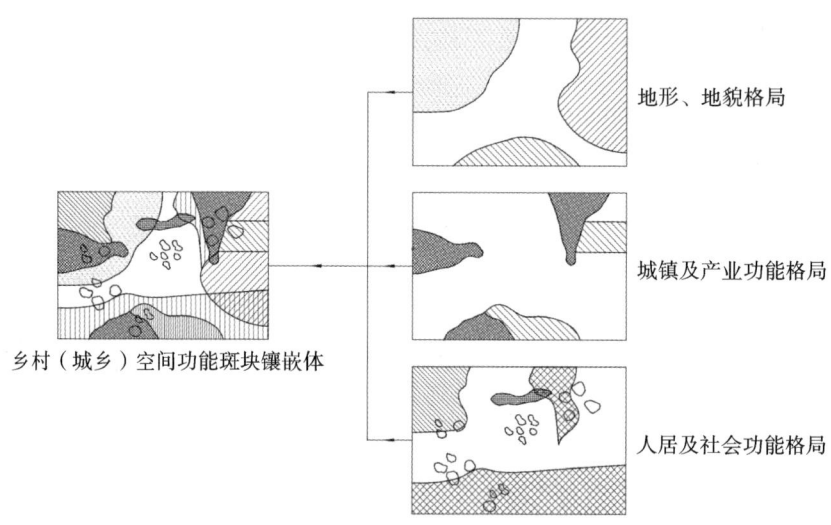

乡村（城乡）空间功能斑块镶嵌体

地形、地貌格局

城镇及产业功能格局

人居及社会功能格局

图 3.7　城乡空间功能的镶嵌体结构

（图片来源：基于参考文献 ［119］ 改绘）

以功能区划的思路划分乡村空间要素有助于对乡村地域功能的特征进行精准把握，研究对象自然生态格局的特殊性渗入其生产空间与生活空间的塑形过程，要素之间的关联性反映了村镇空间的布局与结构特征，通过乡村地域的土地利用结构显现出来。因此，借助景观生态学中的乡村空间多功能构成方法将乡村空间划分为以"三生"空间要素为主体的物质空间要素以及以人类活动行为为主体的社会空间要素。

（2）乡村空间体系的构成

①县域乡村社会空间研究的必要性。

正如前文所述，城乡空间是由生态环境与城镇产业功能以及人居和社会功能形成的多功能镶嵌体，生态环境基质与城镇产业空间以及人居空间共同构成了物质性空间主体，而社会功能主导下的社会空间与物质性要素、城镇节点之间的联系网络一起形成了社会性空间。由此可见，从功能要素的组成角度看，县域乡村空间体系具备物质性与社会性的双重特征。以往对于城乡空间体系特征的研究往往聚焦于其物质性空间特征的识别与总结，如地理学中通过城乡土地利用结构变化推演空间体系结构特征，又如地理学与城乡规划学对城镇体系的研究，将城镇空间的人口及用地规模与城镇发展的功能定位结合形成空间体系的综合研究。但以上两种研究中对县域乡村社会性关联网络的空间特征研究往往浅尝辄止，研究层次与内容停留在乡村社会空间特征的定性总结上，很少涉及空间要素或节点内在的关联性与关联指向性，城乡空间体系的社会性特征研究缺乏对其内在特征的基础认知与评价标准。因此，县域乡村空间体系的特征研究需要整合物质性空间与社会性空间，并针对体系特征的关键问题进行详细解析。

②县域乡村空间体系的构成。

此处借用英国建筑理论家戴维·史密斯·卡彭（David Smith Capon）提出的"形式—功能—意义"三段式建筑理论[120]，认为对于乡村空间体系的研究可划分为形式研究范畴的空间形态特征研究，功能研究范畴的功能与空间结构研究，包含乡村社会属性的研究内容，以及意义研究范畴的空间体系组织构型与优化路径设计。这里对于社会空间的研究主要聚焦于乡村内在联系网络的结构，将乡村空间体系组织优化研究内容分解，并融合乡村空间是多功能镶嵌体结构的解析，形成本书中研究的一种观察方式。

具体到构成内容方面（如图3.8所示），首先在地域空间分类方面，乡村空间是自然环境空间与人造空间协调发展的共同体，其自然环境的空间异质性反映了乡村地域空间的基底特征，即村落环境空间的个性化要素，在此基础上，人类的各种活动形成了村镇及产业空间（经济空间）、人居空间与社会空间。

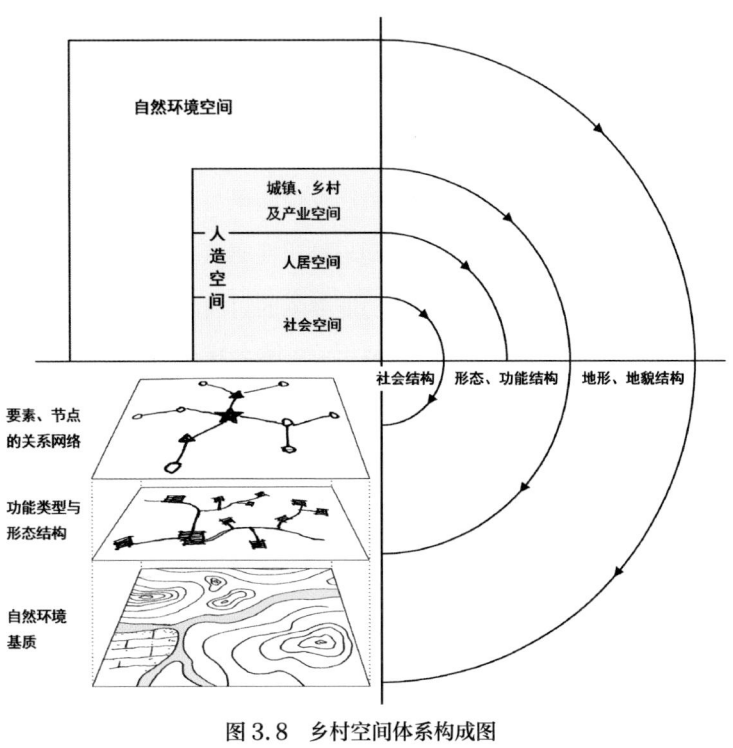

图 3.8　乡村空间体系构成图

（图片来源：作者自绘）

其次，从空间要素的关联层次中的外向表征层面来看，乡村空间体系是人造空间中的村镇及产业空间、人居空间与自然环境空间形成关联耦合作用，进而在空间层面形成的多功能镶嵌体结构。而实际上这种功能镶嵌体结构是在社会空间主导下村民与空间要素以及村镇个体之间形成的一种关联网络，本质上讲社会空间是维系个体与群体、要素与整体、单一系统与大系统之间关系的关系束。

最后，在对应的体系构成内容（见表3.1）方面，社会空间研究主要在县域村镇个体关系网络结构、村民主体与各功能要素的关系及县域社会支撑体系对乡村空间的配给三个方面；在村镇及产业空间和人居空间方面主要研究县域乡村空间要素组合的功能类型以及县域乡村多要素空间组织的形态结构等；而县域乡村自然环境空间研究主要内容包含了县域自然地形的多样性特征对人造空间的响应作用。

表3.1 乡村空间体系构成内容

地域空间		空间结构层次	空间体系内容
自然环境空间		地形、地貌结构	中宏观层面，地形地貌生态功能区划； 中微观层面，典型地理单元功能划分
人造空间	村镇及产业空间	空间形态、功能结构	生产空间的空间分布、功能区划
	人居空间		生活空间的空间分布、功能区划
	社会空间	空间联系、网络结构	社会网络空间的节点联系密度、中心结构与 网络凝聚子群单元区划

3.1.3 山区县域乡村空间体系的类型及特征

在体系结构特征方面，乡村空间体系依然具有类似于城镇体系的地域空间特征，从乡村空间体系的概念内涵中可以看出，空间地域、村镇个体、村镇关系网络以及稳定结构的整体是乡村空间体系内容的四大关键。武陵山区县市乡村与其他地区相比，其县域乡村空间要素的空间分布更加不均衡，空间异质性特征更突出，空间体系组织的地域空间范围更大，体系结构特征更复杂，空间形态特征也更加多样。

同时，结合县市发展阶段来看，鄂西武陵山区县市均处于社会经济发展的初级阶段，县市工业化与城镇化发展具有滞后性，由于乡村缺乏在地城镇化的有力拉动，乡村人地关系在空间上出现分离的现象。乡村产业"内卷化"趋势加剧，乡村空间组织活力下降，加上环境制约下的镇村可达性下降，鄂西武陵山区县市乡村空间出现结构离散特征。由此可见，县域乡村空间体系结构变迁是县市发展的整体缩影，反映了县市发展阶段性空间特征，同时，体系结构的演变过程是带有全局性的整体过程，其空间具有较强的动态性与阶段模糊性特征。

3.1.3.1 山区县域乡村空间体系的物质性与社会性特征

（1）物质性特征

物质性是空间的基本属性。对于县域乡村空间来说，物质性空间包含了乡村生活、生产与生态空间的诸多空间要素，如生态空间的自然地形地貌、生产空间的各类生产场所（如耕地、林地等）、生活空间的乡村聚落等均属于物质性空间范畴。乡村空间的物质性特征主要包括尺度特征、规模与边界特征、功能与职能特征三个方面。

①尺度特征。

广义上讲，尺度是指在研究某一物体或现象时所采用的空间和时间单位，同时又可指某一现象或过程在空间和时间上所涉及的范围和发生的频率[121]。尺度可以划分为空间尺度与时间尺度两种，而鄂西武陵山区地域环境具有较强的空间异质性，且环境制约下曲折的道路交通基础设施拉长了现存空间联系的尺度边界，县域村镇节点之间的可达性与关联性难以仅用空间尺度单一标准精确度量（如图3.9所示），需要结合鄂西武陵山区实际的环境与交通特征，增加村庄节点之间的通行时间作为评价县域村镇节点可达性强弱的关键指标。由此可见，山区县域村镇之间的空间联系性、地域单元多功能性的呈现以及县域不同空间尺度下形成的空间结构判定，可以通过村镇在时空双尺度（特别是时间尺度）下的空间关联进行综合考量。

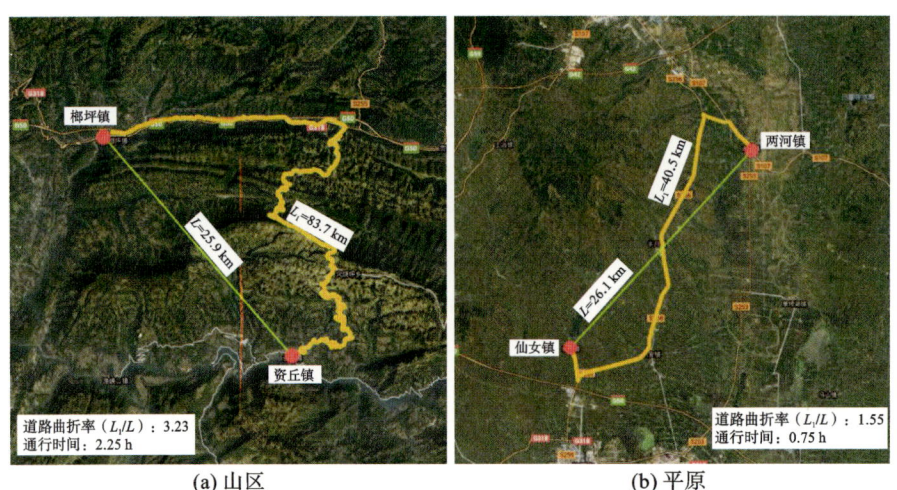

(a) 山区　　　　　　　　　　　　　　　(b) 平原

图3.9　山区与平原乡镇通行路径对比图

（图片来源：作者基于 Google 影像图改绘）

这里引入景观生态学中的空间粒度与空间幅度概念对山区县域乡村空间体系研究的空间尺度问题做进一步描述（如图3.10所示）。空间粒度描述了景观中最小可辨识单元所代表的特征长度、面积或体积；而空间幅度是指研究对象在空间或时间上的持续范围或长度[119]。对于县域乡村空间来讲，从民居、自然村湾、行政村、乡镇再到县域尺度，空间粒度与幅度呈逐步增加趋势。不同空间幅度下的空间组织侧重于不同的内容，高层级的乡村空间在大空间幅度下进行长周期的组织，其组织内容聚焦空间功能结构与格局的判断，此时局部范围内或短时间内的信息变化可以被忽略，如个别自然村范围内的居民点建设对县域乡村整体空间格局改变的影响微乎其微。但小空间幅度尺度下的乡村空间组织以及信息流通十分活跃，若空间变化由量变积累至质变，则会对中等及大空间幅度下的空间结构产生影响。

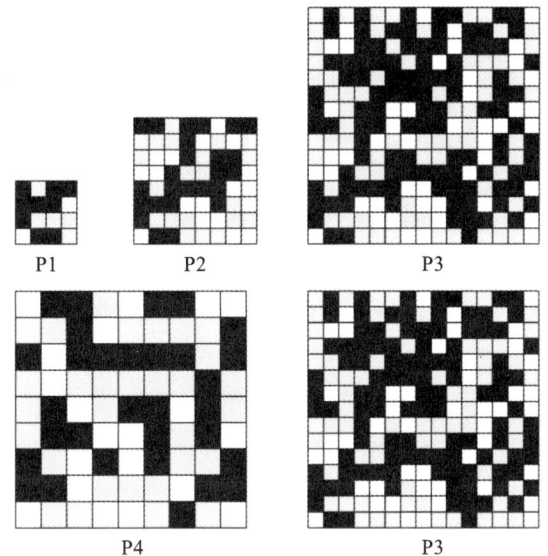

图 3.10　空间尺度示意：空间粒度与空间幅度

（图片来源：基于参考文献［119］改绘）

由此可见，县域乡村空间体系研究并非无边无际的全尺度域上的特征解析，而要着眼于既定空间尺度下的功能性及功能体之间的相互作用，县域乡村空间体系研究对象需要依据研究对象与预期目标进行尺度域空间边界约束（如图3.11所示）。县域乡村空间可以看作由功能不一且具备空间动态性的功能体组成的多尺度镶嵌体，在不同的尺度层面往往可以呈现出不同但又相互联系的结构特征。对于鄂西武陵山区县域乡村来说，县域宏观层级、县镇中观层级、村庄微观层级的空间粒度与幅度比平原地区大很多，同时在复杂的环境影响下，乡村空间体系的空间尺度存在尺度推绎与变迁的动态过程，鄂西武陵山区县域乡村空间体系的尺度特征并非在几种固定空间尺度下展现，其空间体系整体上呈现出一定的漂移不可预测性。因此，对鄂西武陵山区县域乡村空间体系特征的识别解析需要因地制宜，聚焦典型样本案例的体系特征展现与构建，通过对个体案例的研究分析，推演鄂西武陵山区县域乡村空间体系构建的一般性思路。

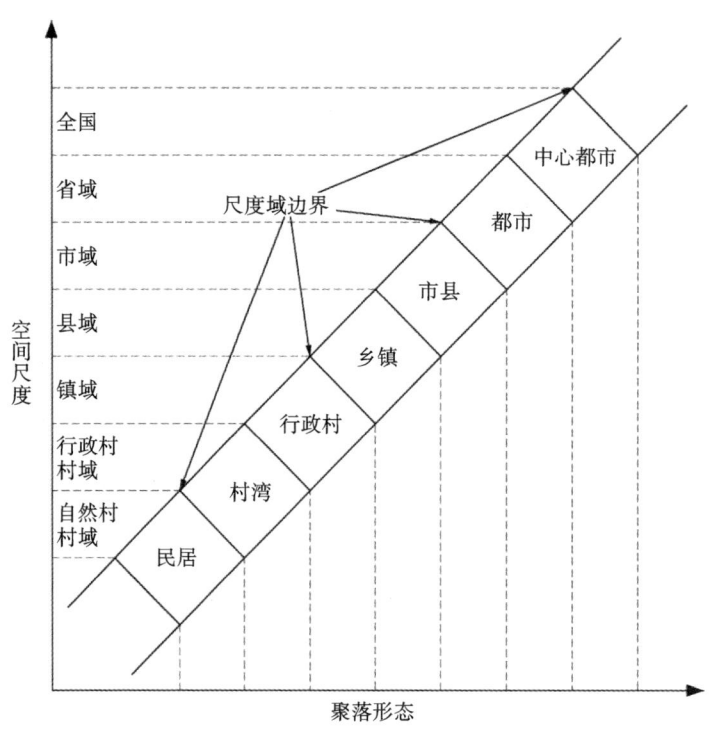

图 3.11　聚落空间在空间尺度上的对应关系图

（图片来源：作者自绘）

　　山区县域乡村体系优化是对乡村地域多尺度空间层面进行的多维结构认知与建构，其研究内容依然需要在县域不同空间尺度下展开：县域大空间幅度层面的乡村功能区划与总体结构分析，镇域中空间幅度层面的主导功能区指引下的行政村空间连接与结构优化，行政村小空间幅度层面的功能转化与要素整理。此外，对于不同尺度层次之间的乡村要素与功能的传导通道的构建也是乡村空间体系优化的重要内容。

②规模与边界特征。

规模是指一定地域空间内要素数量多少的相对关系或指代地域空间范围大小的相对关系。与规模密切相关的一个关键词是"边界"，无边界的要素规模论证无从谈起，边界界定了地域空间范围，明确了要素规模存在的空间单元。同时，空间体系的规模特征与空间尺度密切相关，尺度特征下的空间幅度增加也相应地增加了空间要素的规模，如将行政村的小尺度空间边界拓展至镇域尺度，乡村在人口、产业、公共服务与基础设施配套等方面的要素数量与等级分别得到相应的增加与提升。

县域乡村空间尺度为要素规模分布界定了空间范围，但并不制约空间要素规模的变化过程，要素规模的增加或减少体现了某一尺度下乡村空间内部功能与结构演化的动态性。从这点来看，县域乡村空间体系组织演化是低尺度域空间要素规模变化引起的功能结构变化向高一级尺度域空间传导的过程。与乡村空间体系的尺度特征类似，山区县域乡村空间体系的规模与边界特征难以归一化界定为某几类空间范围下的规模与边界特征，其空间规模与边界的界定具有动态性与复杂性特征，这需要结合县域乡村空间体系研究的目标以及典型案例进行由个案研究到具有一定普适性的特征研究。

③功能与职能特征。

空间视域下的县域乡村个体是多空间要素集聚的功能单元，物质性空间要素与社会性空间要素共同定义了参与县域乡村空间体系组织的个体村庄功能定位，并在相关空间尺度上形成对应层次的乡村功能体，如行政村尺度上的乡村空间依照土地利用的差异可以划分为居住功能体、传统耕作功能体、农林副业功能体以及生态保育功能体等。这与地理学在"城镇体系"研究中将城镇功能结构界定为一定空间地域内城镇的功能定位与分工的总体思路一致。

同时，空间尺度界定了空间功能单元的区划范围、类型以及空间边界，同一尺度域下，空间功能体之间存在横向联系性，功能要素通过交通廊道进行传导，而功能体所包含空间要素规模的差异导致形成了该尺度域下的空间不均衡结构，进而演化为横向空间层次的"核心—边缘"结构。由于现行的"市县—乡镇—村庄"三级行政管理等级体系形成的县域乡村空间纵向等级结构难以跨越，讨论县域乡村空间体系的功能结构优化重点应当放在同一尺度域下的横向空间结构优化上，即聚焦县域空间尺度下的乡村功能结构区划，亚区域空间尺度下在主体功能体内部的村庄功能共同体功能区划，以及村庄功能共同体空间尺度下的村庄联系网络中心性的构建。

（2）社会性特征

社会性特征是围绕乡村空间非物质性要素或关系形成的空间特征。等级和分工是社会的普遍现象，甚至在社会性的动物群体中也是如此[122]。这里包含两种意义。第一，乡村空间的类型和层次与社会的分工和等级之间存在着复杂的交错关系。从空间层次角度来讲，县域乡村纵向空间体系中的村镇等级特征以及横向空间体系中的村与村、乡镇与乡镇之间的非等级结构特征是社会性特征的类型。第二，从空间要素角度去除村镇个体的物质空间属性，将其视为空间体系中的一个联系节点或中心，从节点之间联系的关系网络中定义社会组织的结构特征。

①等级与非等级性。

关于这一点，需要提到的是人的主动性对于县域乡村空间体系的选择作用。乡村社会性特征中的等级与非等级性层次特征在物质空间中同样存在，例如，河流的干流与不同等级的支流，山脉与地域性山川，乡镇与村庄的不同空间场域等。物质性空间形成了县域乡村空间层级体系的基础，如自然环境基质（生态性要素）为县域不同层级的乡村聚落提供空间资源与场域支持，并对场域内空间生产与生活行为产生关联影响，这是物质性空间正向影响社会活动的过程。但这并不意味着县域乡村空间体系结构被固化，因为人的主观能动性与社会活动的自由性，使社会活动成为参与乡村空间体系构型的重要因素，同时乡村空间社会属性的增加也反向赋予了物质性空间更多的社会性，使空间要素联系以及空间体系结构更加紧密。

②节点关系网络性与方向性。

县域乡村社会性特征中也并非仅有等级与非等级性一种，抛开物质性空间属性，将村庄、集镇与乡镇降维至县域空间体系组织的独立节点，并将节点个体自身物质性资源禀赋条件，如区位条件、产业基础、交通与基础设施支撑水平、公共服务配给水平等，以综合质量评价的方式数字化赋予村镇节点，结合节点在空间体系中不同的社会分工，可以清晰得出反映县域乡村空间体系的关系网络（如图3.12所示）。县域乡村纵向空间层级的拓扑关系、横向空间层级的中心性与边缘性的结构关系、空间体系的整体网络化结构等内容，都是基于乡村个体节点的空间关联的多样解析。由此可见，县域乡村空间体系可以概括为"一定地域内村镇节点的关系特征集合"。

这里的关系特征蕴含了两方面意义。第一，关系的强弱，反映了个体节点发展的强弱。如图3.13中的村镇节点关系网络示意图所示，n_4节点共与其他5个节点存在关联响应，其空间联系性最强。第二，关系的方向性，反映出空间体系中节点关系的指向性问题，即通过要素出入度衡量节点在体系中的功能定位。如图3.13中的村镇节点关系方向性示意图所示，与n_4节点存在联系的其他5个节点中，共有4个关系特征表现为流入性，1个关系特征表现为流出性，因此，在此节点关系体系中，n_4节点中心集聚性功能定位较为明确；反观n_6节点，虽然与其他4个节点存在关联性，但其中3个关系特征表现为流出性，1个表现为流入性，因此，n_6在此节点关系网络中的扩散性或流出性功能定位突出。

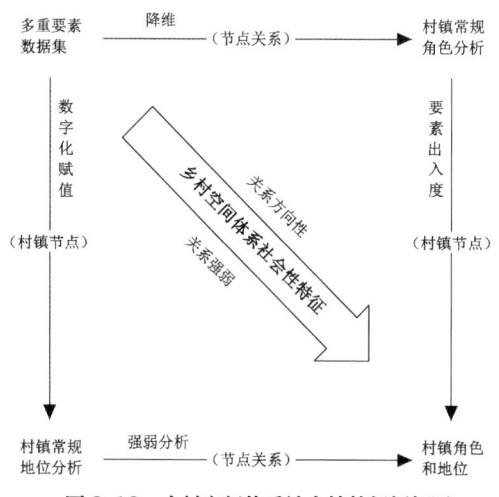

图 3.12　乡村空间体系社会性特征框架图
（图片来源：作者自绘）

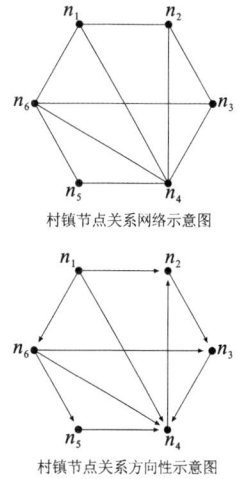

图 3.13　乡村空间体系关系网络示意图
（图片来源：作者自绘）

3.1.3.2　山区乡村空间体系的层级跃迁

乡村空间的组织过程是自组织与他组织共同作用的过程。

在自组织过程中，乡村空间要素的增加或减少是基于其资源环境承载力的缓慢变化，此状态下的县域乡村空间功能趋于一般性的稳态，空间结构变化需要长时间的要素数量积累进而走向结构质变。自组织影响下的县域乡村空间体系结构与能级的改变往往是整体性的，即县域各空间尺度域下要素水平与功能的整体提升或降低。需要指出的是，自组织影响下的县域乡村空间演变并非绝对的正向提升，当前许多山区县市乡村存在的村庄空心化、老龄化以及土地抛荒问题，究其原因是在与城市快速发展的比较劣势下，乡村空间负向紧缩。

而伴随乡村空间他组织过程的是外在干预效应的介入，涉农政策的局部导入、外部产业项目有选择的节点落地、人居环境建设的局部先行先试都可以视为影响县域乡村空间组织的他组织行为。特别是对于山区乡村来说，村庄在产业发展低水平"内卷"、资源要素匮乏、交通可达性弱化的综合影响下，乡村空间组织动力缺失，空间组织结构滞变，而外在干预激活了山区乡村空间要素组织动力，使乡村空间结构出现要素组织规模与能级的跃迁，导致自组织作用下的县域乡村空间体系稳态结构被打破，进而衍生出新的乡村空间层级结构。由此可见，空间体系的层级跃迁是空间要素规模的突变超越了对应空间尺度下的结构质变阈值的现象，即在低尺度域承载了高等级的空间要素与功能，进而导致县域乡村空间体系结构的变化。

3.2 长阳县乡村空间发展特征分析

3.2.1 长阳县乡村空间要素特征

乡村空间要素与城市空间要素组成具有一致性，两者都具有高度嵌套融合的特征。长阳县作为典型的欠发达山区县域，村民自治共同体在基层行政村地域单元形成稳定的空间结构，但由于空间资源要素分散，生活与生产活动受交通条件约束导致生活、生产圈层空间腹地较小，各类空间活动影响下的乡村要素组织形成"大分散、小集中"的空间格局，这时小空间尺度下的乡村空间要素呈现多样混合的特征，"三生"空间功能虽然能级较小，等级简单，但不同功能要素单元的边界并不能明确划定。

乡村空间组织是涉及乡村经济、社会与生态环境多要素协调整合的复杂过程，也是人类活动对自然空间适应与改造的过程。从空间要素组成的内容上将乡村空间划分为生态、生产与生活空间三类，乡村社会文化空间是基于生活空间的社会性再组织过程，其对乡村空间产生影响效应的空间载体集中于生活空间场域。因此，对于乡村社会文化要素的特征识别将整合到生活空间进行整体性解析，此处不再单独识别。"三生"空间要素的分析带有平面化二维视角的"点"与"面"特征的识别分析，此处添加乡村交通空间要素作为联系"点"、"面"要素的"线"性要素进行补充识别。综上，对乡村空间要素特征的识别工作主要集中于乡村空间的"点—线—面"要素的空间规模、密度、占比以及空间格局特征等方面内容。

3.2.1.1 乡村"三生"空间要素的高度耦合性

（1）"三生"空间要素组织的逻辑性

从乡村"三生"空间分布来看，生态空间要素是乡村空间构成的基底，生态空间要素通过自然环境基底决定了生产空间要素的空间形态与规模大小；传统农业社会影响下的乡村生活空间受制于生产要素资源的稀缺性，呈现出与生产空间高度耦合的空间特征，并在生活空间选址时，有意避让条件较好的农业生产地区，选择临近山林的生产条件较差的地区形成居民点（如图3.14所示）。这种生态空间为基底，生产空间为核心，生活空间为重点的空间布局方式，是乡村空间要素组织的基本逻辑。

（2）"三生"空间要素耦合关联性分析

乡村居民点用地的空间分布与耕地的空间分布具有强烈的相关性，这可以通过长阳县域土地利用现状中居民点用地与耕地的空间区位关系得到印证。受县域地形条件限制，县域耕地资源及居民点用地呈现出形状不规则的散块式的空间分布，为使分析结果更加简洁清晰，这里对耕地资源进行适度的斑块聚合，使耕地要素在空间上更加集聚。

运用ArcGIS软件的聚合分析功能，对长阳县域耕地资源做扩散距离为50米的聚合面分析，再将得到的聚合面与居民点进行叠加交集统计，如表3.2所示。结果发现，耕地50米聚合面能够覆盖县域76.32%的居民点，同时在地域面积方面则可以达到89.61%，这说明居民点在空间上与耕地资源存在较强的空间关联性。

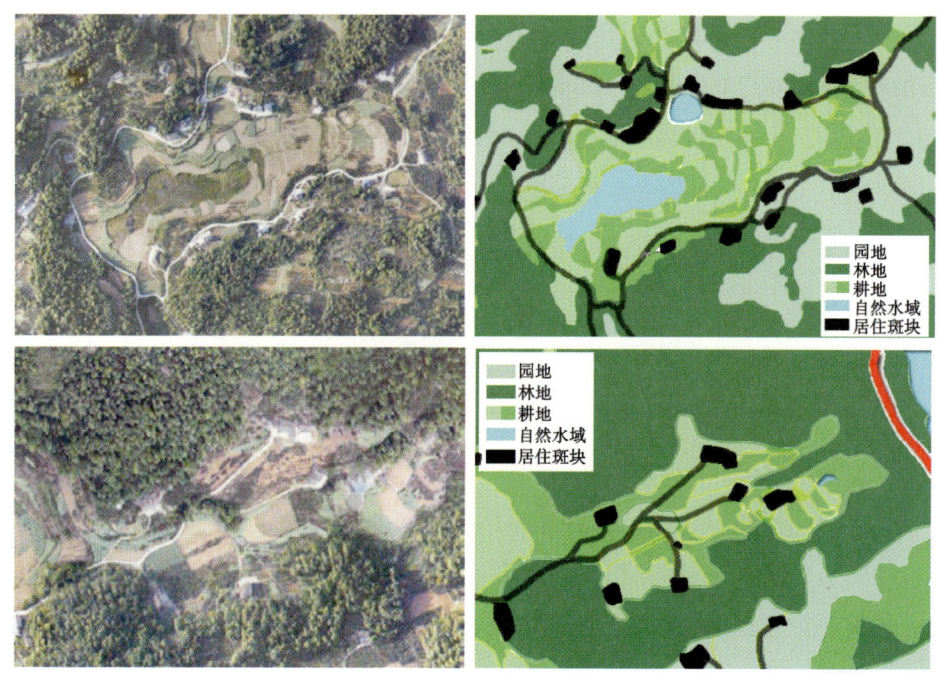

图 3.14　长阳县生产空间与生活空间分布图

（图片来源：依据 2018 年影像图改绘）

表 3.2　长阳县乡村居民点与耕地 50 米聚合面关联统计表

居民点分类	居民点斑块数量 / 个	数量占比 /（％）	面积占比 /（％）
存在边界关联	44887	76.32	89.61
不存在边界关联	13927	23.68	10.39
总计	58814	100	100

（3）微观地域层面乡村空间要素组织结构特征

从微观地域层面观察居民点用地与耕地及林地资源的分布情况，发现居民点用地与耕地的空间关系存在两种不同类型的耦合嵌套结构。

一种是居民点用地与耕地在空间上存在边缘临近的情况。居民点用地在空间上向耕地边缘区域集聚，并与以林地为主的生态空间构成边界关联。这种现象在长阳县乡村中较为普遍，如在龙舟坪镇、高家堰镇、磨市镇、大堰乡等乡镇这种嵌套结构有较广泛的分布（如图3.15所示）。

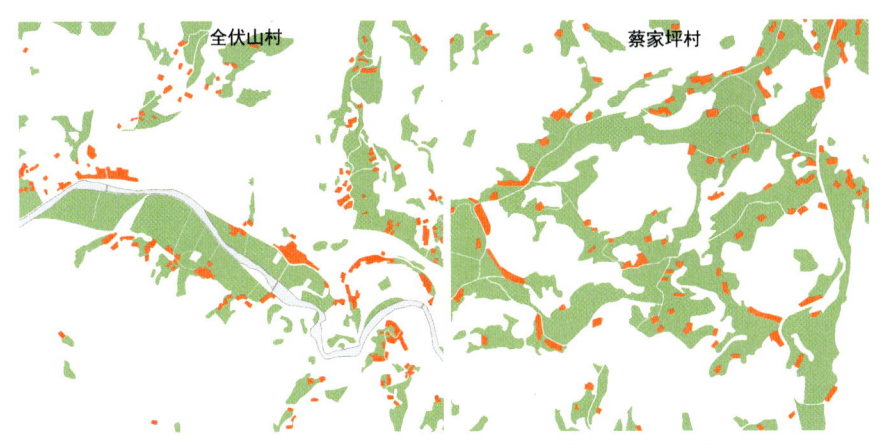

图 3.15　长阳县清江沿线村庄居民点与耕地的"边缘分布"空间形态示意图

（图片来源：作者自绘）

另一种是居民点用地均匀分布在耕地中，生活空间与生态空间无边界关联状态，而仅与生产空间形成高度嵌套结构，这在长阳县清江流域沿线的资丘镇、渔峡口镇的滨江村庄中分布较多（如图3.16所示）。

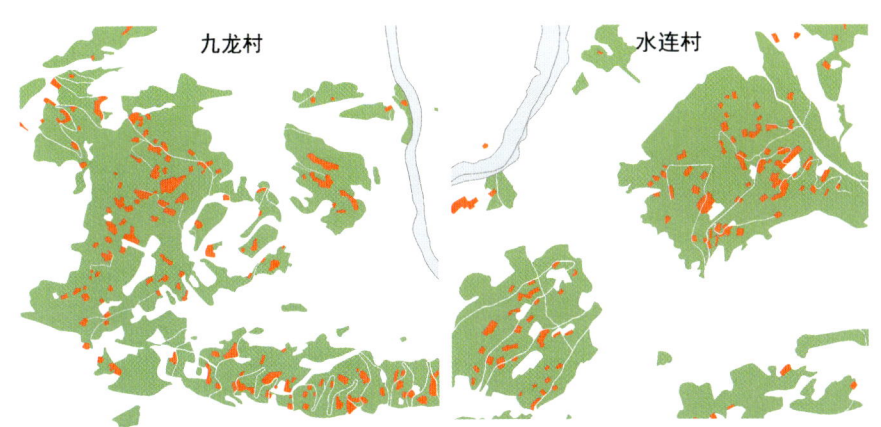

图 3.16　长阳县清江沿线村庄居民点与耕地的"均匀分布"空间形态示意图

（图片来源：作者自绘）

究其原因发现，边缘分布与均匀分布两种情况下的生产空间在自然属性上具有较大的差异性，特别是在耕地资源的规模大小以及图斑形状规整性方面存在较大差异。均匀分布特征下的耕地斑块较大，同时斑块形态更加规整；而边缘分布特征下的耕地斑块多为不规则形状，边界曲折程度较高，且斑块面积普遍较小。这说明在长阳县早期清江流域的村庄居民点形成过程中，人类的生活与生产活动在局部优势土地资源分布地区是高度协调耦合的，生产资料存在富足分布的情况，而后期随着人口数量的不断增加，耕地资源的稀缺性凸现，乡村人地关系矛盾突出，生产空间要素的核心地位确立，生活空间则向生产条件一般的生产边缘区聚集（如图3.17所示）。

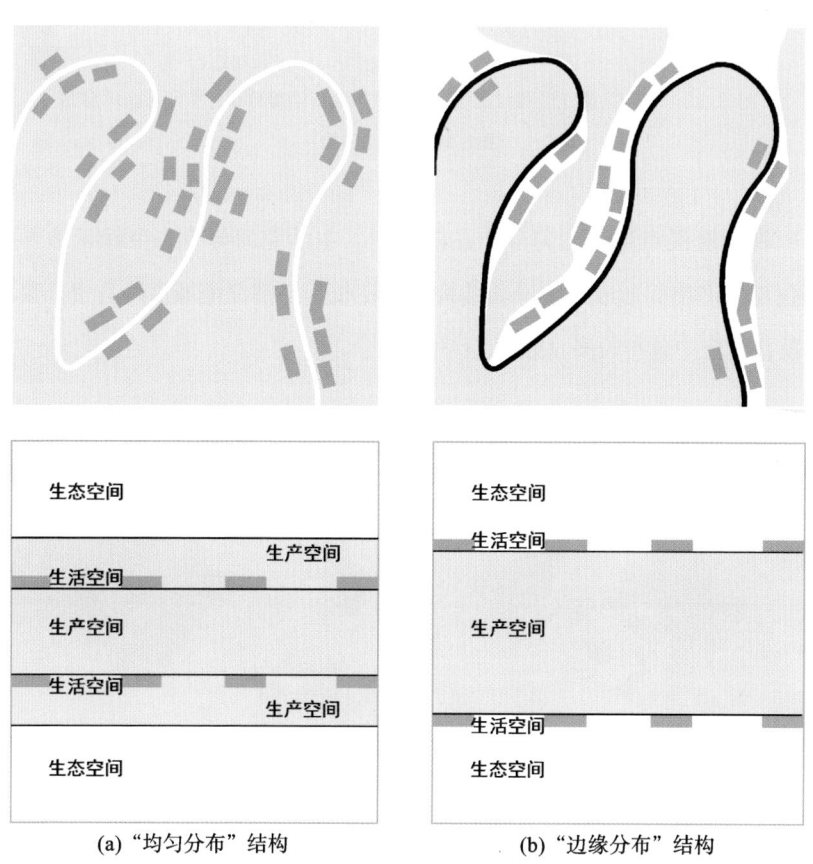

(a)"均匀分布"结构　　　　　　　　(b)"边缘分布"结构

图3.17　"均匀分布"与"边缘分布"村庄居民点与耕地的空间结构比较图

（图片来源：作者自绘）

（4）村居内部典型的要素耦合结构——"自留地"

生产与生活空间的高度耦合性还体现在村居内部用地结构方面。生活空间与生产空间边界往往较为模糊，难以清晰确定其空间边界。这时，村居内的生活空间一定程度上紧缩弱化，以往不被关注的生活空间临近区域被开发成为功能混合的过渡夹层空间（如图3.18、图3.19所示），"自留地"等特殊形式的用地空间被开发为具有混合属性的微空间，这使生活空间边界外延扩展，且具备一定的生产属性。

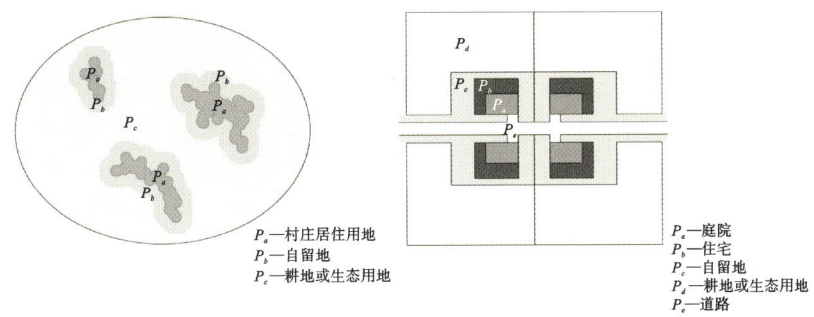

P_a—村庄居住用地
P_b—自留地
P_c—耕地或生态用地

P_a—庭院
P_b—住宅
P_c—自留地
P_d—耕地或生态用地
P_e—道路

图 3.18　生活—生产功能过渡夹层空间示意图

（图片来源：作者自绘）

图 3.19　长阳县土地坡村农民的"自留地"

（图片来源：作者自摄）

3.2.1.2　乡村产业空间要素的垂直梯度分化

长阳县作为典型的欠发达山区县，其生产空间格局并非二维平面化的功能组织。山区立体化的气候引导生产空间要素在垂直空间上分散布局，进而形成了竖向梯度分层的农业生产空间形式（如图3.20、表3.3所示）。

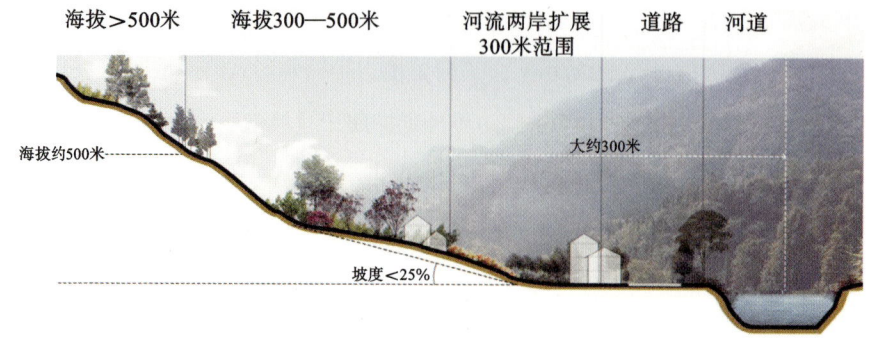

海拔＞500米　　　海拔300—500米　　河流两岸扩展　　道路　　河道
　　　　　　　　　　　　　　　　　　　300米范围

海拔约500米

大约300米

坡度＜25%

图 3.20　长阳县乡村生产空间垂直梯度布局示意图

（图片来源：作者自绘）

表 3.3　长阳县乡村产业要素垂直梯度分布表

序号	产业竖向结构分区	产业门类	产业要素特征	平面分布特征
1	河道两侧 300 米以内	有机农业、花卉苗木、农产品加工等	要素连续性较强，同时与交通要素耦合性高，空间资源整合程度高	耦合于道路及河流走向，形成连续的带状分布
2	距离河道 300 米以上、海拔 300—500 米的坡地	特色种植、山林畜牧、经济林木种植	要素具备多样性，且要素功能具备向旅游服务功能转化的潜力	空间功能多样分化，典型耕作用地零散，但产业要素斑块区划特征显著
3	海拔 500 米以上	高山蔬菜、有机茶园、原生果园	环境依赖度较高	基于土壤特质以及自然地理条件呈现组团状分布

　　亲水择居是影响山区乡村生产空间要素布局的重要因素，以县域河道流域为基准，在距离河道300米的范围内分布有集中连片的可耕作优质土地，该区域成为县域生产要素最为密集且生产效率最高的核心区域。该区域内空间层面的地理起伏变化较小，使乡村空间要素分布具备一定的均质性特征，同时生产要素布局具有较强的连续性，加上交通线路对生产要素空间可达性的增强效应，使区域内生产要素的空间整合程度较高，生产效率提升显著。该区域内农业生产类型以有机农业、花卉苗木、农产品加工等为主。

　　在距离河道300米以上、海拔300—500米的空间地域，自然地理条件多样分化。一方面，空间要素在垂直竖向上得到加强；另一方面，部分空间要素临近区域高等级交通干道，空间可达性较好，在有效空间可达性范围内，生产要素的多样性特点被激发，区域内除延续低海拔区域的农业特色种植以外，其生态资源的丰富性使生产功能具备向旅游服务功能转化的可能，部分地区借助特色农业发展生态体验产业，或整体挖掘乡村文化与旅游资源，发展乡村文化体验及生态休闲旅游产业类型，使乡村地域要素价值进一步被挖掘。

而在海拔500米以上的区域，其生态资源优势突出，且传统可耕作型生产要素具备稀缺性的特点，同时由于其空间可达性较差，生产要素组织聚焦于生态效能的激发，此区域内农业生产主要以原生果园、高山蔬菜、有机茶园为主，生产要素带有明显的生态依赖属性。

3.2.1.3 县域乡村交通约束下的要素组织内向化

理想的山区交通空间呈现出与城镇等级相匹配的特征，通过交通空间的外向连通性将不同等级的乡村生活空间、生产空间组织成为梯度分明、空间联系紧密的网络状结构。当前我国山区乡村交通空间存在道路等级下沉、高等级干线交通体系断层等问题，乡村空间要素流通速度与外向组织能力下降，乡村空间要素组织转向小地域范围内的乡村生活与生产功能融合构建，乡村空间呈现一定的内闭性。

（1）干线道路基础设施建设短缺负向极化了乡村空间要素流通

长阳县县道及以上高级别道路建设体系仍不完善，低等级的通村道路的交通承载能力不足。如表3.4所示，县域现状道路密度低至每百平方千米17.66千米，特别是承载县域城镇对外交通骨架的一级公路路网密度低至每百平方千米3.91千米，而关乎村民基本出行的非等级公路路网密度则达到了接近每百平方千米100千米的水平，乡村公路交通体系呈现出低等级聚焦的趋势，低等级通村道路及通组道路的建设缩减了乡村外向参与区域空间要素组织分工的机会，使村庄之间的空间联系性降低，空间生产活动呈现出以个体村庄为单元的小而零散式的分布特征，乡村空间功能结构体等级下沉至微观村庄，同时空间呈现出一定程度的空间自闭性。

表 3.4　长阳县域公路网密度表 [①]

类别	道路等级	道路里程 / 千米	路网密度 / (千米 / (100 千米 ^{2}))
干线交通	一级公路	134.23	3.91
	二级公路	246.78	7.19
	县乡等级公路	225	6.56
合计		606.01	17.66
通村公路（非等级公路）		3270	95.34

资料来源：长阳土家族自治县交通运输局。

县域北侧沪渝高速公路的建设，虽为长阳县沿线村镇提供了快速介入区域发展格局的机遇，但由于村镇在区域城镇发展整体竞争格局中长期处于劣势发展地位，村庄在区域生产分工中扮演人口与资源要素输出的角色，尚未形成有效的资源要素的节点集聚效应，因此，未来短期内长阳县域乡村空间要素的流动仍以资源流出为主，这也将进一步加速县域乡村空间的扁平塌陷。由此可见，无论是区域快速交通网络搭建还是内部干线交通建设，长阳县交通体系对乡村空间要素流通以及乡村发展都带有负向极化效应。

（2）环境制约下的道路基础设施建设的非均衡性加剧了空间功能流通断层

山区的高海拔、坡度起伏、局部断崖及河湖自然水体的自然隔断等自然环境要素成为乡村道路与其他交通设施建设的重要约束条件，特别是在县域公路交通体系的整体建设中，地理环境的自然制约作用更为显著。

长阳县域清江水系以及山脉走向导致县域三级公路（县道）及以上级别道路对县域154个村庄的覆盖率仅为66.23%，仍有52个村庄未能被高等级道路覆盖；同时通过对县道及以上级别道路300米缓冲区的空间覆盖能力进行分析发现，县域高等级道路系统直接影响的村庄居民点数量为9666个，占总居民点数量的16.43%（如表3.5、图3.21所示）。这说明高等级道路在县域层面存在较大的辐射连通短板，高等级道路之外的通村、通组低等级道路仍然承载着构建村庄空间联系性的主要任务。

---

① 表中统计数据基于湖北省长阳县国土面积 3430 平方千米计算。

表 3.5 长阳县县道及以上级别道路 300 米缓冲区对村庄居民点的影响分析

区域	行政村数量 / 个	占村庄数量 比例 / （%）	居民点数量 / 个	占总居民点数量 比例 / （%）
300 米缓冲区内	102	66.23	9666	16.43
300 米缓冲区外	52	33.77	49148	83.57

图 例

▨ 县道及以上级别道路300米缓冲区　　　▨ 河流水域

图 3.21 长阳县县道及以上级别道路 300 米缓冲区分析图

（图片来源：作者自绘）

　　长阳县跨江分布的几个乡镇中，渔峡口镇与都镇湾镇由于缺乏县道（三级公路）的有效支撑，镇域范围内村庄联系性的建立主要通过乡道（四级公路）的建设进行补充，同时，清江河道及高山地形的限制导致乡道建设在综合考量工程安全以及建设成本等因素影响后，选择"通村但不环通"的建设思路，这使县域乡村低等级道路系统在局部复杂地形区域同样出现连通断层，如都镇湾镇与资丘镇的清江以南部分区域（如图3.22中的A1区域所示），以及榔坪镇与贺家坪镇南部的高山沟域地区（如图3.22中的A2区域所示）。清江水系作为长江流域在湖北省境内第二大支流，东西横贯长阳县域达148千米，清江江面在长阳县最宽处可达1000米左右，受制于清江水系中段隔河岩水库建设以及跨江桥梁建造成本，目前长阳县范围内县道及以上级别跨江桥梁仅有四座，清江对长阳县域村镇道路交通网络的构建形成了较强的空间阻断效应。

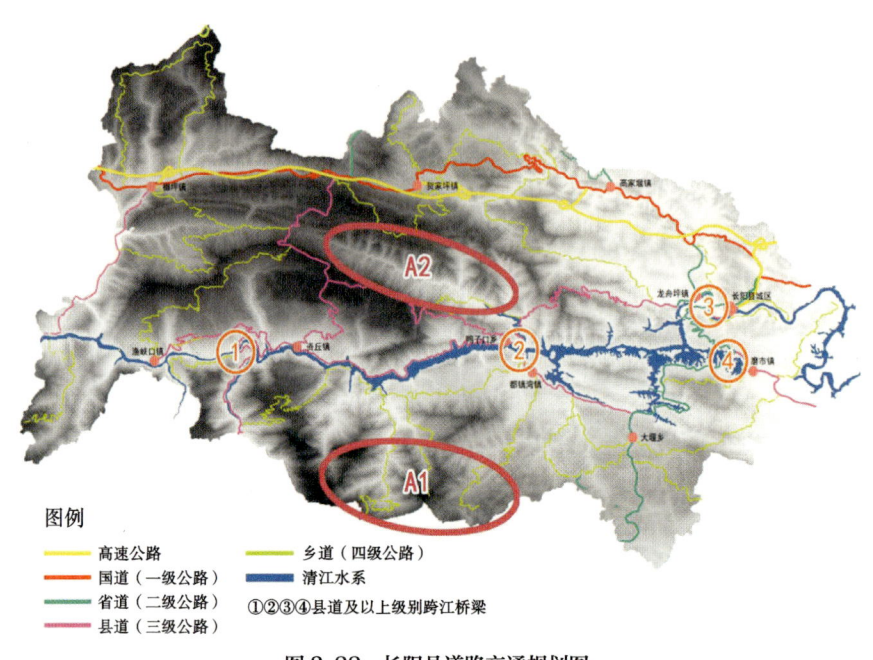

图3.22　长阳县道路交通规划图

(图片来源：作者自绘)

3.2.1.4　乡村生态红利消退带来的生态空间安全"蝴蝶效应"

山区生态资源的极大丰富为乡村的发展提供了充足的生产资料与环境空间，生态资源红利释放是山区乡村空间演化变迁的主要动力。城镇化与工业化发展对生态资源的消耗性使用，导致生态空间承载力下降与生态功能退化，生态资源制约效应成为当前山区乡村发展面临的一大难题。

同时，生态系统是由各类生态要素有机组合形成的具备稳定结构的空间场域，虽其要素子系统具备一定的独立性，但系统之间关联性较强，因此整体性是生态系统最主要的特征。山区生态系统的运作机制是架构在多样化的地理环境基础之上的，通过人类活动对于生态空间的有序改造，形成与自然生态系统相互嵌入共生的和谐结构。生态系统运行的过程本质上是生态功能主导下的局部空间要素的转化，但空间要素的转化并没有转变生态空间的系统稳定性，而是通过在功能嵌入过程中与自然系统融合形成新的稳定结构。

此外，生态系统具备一定的生态承载力阈值，且对于要素转化带来的生态影响容忍度较低，在生态影响过程中，外界局部点式的干扰汇集带来的空间影响超过系统承载力阈值上限，会造成某一要素系统的溃败，而生态系统内部要素的强关联属性会加速影响扩散速度，进而造成整体系统完整性的破坏。例如，部分山区乡村重视工业发展带动下的城镇快速发展，被忽略的工业发展带来的污水、固体废弃物随着山区自然河道流向下游，造成流域性的环境污染问题。由此可见，山区生态系统具有较强的"蝴蝶效应"特征。

从长阳县的农业用地结构调整表（如表3.6所示）中可以看出，过去十几年长阳县耕地保有量的变化较大，2020年耕地面积相比2005年减少2864公顷，耕地面积比重下降至13.98%，这说明农业生产面临可耕作用地进一步减少的风险。同时从耕地总量动态变化的对比（见表3.7）中可以发现，灾毁成为耕地减少的主要原因，共造成2006—2020年约2229公顷耕地总量的减少。以往山区乡村为谋求阶段性的发展而过度消费生态红利，由此带来的生态环境制约成为影响乡村生产的重要因素，由此带来的乡村生态安全问题愈发显著。

表 3.6　湖北省长阳土家族自治县农业用地结构调整表

地类		2005 年		2010 年			2020 年		
		面积/公顷	比重/（%）	面积/公顷	比重/（%）	变化量/公顷	面积/公顷	比重/（%）	变化量/公顷
农业用地	耕地	50674	14.82	48249	14.11	－2425	47810	13.98	－2864
	园地	7539	2.20	8187	2.39	648	8934	2.61	1395
	林地	240164	70.22	244346	71.45	4182	246579	72.10	6415
	草地	2775	0.81	2740	0.80	－35	2730	0.80	－45
	其他农业用地	10526	3.08	10576	3.09	50	10726	3.14	200
	小计	311678	91.13	314098	91.84	2420	316779	92.63	5101

资料来源：长阳土家族自治县自然资源和规划局。

注：表中"比重"列数据为对应项占全县总生产用地面积比重。

表 3.7　湖北省长阳土家族自治县耕地总量动态变化表　　　　（单位：公顷）

指标	类型	2006—2010 年		2006—2020 年	
		总量	年均	总量	年均
耕地减少量	建设占用	71	14.20	227	15.13
	农业结构调整	350	70.00	86	5.73
	生态退耕	54	10.80	822	54.80
	灾毁	2100	420.00	2229	148.60
	合计	2575	515.00	3364	224.27
耕地补充量	土地开发	35	7.00	62	4.13
	土地复垦	5	1.00	8	0.53
	农地整理	100	20.00	400	26.67
	农村居民点整理	10	2.00	30	2.00
	合计	150	30.00	500	33.33
耕地变化量		− 2425	− 485.00	− 2864	− 190.93
耕地保有量		48249	—	47810	—

资料来源：长阳土家族自治县自然资源和规划局。

　　与此同时，长阳县作为欠发达山区县市，其产业经济发展与乡村建设存在普遍的滞后性。由于在资源要素短缺背景下城镇发展缺乏突破常规发展的思路，长阳县工业化与城镇化道路同样经历了粗放发展到生态发展的历史阶段，而在粗放发展阶段，部分企业生产对县域生态环境造成巨大的不可逆影响。如图3.23所示，长阳县某大型采矿场生产过程中除对周边村庄地区的生态环境造成粉尘等固体废弃物污染以外，还将初步处理的废水废渣排入小流域河道，后经小流域河道进入清江水系，进而影响到城区及清江水系整体的生态安全。由此可见，山区乡村地域生态环境具有较强的生态敏感性，少量的局部点状环境影响往往可能通过生态要素的共生系统扩散至更大的空间范围，这种生态破坏带来的生态环境"蝴蝶效应"也远远超过了局部片段式的影响范畴。

图 3.23　长阳县某大型采矿场对区域生态产生影响

（图片来源：作者改绘）

3.2.2　长阳县乡村空间功能结构特征

3.2.2.1　生态功能空间特征

县域乡村生态功能特征反映了乡村地域生态环境安全的底线保障以及支撑可持续性发展能力的强弱。对于长阳县生态功能空间特征的识别主要从县域生态足迹与自然生态承载力的定量比较，反映长阳县乡村地区生态功能空间的整体特征。

（1）生态足迹、生态承载力测算模型

生态足迹又称"生态占用"，是能够持续地提供资源或消纳废弃物的、具有生物生产力的地域空间。对生态足迹通用的计量方法是将资源和废弃物折算成生产和消纳这些资源和废弃物的生物生产面积或生态生产面积，即转化为耕地、草地、林地、建筑用地、化石能源土地和海洋（水域）六种生物生产面积类型[121-122]。

人均生态足迹计算公式为：

$$ef = \sum r_i A_i = \sum r_i \left(P_i + I_i - E_i\right) / \left(Y_i \times N\right) \quad (i = 1, 2, \cdots, 6) \qquad (3.1)$$

式中：ef 为人均生态足迹（ha/人）；

r_i 为第 i 种消费项目的均衡因子；

A_i 为第 i 种消费项目折算的人均占有的生物生产土地面积（人均生态足迹分量）

（ha/人）；

P_i为第 i 种消费项目的年生产量（kg）；

I_i为第 i 种消费项目的年进口量（kg）；

E_i为第 i 种消费项目的年出口量（kg）；

Y_i为生物生产土地生产第 i 种消费项目的年（世界）平均产量（kg/ha）；

N为人口数。

生态环境承载力是指环境生产承载生态活动、人类活动（含生产、生活活动）及动物活动数量的极限。对于生态承载力指标来讲，由于不同地区存在资源禀赋差异，地区单位耕地、草地、林地以及建筑用地等土地资源类型各不相同，因此，对于生态承载力不能采用统一的标准进行归一化计算，各个地区可根据实际情况采用一定的平衡系数进行适度调节。本书对长阳县生态承载力的计算选取Wackernagel在世界各国研究成果中对中国部分的结论，并结合张志强等对中国西部12省（区市）生态足迹的研究中选取的平衡系数[123-124]，最终确定长阳县生态承载力与生态足迹的平衡系数。

人均生态承载力计算公式为：

$$ec = a_j \times r_j \times y_j \ (j=1,\ 2,\ \cdots,\ 6) \tag{3.2}$$

式中：ec为人均生态承载力（ha/人）；

a_j为人均生物生产土地面积（ha/人）；

r_j为均衡因子；

y_j为产量因子。

（2）长阳县生态功能空间特征

长阳县2017年总人口数为39.25万人[①]，县域范围内可生产用地面积数据提取自2018年全县土地第三次调查数据[②]：提取并汇总全县耕地、林地、草地、建筑用地（含城镇建设用地与农村宅基地）、海洋（水域）土地面积数据，化石能源土地数据则通过将当地能源消费所消耗的热量折算成一定的化石能源土地面积获取。将测算得到的人均生产用地面积与均衡因子相乘，最终得到长阳县人均均衡生态足迹指

---

① 数据取自长阳县统计年鉴2018。

② 2018 年长阳县第三次土地调查的现状土地利用数据主要为 2017 年的现状数据。

标（如表3.8所示）。由表3.8可以看出，按2017年长阳县城市发展与居民生活水平测算，其人均生态足迹为0.7757 ha/人。

表 3.8　长阳县 2017 年乡村人均生态足迹测算

土地类型	人均用地面积/（ha/人）	均衡因子	人均均衡面积/（ha/人）
耕地	0.1311	2.8	0.3671
林地	0.6829	0.5	0.3415
草地	0.0003	1.1	0.0003
建筑用地	0.0199	2.8	0.0557
化石能源土地	0.0047	1.1	0.0052
海洋（水域）	0.0299	0.2	0.0060
人均生态足迹	—	—	0.7757

将提取到的2018年长阳县土地第三次调查的土地数据按其用地面积与占比情况进行汇总，得到用于县域生产生态承载力测算的五类用地人均生产用地面积（如表3.9所示）。

表 3.9　长阳县 2017 年可利用的生物生产土地面积及人均生产用地面积

土地类型	用地面积/（×10³ha)	占全县比例/（%）	人均生产用地面积/（ha/人）
耕地	51.439	15.08	0.1311
林地	268.032	78.60	0.6829
草地	0.126	0.04	0.0003
建筑用地	7.830	2.30	0.0199
海洋（水域）	11.734	3.44	0.0299
其他用地	1.842	0.54	0.0047

资料来源：长阳县第三次土地调查数据。

生态环境承载力计算中的均衡因子数值采用生态足迹计算中的均衡因子数值与产量因子数值综合确定[①]。将人均生产用地面积与均衡因子相乘，并减去生物多样性保护面积（占比12%），最终得到长阳县人均生态承载力指标为1.5106 ha/人（如表3.10所示）。

---

① 产量因子数据参考 Wackernagel 等（1997，1999）对中国生态足迹计算时的取值。

表 3.10　长阳县 2017 年乡村人均生态承载力测算

土地类型	人均生产用地面积/（ha/人）	均衡因子	人均均衡面积/（ha/人）
耕地	0.1311	0.37	0.0485
林地	0.6829	2.36	1.6116
草地	0.0003	0.50	0.0002
建筑用地	0.0199	0.74	0.0147
CO_2 吸收	0.0000	0.00	0.0000
海洋（水域）	0.0299	1.34	0.0401
其他用地	0.0047	0.32	0.0015
人均生态承载力	—	—	1.7166
减去生物多样性保护面积（占比 12%）	—		0.2060
可利用的人均生态承载力	—		1.5106

对比长阳县人均生态足迹与人均生态承载力指标，长阳县2017年人均生态指标处于盈余状态。从指标来看，长阳县生态空间功能仍处于良性运转的状态，但盈余数据并不足以承载城镇与乡村的大规模开发活动，长阳县仍将长期处于生态环境保护与乡村发展有序渐进的平衡状态。

3.2.2.2　生产功能空间特征

（1）生产要素主导下的县域村庄功能空间格局分化

长阳县域乡村生产资料的空间分布情况以及区域交通区位格局综合影响了长阳县乡村发展的整体格局。从长阳县主要生产资料的空间分布情况来看，耕地资源主要分布在县域西北部的贺家坪镇、榔坪镇、渔峡口镇以及南部的大堰乡、都镇湾镇，这些地区耕地资源总量与人均耕地面积指标都较高，反映出县域农业资源空间分布相对集中的特征（如图3.24所示）。林地资源主要分布在西北部的贺家坪镇、榔坪镇以及清江以南的资丘镇、都镇湾镇等地区（如图3.25所示）。同时从耕地、林地资源空间分布图中可以看到，长阳县龙舟坪镇、高家堰镇以及鸭子口乡、都镇湾镇的北部地区耕地资源与林地资源分布相对较少，这一方面是因为该地区空间资源禀赋条件较弱，另一方面是因为部分乡镇处在城镇发展主导下，乡村地域土地利用结构发生了一定的变化，如龙舟坪镇作为长阳县城区所在地，周边部分乡村地域纳入城区发展范围，其土地利用结构发生了局部变化。

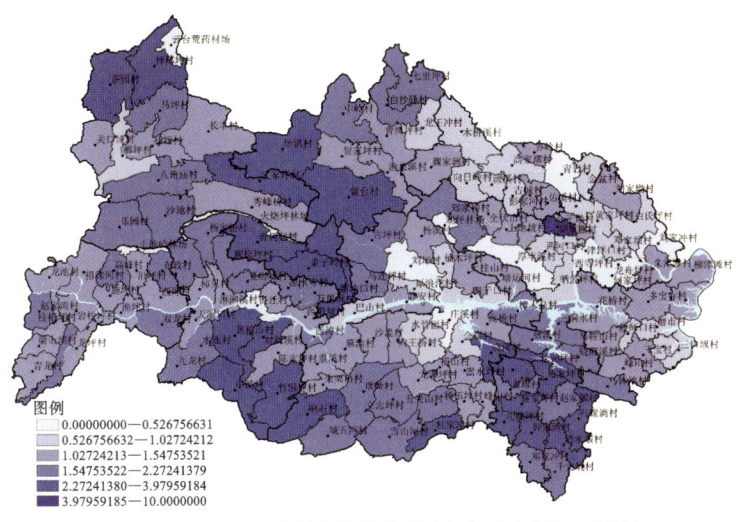

图例
☐ 0.00000000—0.526756631
☐ 0.526756632—1.02724212
☐ 1.02724213—1.54753521
☐ 1.54753522—2.27241379
☐ 2.27241380—3.97959184
☐ 3.97959185—10.0000000

图 3.24　长阳县域乡村人均耕地资源分布图（单位：公顷）

（图片来源：作者自绘）

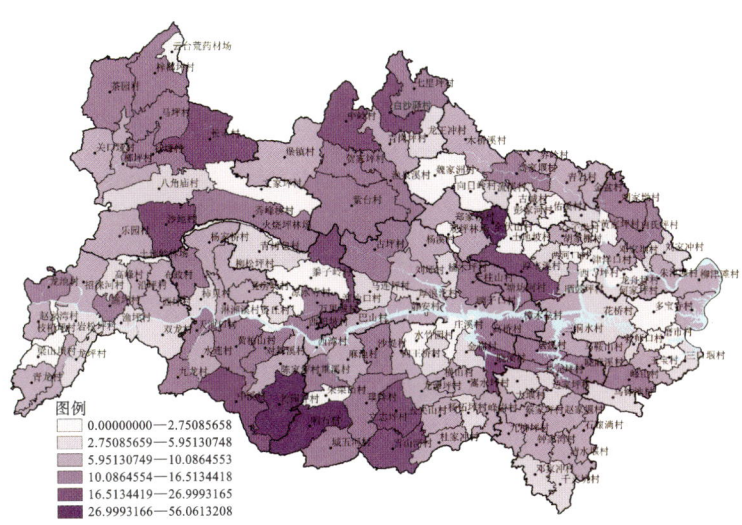

图例
☐ 0.00000000—2.75085658
☐ 2.75085659—5.95130748
☐ 5.95130749—10.0864553
☐ 10.0864554—16.5134418
☐ 16.5134419—26.9993165
☐ 26.9993166—56.0613208

图 3.25　长阳县域乡村人均林地资源分布图（单位：公顷）

（图片来源：作者自绘）

　　由此可见，长阳县乡村功能整体上维系了农业产业导向，但在县域空间层面出现功能分化，一部分农业生产资源条件较差的地区，村庄产业功能向工业与服务业转型，另一部分村庄则围绕城镇中心形成综合发展的态势。同时，在高等级道路交通廊道沿线的村庄，其功能从传统的农业型向商业服务业职能转化。将长阳县千村类型分析表（2008年）年数据导入ArcGIS软件，绘制出长阳县村庄功能类型区划图（如图3.26所示）。

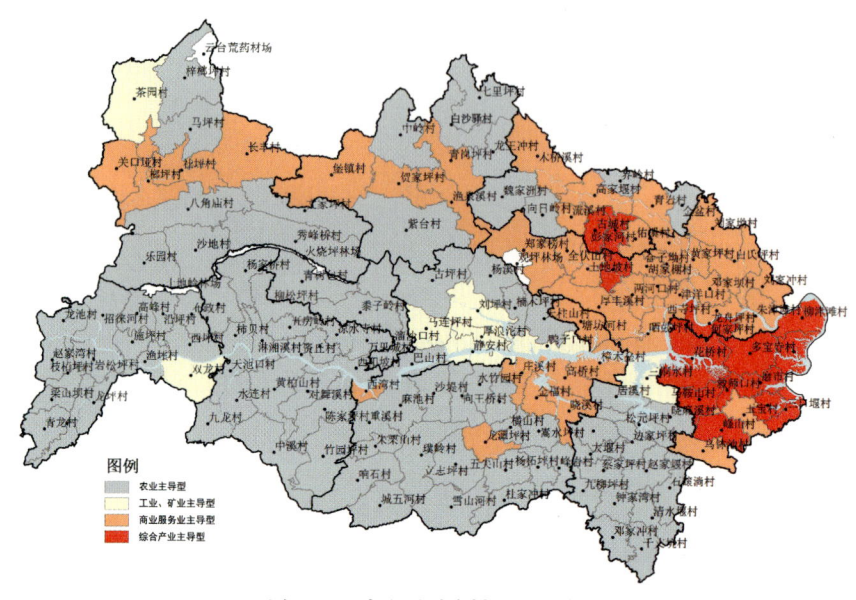

图3.26　长阳县域乡村职能区划图

（图片来源：作者自绘）

从图3.26中可以看出，长阳县村庄功能与其空间资源的分布情况基本耦合一致，西北部的贺家坪镇、榔坪镇、渔峡口镇、资丘镇以及南部的都镇湾镇与大堰乡的乡村地区基本维持了农业主导发展的类型；而在原有生产资料并不丰富的局部地区，乡村功能转向工业、矿业主导型，如鸭子口乡的静安村、刘坪村与马连坪村等；龙舟坪镇、高家堰镇、贺家坪镇与榔坪镇的部分沪渝高速公路、318国道沿线的村庄功能则主要依托交通优势形成商业服务业主导类型，如龙舟坪镇的合子坳村、黄家坪村，高家堰镇的青岩村、木桥溪村，贺家坪镇的堡镇村以及榔坪镇的长丰村、关口垭村等；另外，围绕长阳县城区周边也逐步形成了城镇功能依托型的商业服务业主导发展的村庄，如白氏坪村、邓家坝村、津洋口村等。县域综合型发展村庄则主要集中于磨市镇范围内，镇域范围内除玉宝村与乌钵池村为商业服务业主导型以外，其余10个村庄产业功能均为综合产业主导型，这是由于磨市镇除具有较好的旅游产业资源以外，同时也通过龙五一级公路的修建推动了其与城区工业产业一体化发展。

（2）村庄功能结构扁平化，村级中心地空间结构体系不显著

从长阳县村庄发展的综合情况来看，农业主导下的村庄发展差异性较弱，村庄个体的空间要素存在同质性，欠发达山区乡村生产方式的无差别化，使乡村功能在微观村庄层面趋向于扁平同构。同时由于县域经济发展的外向化程度不足，城镇在产业发展、社会组织培育、乡村人居环境改善与基础设施建设、村庄治理等方面给予乡村的支持不够，村庄发展趋向于以家庭个体化为基础的独立生产，而县域乡村生产功能也因此不断向微观行政村个体下沉。在资源环境条件制约下，村庄生产功能协同性降低，村际功能联系仅维系在常规的生活通行的弱连接状态，以产业协同发展为基础的强关联状态并未展现，村庄整体由于生产组织单元的微观化呈现出功能等级低下的特点。

县域乡村生产功能的不断下沉也导致乡村空间结构体系的扁平无中心化。理想的乡村基层生产功能空间结构为中心性突出的网络化结构，其核心为最基层生产单元——行政村之间依据产业发展整体性原则构建的协同功能共同体，即县域分散的空间资源在基层生产单元内实现规模化整合，并通过交通联系性构建"中心村—产业协同村"的村际联系网络。但当前长阳县域乡村生产要素协同化整合程度较低，乡村空间体系在微观层面尚未形成明显的中心网络结构。从长阳县乡村产业功能分级图（如图3.27所示）可以看出，长阳县村庄功能在微观村庄层面出现空间分化，中心城区及邻近的高家堰镇、磨市镇周边村庄产业发展较好，村庄中心性功能较强。而外围其他乡镇村庄除中心镇区驻地所在村庄以外，其他村庄之间的中心网络结构并不明显，村庄功能结构呈现出中心结构的扁平化特征。如贺家坪镇除镇区所在的贺家坪村为一级功能村庄以外，其余村庄均为四级功能村庄；大堰乡除镇区所在大堰村以外，其余村庄均为四级功能村庄。

3.2.2.3 生活功能空间特征

新时代背景下乡村生活功能空间特征主要体现在村庄居民点空间布局以及公共服务设施分布特征两个方面。

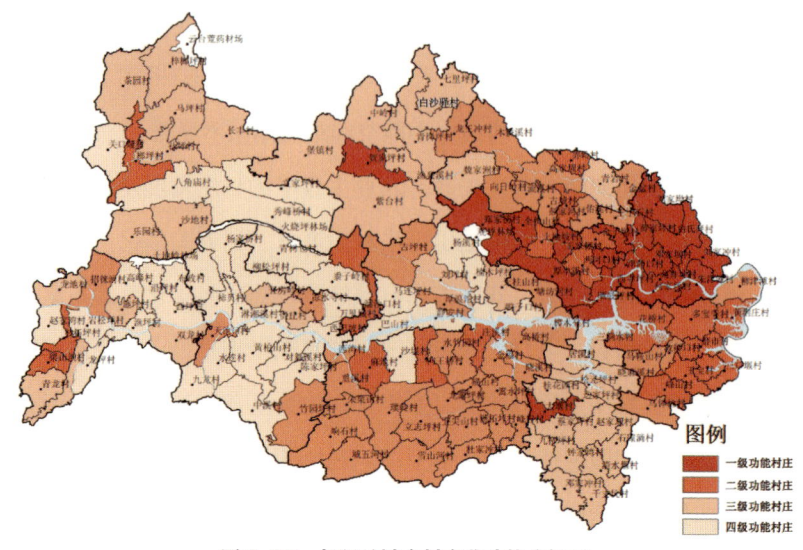

图3.27　长阳县域乡村产业功能分级图

（图片来源：作者自绘）

（1）村庄居民点空间布局特征

受地域自然地理环境、产业发展、社会文化以及交通联系的综合影响，村庄居民点在县域层面呈现出多元集聚的特征。从县域村庄居民点用地面积分布图（图3.28）中可以看出，长阳县域村庄居民点的空间分布呈现出西北部高于东南部、沿

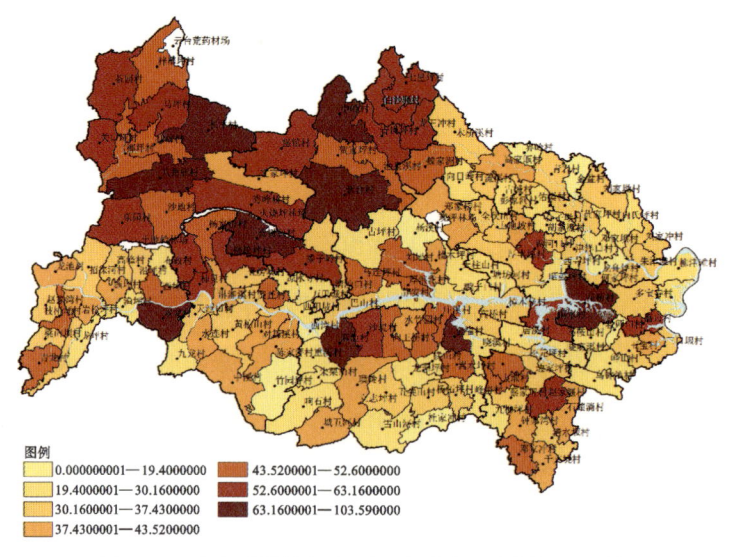

图3.28　长阳县域村庄居民点面积分布图（单位：公顷）

（图片来源：作者自绘）

江地区高于其他地区的特点；同时从居民点的密度分布（如图3.29所示）来看，长阳县村庄居民点在清江沿线乡村地区以及磨市镇、龙舟坪镇、高家堰镇、贺家坪镇与榔坪镇镇区周边地区的密度较高，这反映出长阳县村庄居民点有向滨江、临路空间集聚的趋势。

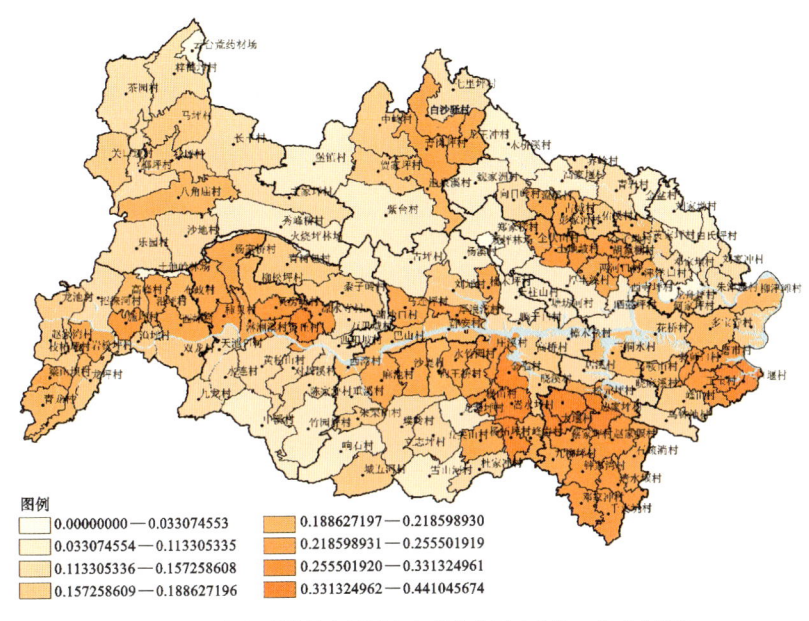

图例
0.00000000 — 0.033074553	0.188627197 — 0.218598930
0.033074554 — 0.113305335	0.218598931 — 0.255501919
0.113305336 — 0.157258608	0.255501920 — 0.331324961
0.157258609 — 0.188627196	0.331324962 — 0.441045674

图3.29 长阳县域村庄居民点密度分布图（单位：个/公顷）

（图片来源：作者自绘）

县域村庄人口密度也与这一趋势保持一致（如图3.30所示）；同时通过村庄居民点的聚合分析（如图3.31所示），发现县域村庄居民点在西北部与清江以南地区空间聚集度较高，这与村庄居民点面积的空间分布特征一致。

综合来看，长阳县乡村居民点在县域层面呈现出空间分布的不均衡性，西部的榔坪镇、贺家坪镇、火烧坪乡等地区是居民点空间聚集地区，同时在交通与河流水系影响下，县域居民点空间布局呈现出一定程度的沿江、沿路集聚的空间趋势。综合县域居民点面积大小及斑块密度分布情况，划分长阳县域村庄居民点的等级体系结构，从村庄居民点等级分布图可以看出，长阳县高等级村庄居民点呈现出围绕城镇中心集聚分布的态势，这说明城镇功能辐射影响对乡村生活空间功能具有正向吸

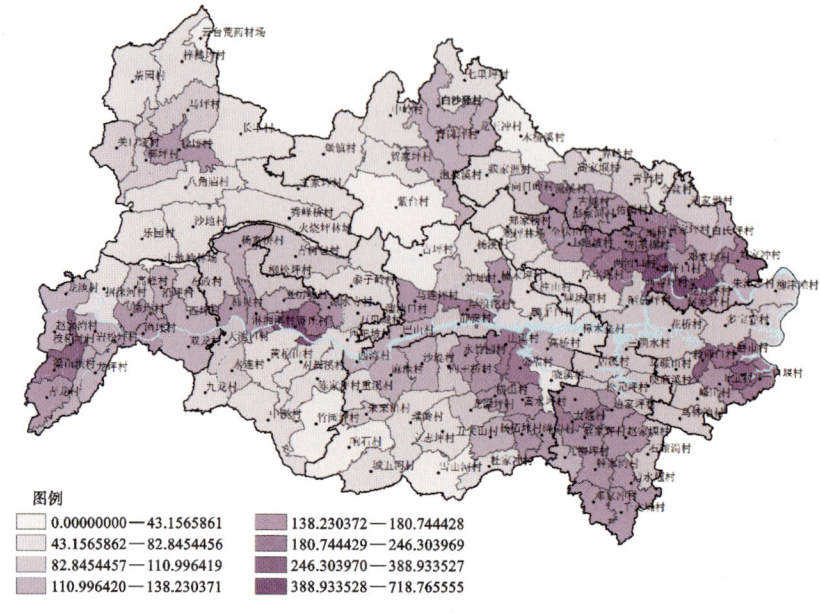

图例

▢ 0.00000000—43.1565861	▨ 138.230372—180.744428
▨ 43.1565862—82.8454456	▨ 180.744429—246.303969
▨ 82.8454457—110.996419	▨ 246.303970—388.933527
▨ 110.996420—138.230371	▨ 388.933528—718.765555

图 3.30 长阳县域村庄人口密度图（单位：人／公顷）

（图片来源：作者自绘）

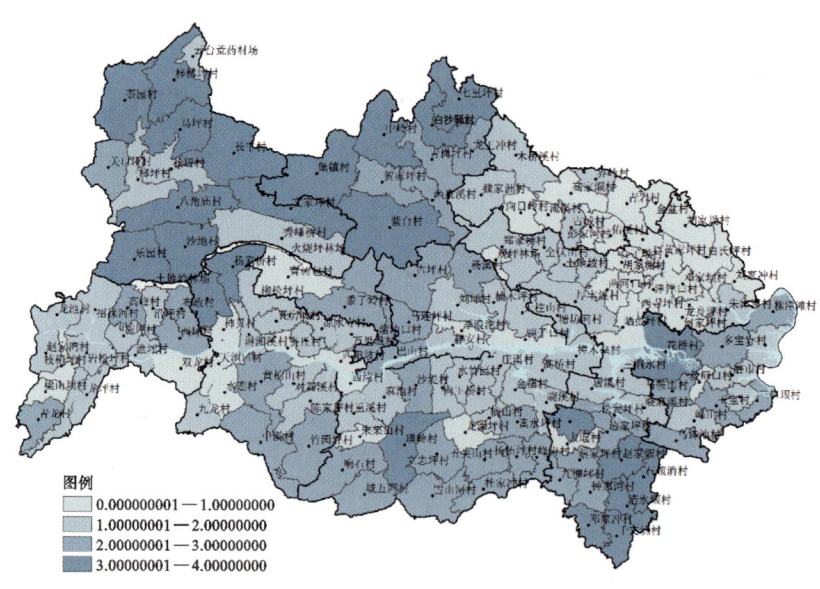

图例

▢ 0.000000001—1.00000000
▨ 1.00000001—2.00000000
▨ 2.00000001—3.00000000
▨ 3.00000001—4.00000000

图 3.31 长阳县域村庄居民点聚合度图

（图片来源：作者自绘）

引作用；同时高等级的居民点在空间中是连片存在的，单一孤点式的高等级居民点在县域范围内分布较少，这说明村庄生活空间之间有可能存在村际联系性，村庄居民点通过村庄之间的联系性实现空间要素跨村庄行政边界的流通整合，进而形成连片集聚的特征（如图3.32所示）。

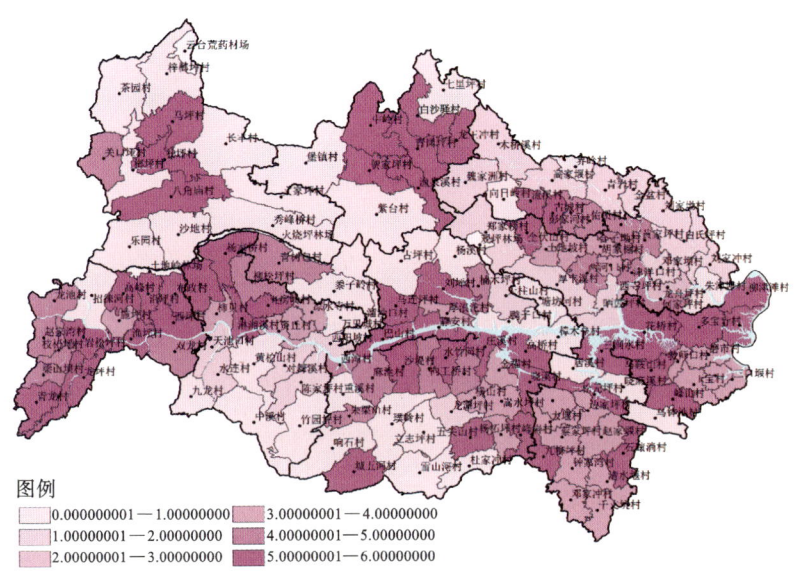

图例
0.000000001—1.00000000	3.00000001—4.00000000
1.00000001—2.00000000	4.00000001—5.00000000
2.00000001—3.00000000	5.00000001—6.00000000

图 3.32　长阳县域村庄居民点等级分布图

（图片来源：作者自绘）

（2）公共服务设施分布特征

公共服务设施从内容与形式上可以分为基础公共服务设施、经济服务设施、社会服务设施以及公共物权服务设施四类，城乡规划领域涉及的公共服务设施配置问题多是指与居民生存、生活、发展密切相关的社会公共服务设施的供给问题。乡村公共服务设施配置状况反映了乡村居民的生活水平以及乡村生活功能的完善程度。

公共服务设施的配置是基于一定服务人口基数的均衡化配置，其空间分布与县域乡村人口及居民点的分布情况具有较强的相关性。从长阳县乡村人口的空间分布（见图3.33）来看，长阳县村庄人口较多的地区主要集中于东部龙舟坪镇、西北部的贺家坪镇、西部的榔坪镇等地区，而人口密度方面则主要集聚在县域中心城区与各乡镇镇区周边地区，并在空间上形成沿江、临城镇中心密集分布的趋势。

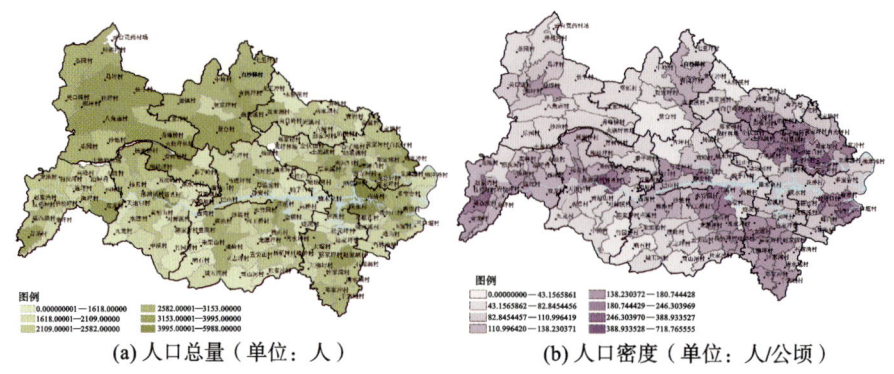

图例
0.000000001—1618.00000   2582.00001—3153.00000
1618.00001—2109.00000   3153.00001—3995.00000
2109.00001—2582.00000   3995.00001—5988.00000

图例
0.000000000—43.1565861   138.230372—180.744428
43.1565862—82.8454456   180.744429—246.303969
82.8454457—110.996419   246.303970—388.933527
110.996420—138.230371   388.933528—718.765555

(a) 人口总量（单位：人）　　　　　　　　　(b) 人口密度（单位：人/公顷）

图 3.33　长阳县域乡村人口分布图

（图片来源：作者自绘）

　　城镇公共服务设施的空间布局是以服务社区的空间半径进行空间覆盖的，不同等级公共服务设施服务半径不同，在《城市居住区规划设计标准》（GB 50180—2018）中规定，城镇小学的服务半径按十分钟通行圈进行空间覆盖，原则上服务半径不大于500米。而长阳县受山地地形的限制，乡村公共服务半径往往难以按照城镇居住区配置的标准进行空间覆盖。关于村庄公共服务设施，在行政村层级配置了基本的卫生室、文化活动室、体育活动场地等设施内容，但对于需要一定服务人口基数的公共服务设施，则需要按其通行时间与服务半径进行分析，如中小学教育设施、社会福利设施、卫生所（院）等。

　　以通行时间30分钟（服务半径3000米）、20分钟（服务半径2000米）、10分钟（服务半径1000米）的标准对长阳县乡村地区的高中、初中、小学等教育设施以及医疗卫生服务设施、文化体育设施、社会福利设施的空间分布情况进行分析（如图3.34至图3.37所示）。总体上看，除村级基本公共服务设施以外，长阳县在镇级及以上级别的文体活动、医疗卫生、社会福利公共服务设施的"一镇一配"，基本满足了对乡村地区的服务辐射要求，但教育设施在全县的布局中存在配置数量不足的明显短板（如表3.11所示）。县域范围内的46所小学需要服务154个村庄，小学配置数量明显不足，同时部分乡镇缺乏初级中学公共服务设施，如都镇湾镇、贺家坪镇；全县3所高级中学也存在服务能力不足的问题。

图 3.34　长阳县乡村教育设施分布图

（图片来源：作者自绘）

图 3.35　长阳县乡村医疗卫生服务设施分布图

（图片来源：作者自绘）

图 3.36　长阳县乡村文化体育设施分布图

（图片来源：作者自绘）

图 3.37　长阳县乡村社会福利设施分布图

（图片来源：作者自绘）

表 3.11　长阳县教育设施一览表

学段	指标	单位	2017 年数值
幼儿园	幼儿园数量	所	47
	在园总人数	人	6388
小学	完全小学数量	所	31
	教学点数量	处	15
	班级数量	个	485
	在校总人数	人	14233
初中	学校数量	所	10
	班级数量	个	188
	在校总人数	人	8300
九年一贯制学校		所	5

学段	指标	单位	2017 年数值
普通高中	学校数量	所	3
	在校总人数	人	5421
职业教育学校	学校数量	所	1
	在校总人数	人	3491
特殊教育学校	学校数量	所	1
	在校总人数	人	76

资料来源：长阳县教育局统计数据。

注："小学"、"初中"在校总人数含"九年一贯制学校"中的小学、初中学生人数。

综合来看，长阳县公共服务设施仅能部分满足县域乡村居民生活基本需求，而对于教育设施的供给短板，需要结合县域村庄人口的结构性需求，从区域均衡配给角度寻求设施供给效率的最大化。从乡村公共服务设施分布的等级体系来看，长阳县公共服务设施体系呈现出典型的"县级—镇级—村级"三级结构，乡村公共服务设施不存在越级配置的情况，即在村庄层面并没有出现配置镇级公共服务设施的现象，这也反映出当前县域复杂的地理环境与村庄产业发展滞后性对乡村生活功能完善提升的限制作用，乡村生活功能空间的完善仍需县域产业发展、社会空间优化与基础设施建设的综合支撑。

3.2.3 长阳县乡村空间环境特征

3.2.3.1 功能开放程度：功能下沉与功能细碎化

功能开放反映了乡村在产业发展、功能定位等方面与外界空间环境进行要素交流的密切程度。而功能开放程度又是村庄综合发展质量的体现，其强弱程度显示出村庄在区域发展格局中支配、调度资源能力的强弱。功能开放意味着乡村更多地参与区域发展，随着外向性发展的不断深入，村庄资源要素在更大的地域范围内流通、集聚、扩散、转换，区域产业分工更加细致，乡村个体逐步融入区域产业生态圈层进行有机整合，区域功能结构在得到进一步丰富完善的同时，也从区域层面为村庄个体发展提供了功能提升跃迁的机遇。

当前长阳县乡村产业发展具有滞后性，产业内向化发展背景下乡村功能并未展现出全面性的提升。这主要表现在县域产业结构从"一三二"产业低水平均衡发展转向"三二一"产业协同发展过程中，农业发展并未得到质的提升。自2013年以来，长阳县产业经济得到较快发展，5年时间地区生产总值提升了34.7%，而第一产业生产总值5年时间提升了26.7%，农业发展速度落后于县域总体经济发展（如图3.38所示）。同时，在反映农业现代化程度的机械总动力方面（如图3.39所示），长阳县5年时间提升了14.9%（如表3.12所示），这一数据明显小于经济发展速度相关数据，表明长阳县农业发展仍处于由传统种植农业向农林牧副渔全面发展的缓慢提升阶段。农村居民人均可支配收入在5年时间内取得较大提升，这是由于农村地区人均可支配收入长期处于较低水平，受到基数过小影响，但总体来看，城乡居民收入水平仍然存在较大差距，未来通过产业发展提升农村居民可支配收入的任务依然较重。

图 3.38　长阳县 GDP 与第一产业生产总值变化图
（图片来源：作者自绘）

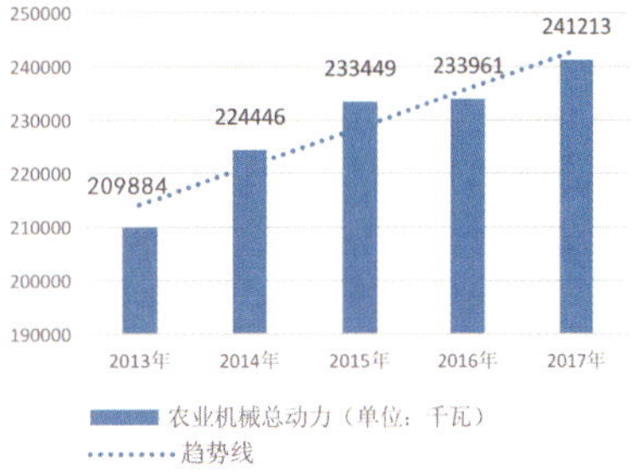

图 3.39　长阳县农业机械总动力变化图
（图片来源：作者自绘）

表 3.12　长阳县乡村产业发展主要经济指标

年份	地区生产总值		第一产业生产总值		农业机械总动力		城镇常住居民人均可支配收入		农村常住居民人均可支配收入	
	数值/万元	5年提升幅度/（%）	数值/万元	5年提升幅度/（%）	数值/千瓦	5年提升幅度/（%）	数值/元	5年提升幅度/（%）	数值/元	5年提升幅度/（%）
2013	1005094		326041		209884		17215		5466	
2014	1098758		341365		224446		20580		7448	
2015	1204626	34.7	351837	26.7	233449	14.9	22525	54.1	8148	77.2
2016	1311037		381868		233961		24493		8839	
2017	1353418		413196		241213		26532		9687	

资料来源：长阳县统计年鉴 2018。

旅游服务业作为市场依托性较强的外向化产业类型，已经成为当前长阳县的支柱产业，这是由于长阳县拥有清江画廊（5A级）以及清江方山（4A级）两大旅游景区，在旅游服务产业的带动下，县域第三产业已有较好的发展。但当前县域旅游产业的发展并未在乡村地域形成良好的就地转化，由于乡村旅游缺乏整体统筹与精准定位，现有旅游服务业对乡村发展的贡献率较低，乡村旅游依然存在低端化、个体化分散发展的问题。当前长阳县较低的乡村功能开放程度影响了乡村功能等级的跃迁提升，也使长阳县乡村处在低层次、内向化发展阶段。

在微观层级，基础单元的开放功能并未构建，村际存在着名为协同但实为竞争的发展趋势。如长阳县沿头溪小流域7个村庄由于临近县域两大旅游景区，村庄旅游产业发展的整体环境较好，同时村庄在地理环境方面也存在较强的相似性，流域村庄协同整体发展的整体环境较好，但从村庄产业发展的现状来看，7个村庄并未形成明确的协同分工现象，村庄产业门类上的相似性显示出村庄对有限的资源要素存在争夺竞争效应（如图3.40、表3.13所示）。村庄空间功能协同性难以在基层单元形成有效的整合，竞争边界的形成导致功能单元边界的空间隔断效应加剧，乡村空间在微观村庄单元方面呈现出碎片化的特征。

图3.40　长阳县沿头溪小流域村庄产业项目布局图

（图片来源：长阳县清江沿头溪小流域综合发展规划（2015—2030））

表 3.13　长阳县沿头溪小流域村庄产业项目统计表

村名	第一产业	第二产业	第三产业
郑家榜村	四季果园、娃娃鱼养殖基地、中华鲟养殖基地、茶园、核桃园、魔芋园、养鸡场	茶厂、粮油压榨厂	休闲农家乐
全伏山村	山羊基地、苗木基地、草莓基地、茶园、桃树园	砖厂、粮油压榨厂	休闲农家乐
土地坡村	椪柑、茶园、紫薇园、桃园、山羊基地	—	—
王家棚村	核桃园、养猪场	—	休闲农家乐
两河口村	茶园	鱼子酱厂	休闲农家乐
厚丰溪村	渔业养殖、养猪场	酒厂	旅游服务站
晒鼓坪村	—		

3.2.3.2　交通连接程度：高等级道路的外向促进与低等级道路的内向反补

村庄个体之间的联系程度反映了网络化空间结构在乡村内在发展空间环境中的重要作用。而在交通连接程度方面，不同等级的道路系统支撑了村庄内在联系性的构建。

将长阳县域现状道路划分为高速公路、国道与城市道路、省道与县道、乡道与通村道路四种不同的类型，分类统计已有的各乡镇内的道路设施建设状况，以道路通行里程、道路网密度、村均道路通行里程等关键指标，分析各乡镇与道路通行条件的相关性，也可以通过高级别通行道路里程的多少，从侧面反映出长阳县乡村空间环境的外向性程度（如表3.14所示）。

表 3.14　长阳县乡村道路通行里程统计表

乡镇名称	村庄个数/个	道路通行里程/千米			路网密度/(千米/千米²)	村均通行总里程/千米
		高速公路（县级）	县道及以上级别道路（乡镇级）	乡道、通村路（村级）		
龙舟坪镇	21	9	108.29	289.77	1.46	19.38
大堰乡	15	0	60.90	646.77	1.98	47.18
都镇湾镇	26	0	70.75	684.75	1.89	29.06
高家堰镇	11	26	32.32	153.27	1.69	19.24
贺家坪镇	9	28	52.46	698.61	1.51	86.45
榔坪镇	12	33	98.10	1020.59	2.26	95.97
火烧坪乡	3	0	30.81	276.70	2.41	102.50

乡镇名称	村庄个数 /个	道路通行里程/千米			路网密度 /(千米/千米²)	村均通行总里程/千米
		高速公路（县级）	县道及以上级别道路（乡镇级）	乡道、通村路（村级）		
磨市镇	12	0	66.95	486.92	1.65	46.16
鸭子口乡	10	0	76.43	178.85	1.34	25.53
资丘镇	19	0	75.22	641.44	1.45	37.72
渔峡口镇	16	0	31.10	719.69	1.77	46.92

（1）高等级道路交通系统对城乡空间一体化的促进效应

沪渝高速长阳段全长96千米，穿过长阳县龙舟坪镇、高家堰镇、贺家坪镇、榔坪镇四个乡镇，县道及以上级别的道路是县域乡村对外联系的主要通道，但其道路基础设施建设的空间分布极不均衡，龙舟坪镇、高家堰镇、贺家坪镇与榔坪镇的县道及以上级别道路通行里程较高，反映出该地区乡村已具备一定程度的一体化发展基础，且乡村空间外向性发展通道初步构建（如图3.41所示）。

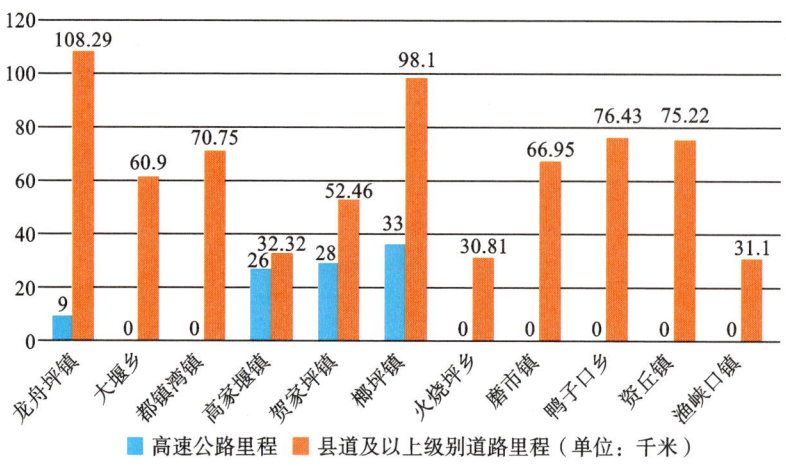

图3.41　长阳县乡镇县道及以上级别道路（高等级道路）通行里程对比图

（图片来源：作者自绘）

高等级道路交通设施意味着村庄可活动边界的扩大，空间要素集聚与扩散的空间范围外扩，进而为村庄提供更好的发展条件。如龙舟坪镇所辖村庄整体发展质量较高，这与龙舟坪镇内便利的交通条件密切相关，沪渝高速、318国道、324省道、242省道、龙五一级公路、方清公路等区域交通干道构建起镇域内部高等级的联系网络。

（2）低等级道路交通系统对乡村空间的内向性反补效应

在乡道与通村路层面，远离长阳县沪渝高速、318国道等快速交通通道的乡镇优势显现（如图3.42所示）。如大堰乡、火烧坪乡、都镇湾镇低等级道路通行里程与道路网密度较高，这表明在高等级道路系统难以全面连接的情况下，低级别的乡道、通村路成为村庄与城区、镇区以及其他村庄对外或对内联系的重要补充，这种"毛细血管"式的道路系统架构起了村庄底层联系的网络化通道（如图3.43所示）。

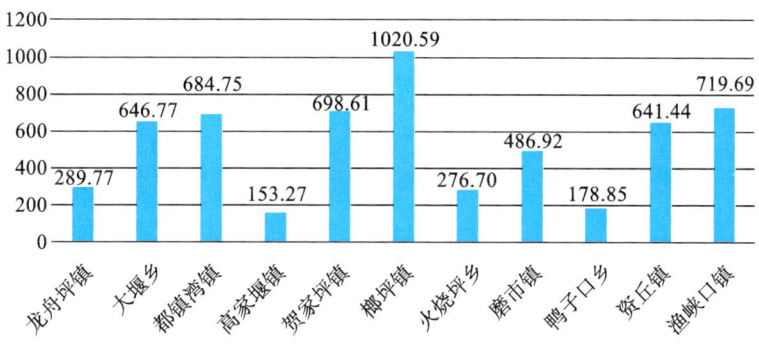

图 3.42　长阳县乡镇乡道及通村路（低等级道路）通行里程对比图

（图片来源：作者自绘）

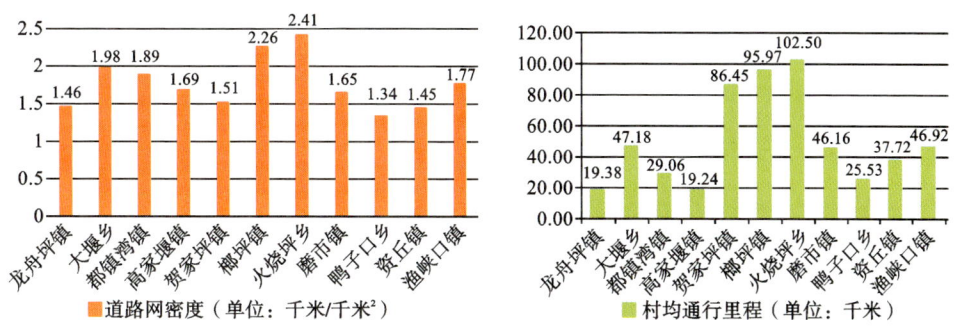

图 3.43　长阳县乡镇道路网密度、村均通行里程对比图

（图片来源：作者自绘）

低等级道路是对高等级道路不可达条件下的有效补充，有助于村庄与高等级道路以及城镇中心形成连接关系，进而改善村庄发展环境。从空间上来看，长阳县低等级道路网密度较高的区域主要集中在"鸭子口乡—火烧坪乡—资丘镇—渔峡口镇"一线，以及大堰乡区域，这也体现出，远离中心城区时空辐射的广大山区乡村，在缺少高等级道路交通系统支撑或支撑作用存在不足的情况下，乡村空间进行着内向性的补充性构建，以弥补空间要素流通基本需求缺口。但在这些远离城区且自然环境要素资源更加短缺的乡村中，低等级道路交通系统构建意味着村庄空间联系的边界具有层级下移趋势，乡村空间内向性发展趋势不可避免。

3.3　长阳县乡村空间功能网络特征识别

3.3.1　长阳县城乡居民点综合质量评价

3.3.1.1　城镇综合质量评价

（1）评价指标体系构架

乡村空间特征的呈现是乡村经济、社会与设施配给水平与环境共同作用的结果，对城镇综合质量的评价不仅是对乡村经济、社会以及城镇基础设施与公共服务设施建设水平的综合评价，同时也反映了乡村物质空间与诸多发展因素的空间匹配关系及是否良性运转。对城镇综合质量的评价包含城镇与村庄两级综合质量评价，评价的内容是对上述涉及的自然资源环境条件、城镇经济社会发展与公共服务设施及基础设施建设三个方面。

①城镇自然资源环境条件。

城镇自然资源环境条件是支撑城镇社会经济发展、设施建设以及空间拓展的自然基础，自然资源要素包括环境地形地貌条件，如海拔、空间坡度与坡向的分布、平原耕地的多少、河湖水域的空间分布等。

②城镇经济社会发展。

城镇经济发展主要是指城镇经济发展水平以及经济投入产出的基本情况，涉及的主要评价指标有地区生产总值、工业企业利润率、财政收入水平、固定资产投资、城镇居民可支配收入等。社会发展方面主要包括城镇人口的空间分布及城镇化水平高低，主要的评价指标有城镇总人口、城镇常住人口、城镇化水平、城镇居民就业比例等。

③城镇公共服务设施与基础设施建设。

城镇公共服务设施与基础设施建设评价是通过公共服务设施与基础设施的配给数量与配给水平反映城镇居民生活便利程度以及服务水平，评价指标主要包括城镇中小学、医疗卫生设施、文体设施、社会福利设施、市场等公共服务设施的数量，以及道路交通、给水、污水处理、电力、垃圾处理等基础设施的数量和服务辐射面积等。

综上来看，对城镇综合质量的评价涉及三大类指标，同时在大类指标下进行相关指标的细化，共划分出21项指标（如表3.15所示）。

表3.15　城镇综合质量评价指标体系表

因子类型		评价指标
A. 城镇综合质量	B1. 自然资源环境条件	C1. 海拔（单位：m）
		C2. 地形坡度（单位：°）
	B2. 经济社会发展	C3. 地区生产总值（单位：亿元）
		C4. 工业企业利润率（单位：%）
		C5. 财政收入水平（单位：亿元）
		C6. 城镇居民可支配收入（单位：元）
		C7. 城镇化水平（单位：%）
		C8. 城镇建成区面积（单位：km^2）
		C9. 城镇居民就业比例（单位：%）
	B3. 设施配给水平	C10. 中小学个数（单位：个）
		C11. 文体设施个数（单位：个）
		C12. 综合医院个数（单位：个）
		C13. 市场个数（单位：个）
		C14. 社会福利设施个数（单位：个）
		C15. 道路网密度（单位：km/km^2）
		C16. 与高速出入口时间距离（单位：min）

因子类型		评价指标
A. 城镇综合质量	B3. 设施配给水平	C17. 与车站（汽车、铁路）时间距离（单位：min）
		C18. 与城区时间距离（单位：min）
		C19. 供水普及率（单位：%）
		C20. 供电普及率（单位：%）
		C21. 垃圾回收率（单位：%）

城镇综合质量评价指标体系中乡镇人口、经济、社会发展以及公共服务设施配套数量与位置等数据，主要通过长阳县的统计年鉴以及各类统计年报获取，而涉及各乡镇土地分类情况的数据则需要借助ArcGIS软件的分区功能从县域总体数据库中进行提取，如各乡镇的行政面积、地形与海拔等。此外，还有部分指标数据的获取并不能从面板统计数据以及土地利用数据中直接得到，需要借助ArcGIS软件部分分析功能提取分析数据，如小类指标中的C15项道路网密度，需要通过简单的数量计算得出其数据；而对于C16、C17、C18项中的时间距离数据，则需要在前述构建的全县通行时间栅格的基础上，借助ArcGIS软件中的距离分析工具进行通行时间的计算得出。

（2）城镇综合质量评价结果

鉴于本次评价因子较多，为减小在对各评价因子的权重赋值时的主观偏差，此处对城镇综合质量的评价主要采用层次分析法（analytic hierarchy process，AHP）。另外，考虑到指标体系的三层结构，在对因子权重赋值的过程中需要分别构建大类到中类（A—B层）以及中类与小类之间（B—C1层、B—C2层、B—C3层等）的比较与一致性分析矩阵，如表3.16至表3.19所示。

表3.16　A—B层因子的相对比较矩阵、一致性检验

A—B1	B1	B2	B3	PV
B1	1	1/2	1/2	0.190
B2	2	1	1/3	0.263
B3	2	3	1	0.547
λ_{max}=3.031，CI=0.0013，CR=0.017＜0.1				

表 3.17 B—C1 层因子的相对比较矩阵、一致性检验

B—C1	C1	C2	PV
C1	1	1/2	0.333
C2	2	1	0.667

$\lambda_{max}=2.034$, CI=0.0010, CR=0.023 < 0.1

表 3.18 B—C2 层因子的相对比较矩阵、一致性检验

B—C2	C3	C4	C5	C6	C7	C8	C9	PV
C3	1	2	7	4	3	2	5	0.346
C4	1/2	1	3	2	1/2	1/3	2	0.120
C5	1/7	1/3	1	7	4	3	6	0.189
C6	1/4	1/2	1/7	1	3	2	8	0.117
C7	1/3	2	1/4	1/3	1	1/2	3	0.084
C8	1/2	3	1/3	1/2	2	1	1/2	0.098
C9	1/5	1/2	1/6	1/8	1/3	2	1	0.047

$\lambda_{max}=7.042$, CI=0.0019, CR=0.011 < 0.1

表 3.19 B—C3 层因子的相对比较矩阵、一致性检验

B—C3	C10	C11	C12	C13	C14	C15	C16	C17	C18	C19	C20	C21	PV
C10	1	6	3	3	5	2	2	4	1/2	2	2	2	0.157
C11	1/6	1	1/3	1/2	2	1/7	1/2	1/5	1/4	1/4	1/4	1/4	0.024
C12	1/3	3	1	2	6	1/3	3	1/2	1/7	2	2	2	0.082
C13	1/3	2	1/2	1	3	1/4	3	1/3	1/5	1/3	1/3	1/3	0.045
C14	1/5	1/2	1/6	1/3	1	1/3	1/4	1/5	1/3	1/2	1/2	1/4	0.023
C15	1/2	7	3	4	3	1	1/4	1/6	1/2	4	2	6	0.115
C16	1/2	2	1/3	1/3	4	4	1	3	1/3	1/3	1/3	1/3	0.060
C17	1/4	5	2	3	5	6	1/3	1	1/5	2	2	2	0.081
C18	2	4	7	5	3	2	3	5	1	2	2	3	0.199
C19	1/2	4	1/2	3	2	1/4	3	1/2	1/2	1	2	1/2	0.070
C20	1/2	4	1/2	3	2	1/2	3	1/2	1/2	1/2	1	2	0.074
C21	1/2	4	1/2	3	4	1/6	3	1/2	1/3	2	1/2	1	0.069

$\lambda_{max}=11.087$, CI=0.013, CR=0.005 < 0.1

在指标权重一致性矩阵分析完成后，对各指标权重从大到小进行排序，得到城镇综合质量评价权重表（如表3.20所示）。

表3.20 长阳县城镇综合质量评价权重表

因子类型		评价指标	指标权重
A. 城镇综合质量	B1. 自然资源环境条件	C1. 海拔（单位：m）	0.063
		C2. 地形坡度（单位：°）	0.127
	B2. 经济社会发展	C3. 地区生产总值（单位：亿元）	0.091
		C4. 工业企业利润率（单位：%）	0.031
		C5. 财政收入水平（单位：亿元）	0.050
		C6. 城镇居民可支配收入（单位：元）	0.031
		C7. 城镇化水平（单位：%）	0.022
		C8. 城镇建成区面积（单位：km²）	0.026
		C9. 城镇居民就业比例（单位：%）	0.012
	B3. 设施配给水平	C10. 中小学个数（单位：个）	0.086
		C11. 文体设施个数（单位：个）	0.013
		C12. 综合医院个数（单位：个）	0.045
		C13. 市场个数（单位：个）	0.025
		C14. 社会福利设施个数（单位：个）	0.013
		C15. 道路网密度（单位：km/km²）	0.063
		C16. 与高速出入口时间距离（单位：min）	0.033
		C17. 与车站（汽车、铁路）时间距离（单位：min）	0.045
		C18. 与城区时间距离（单位：min）	0.109
		C19. 供水普及率（单位：%）	0.038
		C20. 供电普及率（单位：%）	0.041
		C21. 垃圾回收率（单位：%）	0.038

除对各项评价指标进行权重赋值外，还需要对各乡镇的评价数据进行归一化处理，以消除不同因子之间的量纲问题。此处选用离差标准化的方法对数据进行归一化处理，转换函数如下：

$$X* = \frac{X - X_{\min}}{X_{\max} - X_{\min}} \tag{3.3}$$

式中：x*为转换值；

x_{max}为样本数据的最大值；

x_{min}为样本数据的最小值；

x为评价因子指标值，取值范围为[0，1]。

使用ArcGIS软件中的模型生成工具将不同因子评价指标值加权叠加，即可获得各城镇的综合质量分值（如表3.21、图3.44所示）。

表3.21　长阳县各乡镇综合质量评价表

乡镇排名	乡镇名称	综合得分
1	龙舟坪镇	11.57
2	磨市镇	4.31
3	榔坪镇	3.69
4	高家堰镇	3.31
5	大堰乡	3.05
6	贺家坪镇	2.82
7	渔峡口镇	2.77
8	资丘镇	2.26
9	都镇湾镇	2.03
10	鸭子口乡	1.57
11	火烧坪乡	0.86

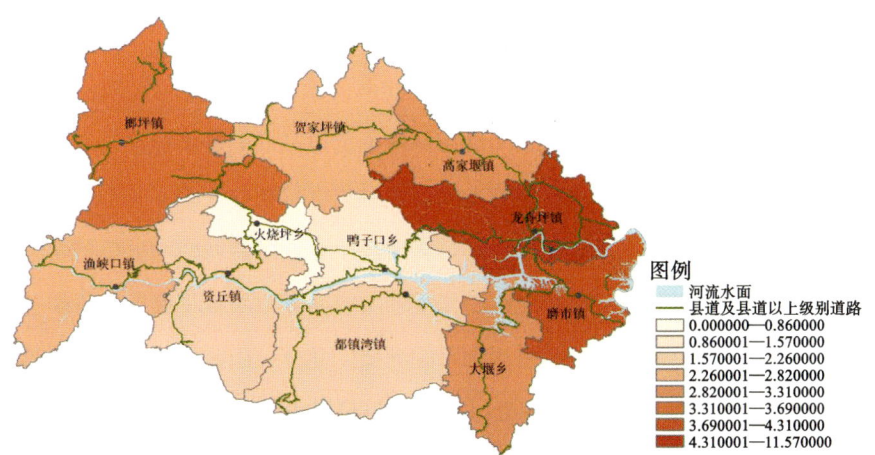

图3.44　长阳县乡镇综合质量分布图（以综合得分体现，后文此类同）

（图片来源：作者自绘）

3.3.1.2　村庄综合质量评价

（1）评价指标体系构架

与城镇综合质量评价相比，影响村庄综合发展的因素更加具象，同一指标对城镇以及村庄的影响作用也不一致，如自然资源富集程度中的耕地资源多寡、道路交通条件的差异，对村庄的影响往往比城镇更直接。因此，村庄综合质量评价指标体系的构建在类别与内容上应当比城镇评价体系更加细致。由于多要素低水平均衡分布所导致的山区乡村发展的滞后性，与山区乡村空间特征的呈现或发展质量好坏相关的指标往往只有关键的几项，如交通区位条件、资源禀赋条件、人口分布的多少以及服务设施配给水平等。本书在城镇综合质量评价体系的基础上，增加影响山区乡村发展的几项关键性指标，进而形成村庄尺度下的综合质量评价体系。

①自然与资源环境条件。

如前文所述，对于欠发达的长阳县域乡村来讲，自然与资源环境条件对村庄的影响较为直接，如地形地貌条件直接影响了乡村居民点的选址分布，耕地资源的多寡以及空间分布形态的差异也影响了其农业生产的效率与方式。同时，伴随着城镇化的不断推进，山区乡村、城镇空间的拓展往往面临着山区地域特殊地理环境带来的高生态敏感性的制约矛盾，农村生态环境的脆弱性导致其为城镇化推进提供的生态承载力非常有限，城镇与农村的建设行为是否会带来生态环境的破坏，是衡量地区协调发展的一项重要指标。因此，对于村庄自然与资源环境条件的评价，有必要将自然生态条件作为一项重要指标纳入进来。

②区位条件。

在现代经济学中，经济区位是衡量目标对象价值高低的基本标准，对于山区乡村来讲，区位条件则决定了其发展的方向。乡村的区位条件决定了其与外部环境要素流通的空间范围以及便利程度，特别是交通区位影响下的乡村与城镇的可达性差异、空间通行时间与通行便利程度的差异反映出空间要素流通程度的差异，也间接反映出乡村经济社会发展、村民生活水平的高低。此外，山区地域丰富的自然生态资源为旅游服务产业提供了发展基础，对于长阳县来说，清江画廊（5A级风景名胜区）、清江方山（4A级风景名胜区）两大景区辐射带动了周边村庄的产业经济发展，为乡村空间拓展植入了新的动能，因此，对于区位条件指标的选取，需要增加与已有风景名胜区的时间距离这项指标。

③经济社会发展条件。

乡村经济社会发展水平是衡量乡村综合实力的重要指标之一，也反映了乡村在更大地域范围内的综合影响力。农村人口数量、劳动力数量、农村经济总收入、农村粮食产量、农民可支配收入、农村居民点建设用地面积等指标从数据层面反映村庄发展的整体水平。

④公共服务设施与基础设施建设条件。

乡村经济社会发展水平反映了农村发展的综合实力，村庄的公共服务设施与基础设施建设条件则反映了村民生活的便利程度，其配置的标准与内容与经济社会发展水平具有一致性，经济发达地区乡村公共服务设施配给向城镇高等级配给标准靠拢，而欠发达山区乡村公共服务设施却往往存在门类单一且服务水平低下的问题。特别是在道路交通基础设施建设方面的不足，不仅影响了农村居民的基本生活出行，同时也制约了乡村产业经济的发展。

⑤其他条件。

这里的其他条件主要是指村庄历史文化价值方面的资源富集程度。不同的资源环境条件孕育了不同的村庄发展社会文化氛围，并由此形成具有地域特色的村庄文化风格，村庄内物质与非物质文化资源要素代表了地域历史文化风貌，是影响村庄发展的重要因素。

本书在上述五类指标体系的基础上对指标进行细化，形成5大类24小类评价指标体系（如表3.22所示）。

表3.22　长阳县村庄综合质量评价指标体系表

因子类型		评价指标
A. 村庄综合质量	B1. 自然与资源环境条件	C1. 海拔（单位：m）
		C2. 地形坡度（单位：°）
		C3. 耕地面积（单位：m²）
		C4. 林地面积（单位：m²）
		C5. 水域面积（单位：m²）

因子类型		评价指标
		C6. 与高速入口时间距离（单位：min）
		C7. 与汽车客运站时间距离（单位：min）
	B2. 区位条件	C8. 与城区时间距离（单位：min）
		C9. 与镇区时间距离（单位：min）
		C10. 与风景名胜区时间距离（单位：min）
		C11. 总人口（单位：个）
		C12. 劳动力人口（单位：个）
	B3. 经济社会发展条件	C13. 农村经济总收入（单位：元）
A. 村庄综合质量		C14. 农民人均可支配收入（单位：元）
		C15. 粮食总产量（单位：吨）
		C16. 村庄建成区面积（单位：m²）
		C17. 与中学时间距离（单位：min）
		C18. 与小学时间距离（单位：min）
		C19. 与医院时间距离（单位：min）
	B4. 公共服务设施与基础设施建设条件	C20. 供水普及率（单位：%）
		C21. 供电普及率（单位：%）
		C22. 污水处理率（单位：%）
		C23. 垃圾回收率（单位：%）
	B5. 其他条件	C24. 历史文化风貌

（2）村庄综合质量评价结果

村庄综合质量评价指标中的经济社会发展及部分公共服务设施与基础设施建设数据，如农民人均可支配收入、村庄供水供电普及率、垃圾回收率等指标，可通过县市与乡镇的统计年鉴与统计年报获取，并通过ArcCatalog软件导入村庄属性表格中。部分涉及乡村自然环境的土地数据则依据其土地利用现状，利用村庄的行政边界分区提取各村庄的高程、坡度、耕地面积、林地面积与水域面积等数据；其他的一些涉及时间距离的指标数据，则通过县域通行时间的栅格地图，进行距离计算，分别得到村庄距离高速入口、客运站以及其他公共服务设施点之间的通行时间，并将相关数据同步到ArcGIS分析平台中。

由于统计数据存在计量方式与计量单位的差异，需要对不同评价指标进行统一量化并做归一化处理，进而消除不同因子之间的量纲差异，将评价指标划定为由0到1之间的数字进行评价计算，同时利用层次分析法（AHP）对村庄综合质量评价指标进行比较与一致性校验，并最终确定各项指标权重，得出村庄综合质量评价权重表（如表3.23所示）。

表3.23 村庄综合质量评价权重表

因子类型		评价指标	指标权重
A. 村庄综合质量	B1. 自然与资源环境条件	C1. 海拔（单位：m）	0.02
		C2. 地形坡度（单位：°）	0.04
		C3. 耕地面积（单位：m²）	0.08
		C4. 林地面积（单位：m²）	0.02
		C5. 水域面积（单位：m²）	0.01
	B2. 区位条件	C6. 与高速入口时间距离（单位：min）	0.04
		C7. 与汽车客运站时间距离（单位：min）	0.06
		C8. 与城区时间距离（单位：min）	0.11
		C9. 与镇区时间距离（单位：min）	0.16
		C10. 与风景名胜区时间距离（单位：min）	0.07
	B3. 经济社会发展条件	C11. 总人口（单位：个）	0.04
		C12. 劳动力人口（单位：个）	0.03
		C13. 农村经济总收入（单位：元）	0.06
		C14. 农民人均可支配收入（单位：元）	0.10
		C15. 粮食总产量（单位：吨）	0.02
		C16. 村庄建成区面积（单位：m²）	0.02
	B4. 公共服务设施与基础设施建设条件	C17. 与中学时间距离（单位：min）	0.02
		C18. 与小学时间距离（单位：min）	0.03
		C19. 与医院时间距离（单位：min）	0.01
		C20. 供水普及率（单位：%）	0.01
		C21. 供电普及率（单位：%）	0.01
		C22. 污水处理率（单位：%）	0.01
		C23. 垃圾回收率（单位：%）	0.01
	B5. 其他条件	C24. 历史文化风貌	0.04

运用离差标准化方法对获取的村庄综合质量评价数据进行归一化处理，以消除不同因子之间的量纲问题，并将获取的数据通过ArcGIS软件进行加权叠加，最终得到长阳县154个村庄的综合质量评分表（如表3.24所示）。

表3.24　长阳县村庄综合质量评分表

序号	村名	所属乡镇	评分	序号	村名	所属乡镇	评分
1	边家坪村	大堰乡	33.30	25	麻池村	都镇湾镇	28.77
2	蔡家坪村	大堰乡	37.71	26	璞岭村	都镇湾镇	23.31
3	大堰村	大堰乡	52.31	27	沙堤村	都镇湾镇	25.54
4	邓家冲村	大堰乡	28.59	28	十五溪村	都镇湾镇	39.64
5	桂花园村	大堰乡	37.17	29	水竹园村	都镇湾镇	31.07
6	九柳坪村	大堰乡	22.11	30	嵩水坪村	都镇湾镇	32.76
7	居溪村	大堰乡	17.24	31	塘坊河村	都镇湾镇	33.68
8	千丈坑村	大堰乡	15.44	32	五尖山村	都镇湾镇	16.15
9	清水堰村	大堰乡	17.13	33	西湾村	都镇湾镇	21.68
10	三洞水村	大堰乡	28.49	34	响石村	都镇湾镇	18.11
11	石磙淌村	大堰乡	15.77	35	向王桥村	都镇湾镇	28.14
12	松元坪村	大堰乡	20.83	36	晓溪村	都镇湾镇	28.96
13	晓麻溪村	大堰乡	27.90	37	雪山河村	都镇湾镇	18.17
14	赵家堰村	大堰乡	28.54	38	杨柘坪村	都镇湾镇	19.16
15	钟家湾村	大堰乡	38.42	39	樟木垒村	都镇湾镇	25.45
16	城五河村	都镇湾镇	16.32	40	朱栗山村	都镇湾镇	23.84
17	重溪村	都镇湾镇	20.13	41	庄溪村	都镇湾镇	53.24
18	杜家冲村	都镇湾镇	15.17	42	高家堰村	高家堰镇	65.23
19	峰岩村	都镇湾镇	16.54	43	古城村	高家堰镇	28.14
20	高桥村	都镇湾镇	30.18	44	界岭村	高家堰镇	40.58
21	横山村	都镇湾镇	29.56	45	金盆村	高家堰镇	35.42
22	金福村	都镇湾镇	36.24	46	流溪村	高家堰镇	39.24
23	立志坪村	都镇湾镇	20.67	47	木桥溪村	高家堰镇	32.29
24	龙潭坪村	都镇湾镇	22.29	48	彭家河村	高家堰镇	29.34

序号	村名	所属乡镇	评分	序号	村名	所属乡镇	评分
49	青岩村	高家堰镇	39.57	77	白氏坪村	龙舟坪镇	67.63
50	魏家洲村	高家堰镇	26.65	78	邓家坝村	龙舟坪镇	50.28
51	向日岭村	高家堰镇	23.93	79	合子坳村	龙舟坪镇	49.67
52	佑溪村	高家堰镇	22.77	80	何家坪村	龙舟坪镇	69.31
53	白沙驿村	贺家坪镇	24.68	81	厚丰溪村	龙舟坪镇	36.12
54	堡镇村	贺家坪镇	34.66	82	胡家棚村	龙舟坪镇	32.43
55	贺家坪村	贺家坪镇	57.64	83	黄家坪村	龙舟坪镇	38.18
56	龙王冲村	贺家坪镇	30.25	84	津洋口村	龙舟坪镇	75.47
57	七里坪村	贺家坪镇	21.16	85	两河口村	龙舟坪镇	48.61
58	青岗坪村	贺家坪镇	36.94	86	刘家坳村	龙舟坪镇	31.24
59	渔泉溪村	贺家坪镇	40.11	87	刘家冲村	龙舟坪镇	33.99
60	中岭村	贺家坪镇	32.71	88	龙舟坪村	龙舟坪镇	81.47
61	紫台村	贺家坪镇	23.91	89	全伏山村	龙舟坪镇	35.21
62	溜沙口村	火烧坪乡	22.78	90	三渔冲村	龙舟坪镇	45.17
63	青树包村	火烧坪乡	31.21	91	晒鼓坪村	龙舟坪镇	31.33
64	黍子岭村	火烧坪乡	43.11	92	土地坡村	龙舟坪镇	33.92
65	八角庙村	榔坪镇	29.89	93	王家棚村	龙舟坪镇	42.88
66	茶园村	榔坪镇	31.45	94	王子石村	龙舟坪镇	35.46
67	长丰村	榔坪镇	32.67	95	西寺坪村	龙舟坪镇	52.83
68	关口垭村	榔坪镇	34.26	96	郑家榜村	龙舟坪镇	48.46
69	榔坪村	榔坪镇	53.15	97	朱津滩村	龙舟坪镇	28.41
70	乐园村	榔坪镇	20.02	98	多宝寺村	磨市镇	43.32
71	马坪村	榔坪镇	28.05	99	峰山村	磨市镇	28.27
72	沙地村	榔坪镇	20.08	100	花桥村	磨市镇	49.26
73	社坪村	榔坪镇	41.24	101	黄荆庄村	磨市镇	28.45
74	文家坪村	榔坪镇	19.01	102	救师口村	磨市镇	64.33
75	秀峰桥村	榔坪镇	17.29	103	柳津滩村	磨市镇	27.89
76	梓榔坪村	榔坪镇	21.13	104	芦溪村	磨市镇	39.67

序号	村名	所属乡镇	评分	序号	村名	所属乡镇	评分
105	马鞍山村	磨市镇	37.22	130	岩松坪村	渔峡口镇	34.78
106	磨市村	磨市镇	59.26	131	沿坪村	渔峡口镇	30.53
107	三口堰村	磨市镇	51.72	132	渔坪村	渔峡口镇	52.27
108	乌钵池村	磨市镇	25.39	133	招徕河村	渔峡口镇	34.78
109	玉宝村	磨市镇	33.92	134	赵家湾村	渔峡口镇	28.61
110	巴山村	鸭子口乡	31.52	135	枝柘坪村	渔峡口镇	29.77
111	古坪村	鸭子口乡	26.21	136	陈家坪村	资丘镇	28.47
112	厚浪沱村	鸭子口乡	40.39	137	对舞溪村	资丘镇	30.23
113	静安村	鸭子口乡	35.17	138	黄柏山村	资丘镇	31.17
114	刘坪村	鸭子口乡	24.37	139	九龙村	资丘镇	24.84
115	马连坪村	鸭子口乡	27.21	140	凉水寺村	资丘镇	35.45
116	楠木坪村	鸭子口乡	30.01	141	淋湘溪村	资丘镇	43.12
117	天柱山村	鸭子口乡	42.74	142	柳松坪村	资丘镇	27.91
118	鸭子口村	鸭子口乡	50.12	143	泉水湾村	资丘镇	41.78
119	杨溪村	鸭子口乡	20.89	144	柿贝村	资丘镇	33.83
120	板凳坳村	渔峡口镇	20.11	145	水连村	资丘镇	25.88
121	布政村	渔峡口镇	30.56	146	天池口村	资丘镇	22.16
122	高峰村	渔峡口镇	27.78	147	天河坪村	资丘镇	26.26
123	梁山坝村	渔峡口镇	20.14	148	万里城村	资丘镇	28.14
124	龙池村	渔峡口镇	28.11	149	五房岭村	资丘镇	39.72
125	龙坪村	渔峡口镇	31.68	150	西阳坡村	资丘镇	30.06
126	青龙村	渔峡口镇	20.03	151	杨家桥村	资丘镇	27.23
127	施坪村	渔峡口镇	38.13	152	中溪村	资丘镇	20.01
128	双龙村	渔峡口镇	38.07	153	竹园坪村	资丘镇	18.43
129	西坪村	渔峡口镇	45.07	154	资丘村	资丘镇	57.42

从表3.24中可以看出，长阳县村庄综合质量得分最高的村庄为龙舟坪镇龙舟坪村，评分为81.47分，这是因为龙舟坪村作为城关镇与城区所在地，村庄空间区位

条件以及公共服务设施与基础设施供给水平整体较高，同时村域范围内土地大部分已经成为城镇建设用地，发展了大量的产业项目。而都镇湾镇的杜家冲村得分最低，为15.17分，这是由于村庄远离镇区与城区，村庄产业基础与交通可达性较差。

另外，分类统计各评分区间村庄个数，综合质量得分在20—40分的低水平区间的村庄数量为107个，占全县乡村总数量的69.5%；得分在40—60分之间的村庄数量为27个，占村庄总数的17.5%；得分超过60分的村庄仅有6个；同时，还有14个村庄综合质量评分在20分以下（如图3.45所示）。由此可见，长阳县村庄综合发展水平依然处在较低的水准，同时村庄之间也存在发展不均衡的问题。

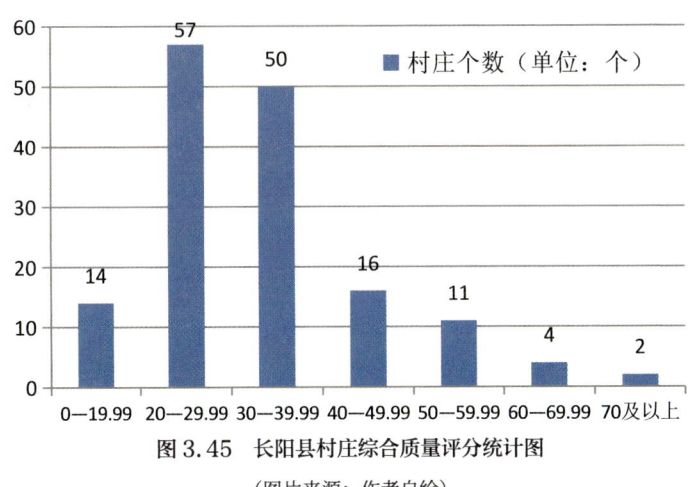

图3.45 长阳县村庄综合质量评分统计图

（图片来源：作者自绘）

（3）村庄空间分布特征

从村庄空间分布来看，综合质量较高的村庄与城区、镇区的空间关联性较强，空间上形成围绕城区与镇区分布的圈层结构。长阳县中心城区所在地及邻近村庄形成县域乡村综合发展的一级中心，磨市镇、高家堰镇镇区周边村庄形成二级中心，其余镇区所在地周边村庄形成三级中心。需要关注到的是，城区所在的一级中心所包含的村庄整体质量综合评分高出其他中心10—15分，表明城区产业与交通对周边村庄发展具有较强的辐射带动作用。除此之外的县域其他村庄整体评分基本在40分以下，空间呈现出扁平化的低水平均衡特征（如图3.46所示）。

磨市镇、榔坪镇村庄发展的圈层结构如图3.47、图3.48所示。而清江以南的都镇湾镇除具有三级圈层结构外，还受镇区地理空间区位的偏心结构影响，其三级圈层结构中的核心层与辐射层覆盖村庄较少，镇区存在辐射带动效应不足的问题（如图3.49所示）。资丘镇作为与城区时间距离最远的城镇，地理空间上的跨江分布导致南北村镇存在联系断层风险，而且由于跨江陆路交通桥梁尚未修建的问题，清江以南村庄虽距镇区空间距离较短，但清江对南侧村庄的交通制约性依然较强（如图3.50所示）。这在一定程度上反映出清江对村庄发展存在空间制约性。

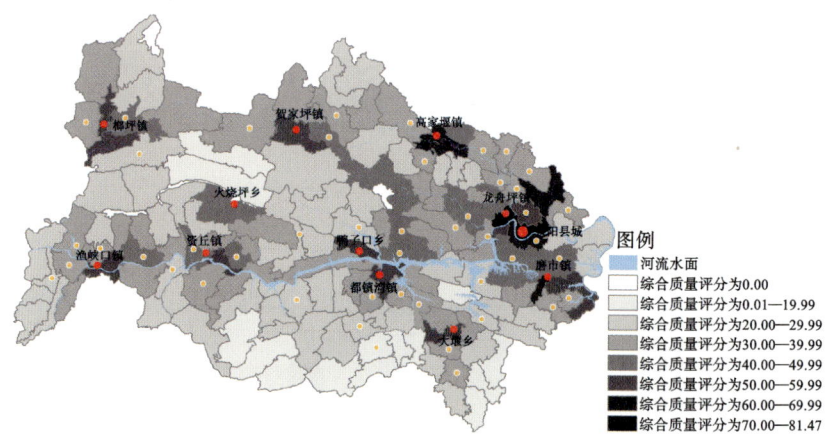

图3.46　长阳县村庄综合质量图

（图片来源：作者自绘）

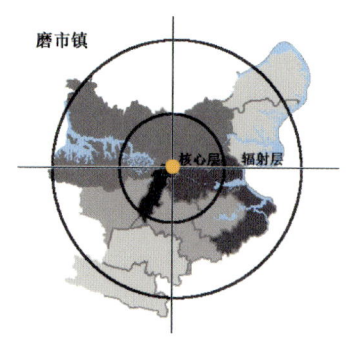

图3.47　磨市镇村庄发展的圈层结构

（图片来源：作者自绘）

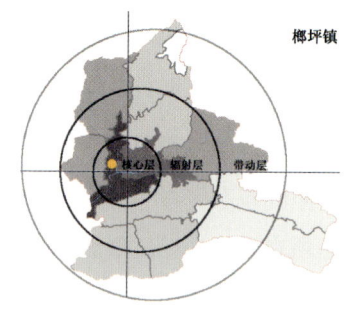

图3.48　榔坪镇村庄发展的圈层结构

（图片来源：作者自绘）

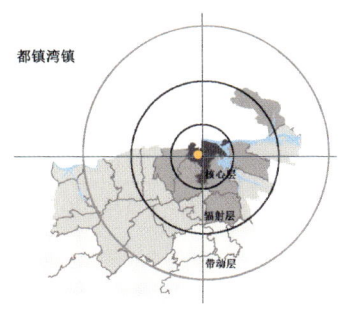

图 3.49　都镇湾镇村庄发展的圈层结构　　图 3.50　资丘镇村庄发展的圈层结构
（图片来源：作者自绘）　　　　　　　　（图片来源：作者自绘）

3.3.2　长阳县村镇通行时间距离测算

乡村空间体系组织构建的关键是在乡村空间可达性基础上的多层级节点联系性的构建。需要注意的是，山区乡村空间可达性是由空间距离与时间距离共同构成的，在长阳县实际的村庄联系网络中，时间距离往往比空间距离更加重要。这是因为，山区乡村空间体系是架构在全域空间资源要素流通的基础上的，要素流通的时间成本与通行质量的等级差异成为关系到村镇要素集中的关键性因素，而村镇节点的可达性与道路的曲折率成反比，比如长阳县火烧坪乡与贺家坪镇之间的直线空间距离仅为14.7千米，但由于山地地形的限制，实际通行时间则在1小时以上。因此，选择时间距离为基础评价山区乡村空间联系的通达性存在较强的合理性与必要性。在县域村镇通行时间网络基础上叠加山区乡村综合发展质量的评价体系与结果，构建起空间联系的网络结构分析框架，对于后续村庄功能区划分类、空间结构优化、组织优化路径选择具有较强的指导性。

3.3.2.1　城镇通行时间测算

在前述长阳县域通行时间栅格的基础上，利用以各乡镇所在栅格为基础构建的城区、乡镇通行路径，通过ArcGIS软件的成本距离计算工具计算节点之间的通行时间。考虑到时间栅格图形有可能存在时空误差，决定以百度地图、高德地图非高峰时段城区、乡镇实际通行时间数据对软件计算的通行时间数据进行校核，最终得到长阳县城镇通行时间矩阵（如表3.25所示）。

表 3.25　长阳县城镇通行时间矩阵表 （单位：min）

通行时间	龙舟坪镇	高家堰镇	贺家坪镇	榔坪镇	火烧坪乡	渔峡口镇	资丘镇	鸭子口乡	都镇湾镇	大堰乡	磨市镇
龙舟坪镇	0	40	84	108	161	165	205	86	114	100	44
高家堰镇	40	0	46	69	122	126	165	126	154	144	84
贺家坪镇	84	46	0	48	73	110	117	159	175	161	104
榔坪镇	108	69	48	0	187	63	133	176	199	187	125
火烧坪乡	161	122	73	187	0	117	48	87	115	234	175
渔峡口镇	165	126	110	63	117	0	75	203	260	249	196
资丘镇	204	165	117	133	48	75	0	134	163	277	222
鸭子口乡	86	126	159	176	87	203	134	0	33	185	128
都镇湾镇	114	154	174	203	110	266	158	33	0	37	89
大堰乡	100	144	161	187	238	249	277	185	37	0	76
磨市镇	44	84	104	125	175	196	222	128	89	76	0

在县域城镇通行时间网络（如图3.51所示）中，乡镇至城区的平均通行时间为97.45分钟，通行时间较长，这是因为城区在地理位置上偏离了地理中心进而影响了

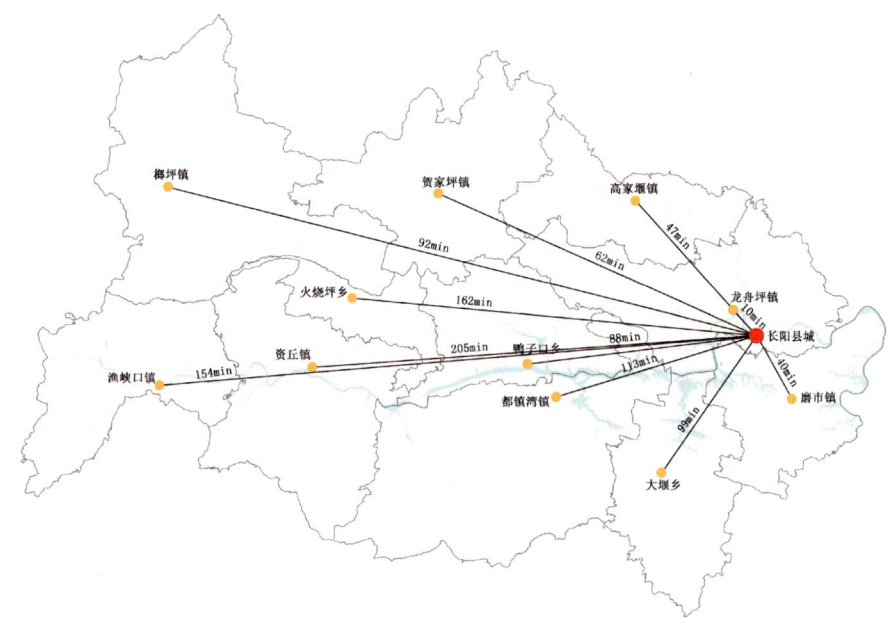

图 3.51　长阳县城区与各乡镇通行时间网络图

（图片来源：作者自绘）

乡镇与城区的通行时长，加上山区地形与交通条件的限制，加剧了部分乡镇与城区的空间弱关联性，如火烧坪乡、资丘镇。在各乡镇中，与城区时间距离最短的是龙舟坪镇，通行时间为10分钟；通行时间最长的是资丘镇，通行时间达到205分钟。

基于乡镇之间的道路通行网络，以城镇最短通行时间连接的交通路径为导向，构建基于时间距离的城镇关联网络（如图3.52所示）。可以看出，渔峡口镇—榔坪镇—贺家坪镇—高家堰镇—龙舟坪镇—长阳城区的交通联系主线已经形成，这与沪渝高速公路、318国道的空间走向一致。同时，清江流域在空间层面对城镇整体通行网络的形成具有阻断效应，鸭子口乡与都镇湾镇跨江轮渡的通行方式难以成为大流量常态化的通行选择。清江以南乡镇由于与城区缺乏有效的陆路交通廊道，进而脱离与中心城区构建最短通行通道的可能，转向与邻近乡镇形成最短通行时间路径，如都镇湾镇与大堰乡。

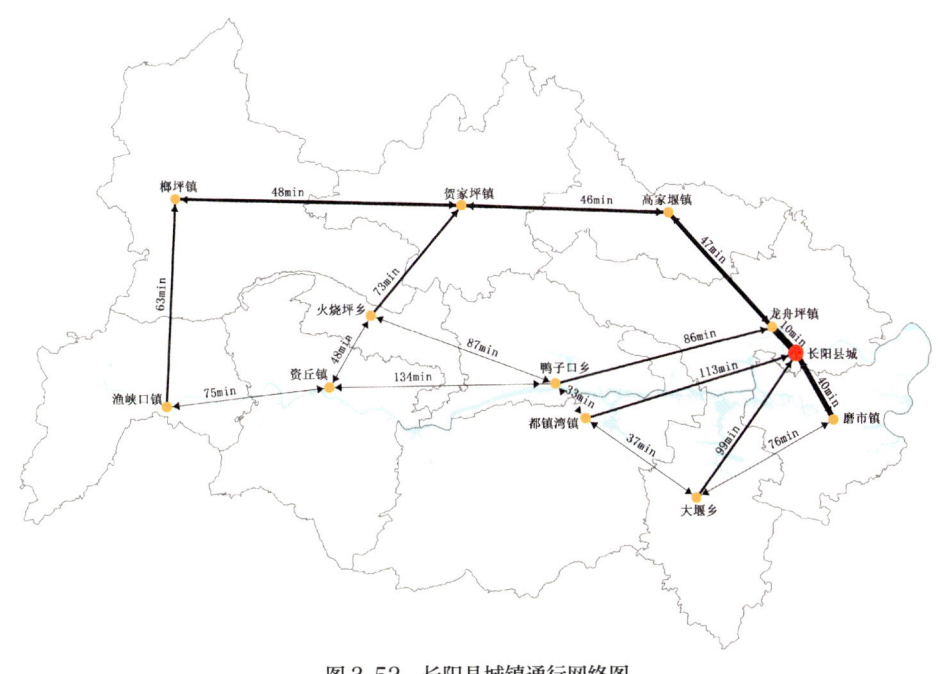

图3.52　长阳县城镇通行网络图

（图片来源：作者自绘）

3.3.2.2　村庄通行时间测算

采用与城镇通行时间距离测算同样的成本距离分析方法，计算长阳县村庄之间的通行时间矩阵，并以百度地图、高德地图通行时间数据对其中若干条通行时间路径进行校核。对于村庄与城镇之间的通行时间计算，将县城及各乡镇镇区以所在的村庄进行代替计算。需要注意的是，村庄作为独立个体，其出行时间受村庄生产圈层与村民生活圈层影响，具有一定的地域限定性，若超过某一通行时间上限门槛阈值，则村庄之间或村庄与城镇之间的空间联系性断开。这里仅保留各村庄与所在行政管辖区内的镇区以及县城中心城区的通行时间路径，去除通行时间超过60分钟的村际、村庄与邻近非行政管辖镇镇区的连通路径数据，最终得到长阳县村庄之间的通行时间距离（如表3.26所示，以贺家坪村为例）。

表3.26　长阳县村庄通行时间距离表（部分）

起始村庄编号	村庄名称	到达村庄编号	村庄名称	通行时间距离 /min
53	△贺家坪村	54	白沙驿村	32
		55	堡镇村	13
		56	龙王冲村	40
		57	七里坪村	54
		58	青岗坪村	16
		59	渔泉溪村	8
		60	中岭村	24
		61	紫台村	30
		77	☆龙舟坪村	63
		48	△高家堰村	39
		49	古城村	56
		50	界岭村	55
		51	金盆村	45
		52	流溪村	35
		53	木桥溪村	39
		54	彭家河村	52
		55	青岩村	50
		56	魏家洲村	55
		57	向日岭村	43
		58	佑溪村	60
		65	△榔坪村	47

起始村庄编号	村庄名称	到达村庄编号	村庄名称	通行时间距离 /min
		68	长丰村	33
		69	关口垭村	54
53	△贺家坪村	70	乐园村	57
		73	社坪村	41
		74	文家坪村	32
		75	秀峰桥村	58

注：对县城所在的龙舟坪村添加五角星符号，并对村庄名称字体加粗强化；对各乡镇镇区所在行政村添加三角符号，并对村庄名称字体加粗强化。

3.3.3 长阳县村镇引力模型计算

3.3.3.1 改进的乡村引力模型

陈彦光等在对城市体系的研究中将城市体系视为"相互作用的城、镇集合体"，并指出城市空间网络研究的重要内容就是相互作用[125]。乡村空间体系是镇、村互动关联影响作用的体系化呈现，采用传统的统计分析方法往往难以衡量村镇之间相互作用的强弱，引力模型则运用类似于区位论中城镇空间影响力随距离增加而衰减的逻辑，即城镇之间引力大小与距离远近呈现负相关作用，为评价村镇相互影响作用强弱提供了一个可以数据化推演计算的科学论证过程（而非简单的定性论述）。

对于山区地域来讲，村镇互相作用随时空距离增加而衰减的特征更加突出，村镇之间可达性的强弱往往决定了其空间引力的大小，特别是部分地区采用偏心式的城镇中心布局，城镇引力范围往往难以覆盖全部所辖村庄，进而催生了部分边缘村庄跨行政界线被其他邻近城镇所吸引的现象。由此可见，行政边界对山区村庄空间体系网络化互动作用的影响效应在逐步弱化，同一自然地理单元形成村庄空间资源基质的相似性，其空间互动效应也往往耦合地理单元形成非行政边界约束下的统一整体，这一点在后续村庄层面空间体系构建中显得尤为重要。

$$T_{ij} = \frac{M_i M_j}{D_{ij}^b} \tag{3.4}$$

传统的引力模型公式（3.4）中，村镇综合引力T_{ij}与联系村镇的综合质量M_iM_j正相关，与对象之间时空距离D_{ij}负相关，b取常数值1或2，通过计算可以得到村庄之间的引力值的大小。但此模型公式中忽略了村庄个体对引力大小的贡献值。这里引入王雯雯（2016）的改进引力模型公式（3.5）对长阳县村镇的引力大小进行测算。

$$T_{ij} = K \frac{\sqrt{M_i M_j}}{D_{ij}^b} \tag{3.5}$$

$$K = \frac{M_i}{M_i + M_j} \tag{3.6}$$

上述公式中，T_{ij}为村镇引力值大小，M_iM_j为村镇综合质量评分，D_{ij}为两地的通行时间距离，K为改进系数，b取常数值2。

以往引力模型多应用于乡村居民点整合研究中，多数是利用村镇之间的最大引力连线公式（3.7）与村庄引力大小筛选中心村镇，借此对周边引力值较小的村庄进行整合。

$$T_i（max）=\max（T_{i1}，T_{i2}，T_{i3}，\cdots，T_{in}） \tag{3.7}$$

这种思路客观反映了村庄发展的现实状态，对于多数村庄居民点的整合具有一定的指导意义。但需要指出的是，村庄发展综合质量并不能完全反映村庄发展的强弱与重要性，村庄在县域与镇域层面网络结构中的位置，以及乡村空间组织的模式，往往决定了村庄在区域层面发展的功能定位与重要性。例如，部分交通节点型的村庄综合引力评分并不一定很高，但其特殊的空间区位使其往往可以成为村庄空间联系网络中的重要节点。如图3.53所示，节点5连接村庄个数仅为3个，其在整个节点网络中起到了至关重要的"割点"作用，同时又通过与节点4之间的引力连线搭建起联系整个节点网络的"功能桥"。

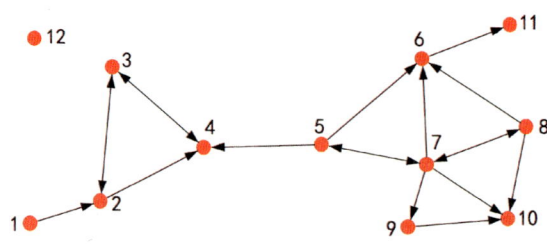

图3.53　长阳县城镇通行网络图

（图片来源：作者自绘）

同时，村庄之间的联系具有方向性，其吸引与被吸引作用的差异难以在引力模型中体现出来，因此，在引力模型的计算结果基础上通过社会网络分析手段对长阳县乡村空间联系的密度、方向性以及联系的网络化特征进行综合分析。

3.3.3.2 城镇引力值计算

（1）引力值测算

在前述城镇综合质量评价与城镇时间距离测算数据基础上，将相关数据代入引力模型公式（3.5）与式（3.6）中，进而得到各城镇之间引力值矩阵（如表3.27所示）。

表3.27 长阳县城镇引力值矩阵表

城镇引力值	龙舟坪镇	磨市镇	榔坪镇	高家堰镇	大堰乡	贺家坪镇	渔峡口镇	资丘镇	都镇湾镇	鸭子口乡	火烧坪乡
龙舟坪镇	0.00	11.69	10.77	12.07	4.70	5.47	2.77	2.10	3.62	4.36	1.82
磨市镇	4.33	0.00	1.72	2.54	2.79	2.03	1.07	0.92	2.26	1.49	0.92
榔坪镇	3.27	1.47	0.00	2.67	0.98	3.81	2.90	1.35	0.89	0.96	0.77
高家堰镇	3.40	1.94	2.38	0.00	1.15	3.59	1.31	0.99	1.04	1.23	1.10
大堰乡	1.25	1.96	0.81	1.06	0.00	0.95	0.61	0.54	4.04	0.78	0.53
贺家坪镇	1.36	1.34	2.89	3.06	0.87	0.00	1.28	1.20	0.80	0.85	1.63
渔峡口镇	0.65	0.69	2.18	1.11	0.56	1.27	0.00	1.84	0.51	0.66	1.01
资丘镇	0.40	0.48	0.83	0.68	0.41	0.95	1.50	0.00	0.69	0.83	2.10
都镇湾镇	0.64	1.06	0.48	0.64	2.69	0.58	0.37	0.62	0.00	3.05	0.84
鸭子口乡	0.59	0.55	0.41	0.58	0.40	0.48	0.37	0.58	2.39	0.00	0.86
火烧坪乡	0.14	0.19	0.18	0.29	0.15	0.49	0.32	0.81	0.36	0.47	0.00

对城镇引力值进行分类，如表3.28所示。从表3.28中可以看出，长阳县各乡镇之间互动关系维系在弱引力联系态势下，其中引力值大于0、小于等于1的数据数量有55个，其余大部分的引力联系为一般性的引力联系，县域的4个强引力联系数值关联的对象均为中心城区所在的龙舟坪镇对周边其他乡镇的引力吸引。若将引力值大于2的引力连接落实在空间上，这一现象则更为直观（如图3.54所示）。由此可见，长阳县作为典型的山区县，其城镇空间引力影响辐射能力整体偏弱，除城关镇以外，其他乡镇在空间上难以形成辐射带动能力较强的中心性城镇。

表 3.28 长阳县乡镇引力值分类表

乡镇引力值范围	引力数据数量 / 个
$0 < T_{ij} \leqslant 1$	55
$1.01 \leqslant T_{ij} \leqslant 2$	26
$2.01 \leqslant T_{ij} \leqslant 5$	25
$T_{ij} \geqslant 5.01$	4

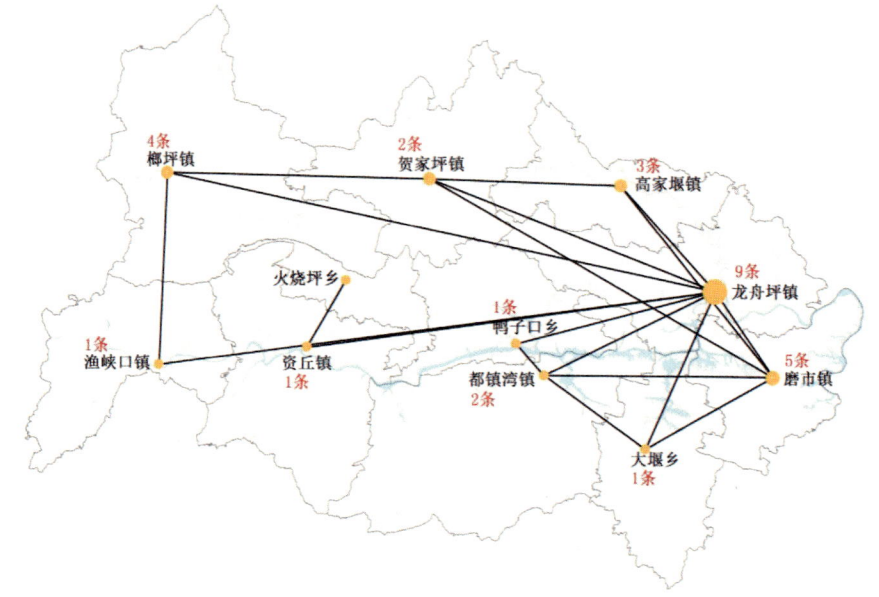

图 3.54 长阳县乡镇中高强度引力联系分布图

（图片来源：作者自绘）

（2）最大引力连线获取

根据最大引力连线计算公式（3.7），抓取每个乡镇及其对应的引力值最大的乡镇，记录其连接路径，得到长阳县乡镇之间的最大引力连线图（如图3.55所示）。

在县域最大引力连线图中，并没有出现多个乡镇最大引力连线指向城关镇的现象，仅有磨市镇的最大引力连线连接了龙舟坪镇，其余镇均就近与相邻乡镇联系在一起。同时，县域部分乡镇呈现出乡镇引力联系靠向重要交通干线的趋势，例如渔峡口镇—榔坪镇—贺家坪镇—高家堰镇—龙舟坪镇之间形成连贯的引力连接，并且与沪渝高速整体走向吻合，这反映出山区交通可达性对城镇引力联系的正向影响

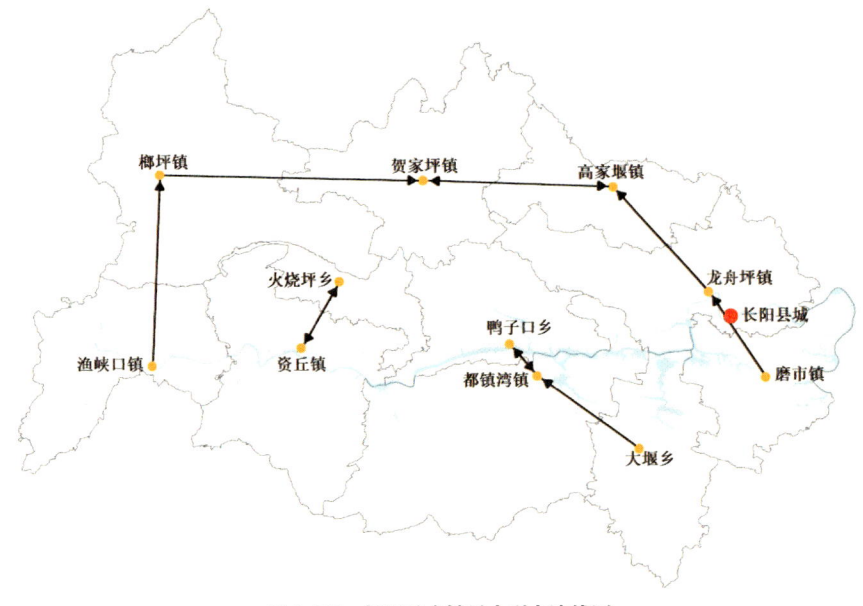

图 3.55　长阳县乡镇最大引力连线图

（图片来源：作者自绘）

效应越来越突出，而远离县城且不临近重要交通线路的乡镇往往会出现与邻近乡镇就近抱团、强化引力联系的现象，如火烧坪乡—资丘镇、鸭子口乡—都镇湾镇—大堰乡形成独立的乡镇引力组团。

3.3.3.3　村庄引力值计算

（1）引力测算

在村庄引力值计算中增加村庄至所在行政管辖镇镇区以及长阳县城的引力计算，方法是将县城及乡镇镇区以所在的村庄进行替代计算。采用与城镇引力矩阵测算相同的方法，得到长阳县村庄引力表（如表3.29所示）。

表 3.29　长阳县村庄引力表（部分）

标的村庄编号	村庄名称	关联村庄编号	村庄名称	村庄引力值
53	△贺家坪村	54	白沙驿村	0.83
		55	堡镇村	2.15
		56	龙王冲村	0.68
		57	七里坪村	0.47

标的村庄编号	村庄名称	关联村庄编号	村庄名称	村庄引力值
53	△贺家坪村	58	青岗坪村	1.76
		59	渔泉溪村	3.54
		60	中岭村	1.15
		61	紫台村	0.87
		77	☆龙舟坪村	0.45
		48	△高家堰村	0.74
		49	古城村	0.48
		50	界岭村	0.52
		51	金盆村	0.67
		52	流溪村	0.81
		53	木桥溪村	0.71
		54	彭家河村	0.52
		55	青岩村	0.57
		56	魏家洲村	0.49
		57	向日岭村	0.61
		58	佑溪村	0.43
		65	△榔坪村	0.61
		68	长丰村	0.84
		69	关口垭村	0.52
		70	乐园村	0.44
		73	社坪村	0.69
		74	文家坪村	0.78
		75	秀峰桥村	0.42

注：对县城所在的龙舟坪村添加五角星符号，并对村庄名称字体加粗强化；对各乡镇镇区所在行政村添加三角符号，并对村庄名称字体加粗强化。

对长阳县2093个乡村引力数据进行分类统计（如表3.30所示），引力值小于1的数据数量有1758个，占总引力数据数量的84.0%，这反映出长阳县乡村在村庄层面整体关联性并不强，并且由于村庄整体发展滞后，出现乡村空间扁平化、个体孤立的低水平均衡特征，村庄之间产业与空间统筹或协同发展的现象并不普遍。

表 3.30 长阳县村庄引力值分类统计表（与引力表一致）

村庄引力值范围	引力数据个数	空间效应
$0 < T_{ij} \leqslant 0.99$	1758	弱引力连接
$1 \leqslant T_{ij} \leqslant 1.99$	150	一般引力连接
$2 \leqslant T_{ij} \leqslant 2.99$	107	强引力连接
$T_{ij} \geqslant 3$	78	核心引力连接

从前述村庄引力表中也可以看出少量村庄之间正在尝试跨村庄行政界线构建空间联系，反映在村庄引力联系网络中是村庄一般引力连接或强引力连接数量达到了257条，占总引力连接数量的12.3%。而引力值大于等于3的核心引力连接数量为78条，主要是在城区与镇区所在村庄与邻近具备快速交通可达性的村庄之间形成。

（2）最大引力连线获取

分别提取县域154个村庄的最大引力连线，得到长阳县村庄最大引力连线图（如图3.56所示）。图3.56中村庄双向最大引力连线共有40条，其中每个乡镇各有1条双向最大引力连线与镇区或城区所在村庄连接；其余双向最大引力连线在空间上均呈现出一定的远离城区或镇区的特征（如图3.57所示）。这显示出在城镇辐射能力有限的情况下，或受制于山区交通可达性困境，边缘村庄开始出现抱团自吸引的现象。

图 3.56 长阳县村庄最大引力连线图

（图片来源：作者自绘）

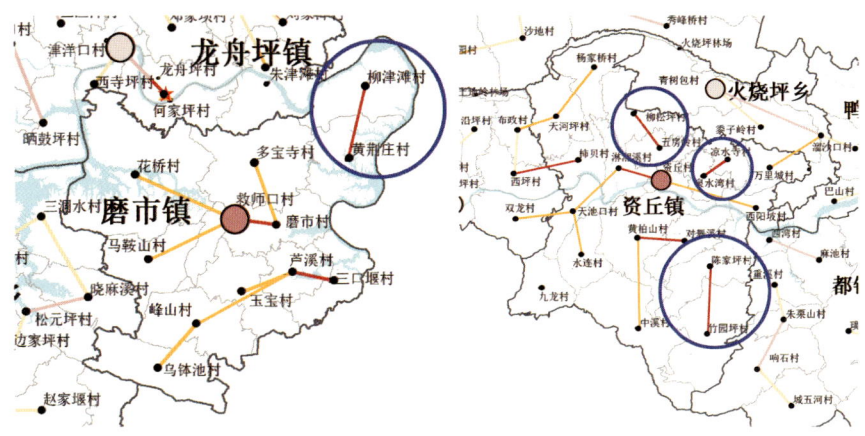

图 3.57　长阳县村庄双向最大引力连线空间分布图

（图片来源：作者自绘）

从表3.31中可以看出，长阳县村庄单向最大引力连线有74条，与城区、镇区所在村庄直接连接的有17条，与城区、镇区所在村庄形成引力连线群（或称引力连线带，主要指2条及2条以上最大引力连线首尾相接形成的具有连续性的引力连线）的共有40条，其余34条最大引力连线空间分布较为分散。这表明当前长阳县中心城区与各乡镇镇区对周边村庄已经具备一定的辐射吸引能力，特别是贺家坪镇镇区所在的最大引力连线群中最大引力连线数量达到了5条，这不仅反映了贺家坪镇镇区对村庄的空间辐射能力较强，同时也可以看出镇域范围内村庄呈现出较强的空间向心性。

表 3.31　长阳县村庄最大引力连线统计表

最大引力连线类型	单向引力连线 / 条	双向引力连线 / 条
与城区、镇区所在村庄直接连接数量	17	11
城区、镇区所在村庄引力连线群（带）	40	13
其他引力连线数量	34	27
总计	74	40

村庄最大引力连线反映了村庄之间最为紧密的互动关系，村庄之间在产业相关性、道路交通条件的可达性以及公共服务设施与基础设施综合配给的均衡性等方面

存在同构需求，这在后续的山区乡村空间体系的优化构建中，可用于界定村庄功能共同体发展单元、组织各功能单元村庄功能区划及筛选中心村庄等方面。

（3）引力联系下的乡村通行圈层收缩与联系越级现象

对于山区村庄来说，交通区位条件制约下的空间要素流通具有有限性，而这也局限了其空间拓展的圈层结构，使其出现空间活动的闭塞。空间引力活动范围由于村镇空间可达性的降低而呈现边界收缩，村庄活力出现围绕村民生产圈层向微观自然村湾层级聚焦的现象，即村庄活动主要在15—30分钟通行圈层的空间范围内进行（如图3.58所示）。

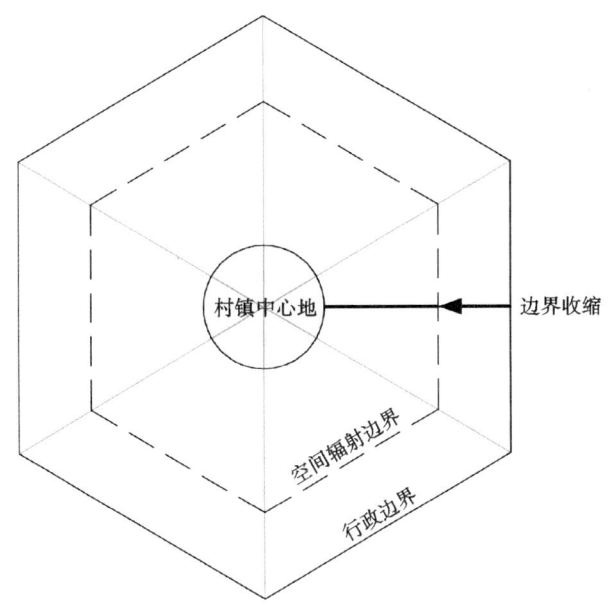

图 3.58　交通制约下的村镇边界收缩现象

(图片来源：作者自绘)

由引力模型计算公式可以看出，村庄之间的引力大小与村庄综合质量和村庄通行时间相关。一般来说，以30分钟通行时间为临界值，若通行时间少于30分钟，村庄之间的联系性以及村际交往活动会更加活跃；若通行时间超过30分钟，村庄之间的联系性与村际交往活动会逐步弱化直至消失。这是因为村庄之间通行时间超过30分钟后，村庄往往会舍弃邻近"强村"转而与最近通行距离的城镇中心进行越级关联（如图3.59所示），这与在对当地村民的访谈调研中获得的数据一致。

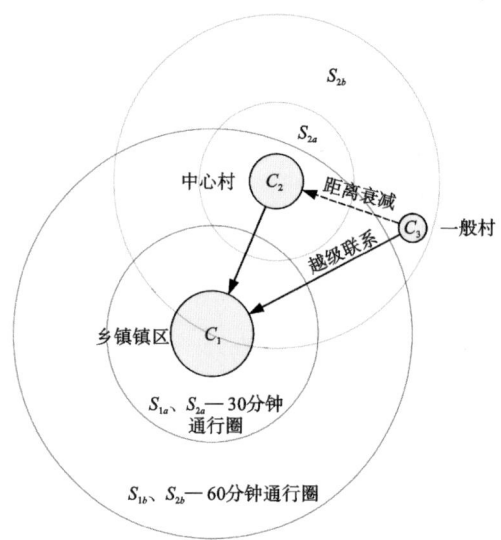

图 3.59　距离衰减下的村庄越级关联现象

（图片来源：作者自绘）

3.3.4　长阳县乡村空间的社会网络分析

3.3.4.1　社会网络分析框架

社会网络分析是一种"结构分析"（Wellman，1988）或一种关于社会结构的观点（边燕杰，1999）。部分社会学研究者将社会网络看成是分布于社会空间中某一区域的关系性存在。

从社会网络分析的观点来看，社会环境可以表述为互相作用的个体之间的关系模式或结构的结构变量[68]。它与传统的统计学的数据分析方法不同，面板数据对于对象特征的反映是现时态的具象化呈现，而社会网络分析是对空间活动个体关系网络结构的动态论证，其讨论的内容范畴偏向于各组织对象内在关系的结构性内容呈现。例如讨论城镇体系中的中心城市的选择问题，不仅需要从经济人口规模的统计数据出发，往往还需要基于其地理区位，以及与区域其他城市的内在联系结构特征进行综合论证。

由此可见，运用社会网络分析理论方法对乡村空间体系进行研究，应当包含两个方面的内容：第一，需要通过面板数据对外在空间结构形式进行解析，即对村镇发展场域环境特征以及村镇个体的功能性定位进行总结性的判断；第二，将乡村看作由众多发展状态不同的个体单元组成的网络化整体，村镇个体之间的网络化连接是在空间要素流通基础上，通过道路交通网络进行功能桥接，最终以村镇关系结构的形式展现出来。

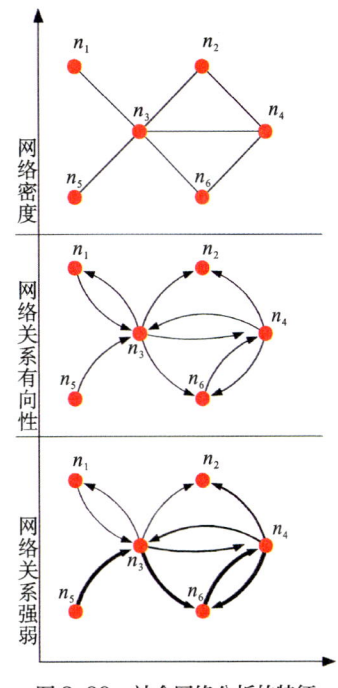

图3.60　社会网络分析的特征

（图片来源：作者自绘）

另外需要关注的是，利用社会网络分析对各类关系进行研究，不仅需要关注关系的结构模式，同时还需要对节点之间的联系方向性进行综合分析，例如在图3.60讨论的节点关系有向性中，n_4节点在关系体系中，除与多达5个节点联系以外，同时也是要素流入的目的地，其空间凝聚作用显著，节点中心集聚性功能定位突出；反观n_6节点，虽然与其他4个节点存在关联性，但仅有1个表现为流入性，因此，n_6在此节点关系网络中多表现为功能扩散性或流出性功能，具体到乡村空间体系中，其承载的功能定位往往属于流通性的联系节点职能。

社会网络分析在层级研究方面主要包括全域网络、局域网络以及个体网络三种（如图3.61所示）。本次研究关注乡村空间体系中村镇个体网络结构特征的呈现以及个体与整体系统之间的关系研究，内容上主要涉及村镇在网络体系中的位置，判断网络中心性结构特征（并解析）、中心村镇的辐射腹地空间范围，分析重要节点村镇的功能定位等。因此，社会网络分析内容需要叠加经济学研究中的引力模型分析，从县域宏观尺度与亚区域中观尺度解析村镇体系网络结构及村庄与城镇的关系模式；从微观的村庄尺度研判村庄之间的关联性强弱特征等。具体到各项评价指标上，主要包括村庄网络密度、网络中心度及网络凝聚子群分析三项。

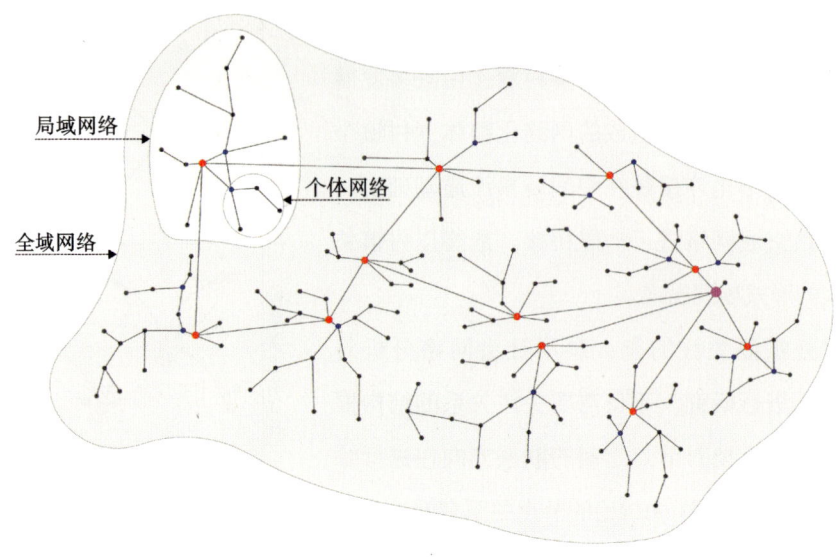

图3.61　乡村空间网络的层级特征

(图片来源：作者自绘)

（1）网络密度

网络密度指标主要衡量山区乡村空间联系网络中村镇个体联系性的强弱，在计算方法上主要通过存在的村镇联系数量与理论最大关系数量的比值来计算，由此可见，网络密度的一般取值维系在0—1之间，即当村镇之间各个节点村镇都存在最大化的连接情况时，其空间网络密度可以达到1，但当村镇个体之间不存在任何联系时，其空间的网络密度为0，在实际的情况中这两种现象并不多见。网络密度的计算公式如下：

$$D = \sum_{i=1}^{k} \sum_{j=1}^{k} \frac{d(n_i n_j)}{k(k-1)} \qquad (3.8)$$

在式（3.8）中，D为网络密度，k为节点数。将节点数代入网络密度公式，得到空间体系整体网络密度。

（2）网络中心度

网络中心度指标反映了空间体系网络中的中心村镇的空间分布，以及村镇个体在网络中的联系影响辐射能力。这里选择点度中心度作为网络中心度测度的主要指标，从点出度与点入度两个方面评价村镇网络中节点的影响能力大小，同时构建起节点联系的方向性网络结构，从点入集聚与点出扩散两个方面进一步细化节点中心度的功能属性。网络中心度的计算公式为：

$$C_D(\text{in}) = \sum_{i=1}^{n} ij(\text{in}) \qquad (3.9)$$

$$C_D(\text{out}) = \sum_{i=1}^{n} ij(\text{out}) \qquad (3.10)$$

公式（3.9）为点入度计算公式，公式（3.10）为点出度计算公式，其中C_D（in）与C_D（out）为节点网络的点入度与点出度，i、j为网络节点。

（3）网络凝聚子群

网络凝聚子群是满足某一共性条件的行动者子集合，即在此集合中的行动者之间具有相对较强、直接、紧密、经常的或者积极的关系。社会网络分析中的网络凝聚子群分析是针对社会网络中诸多节点之间复杂的关联信息进行群组化归类的方法，其作用原理是将社会网络中具有关联性的节点归集于一类，并移除其他没有联系的节点，进而实现类别化的群组特征识别（如图3.62所示）。

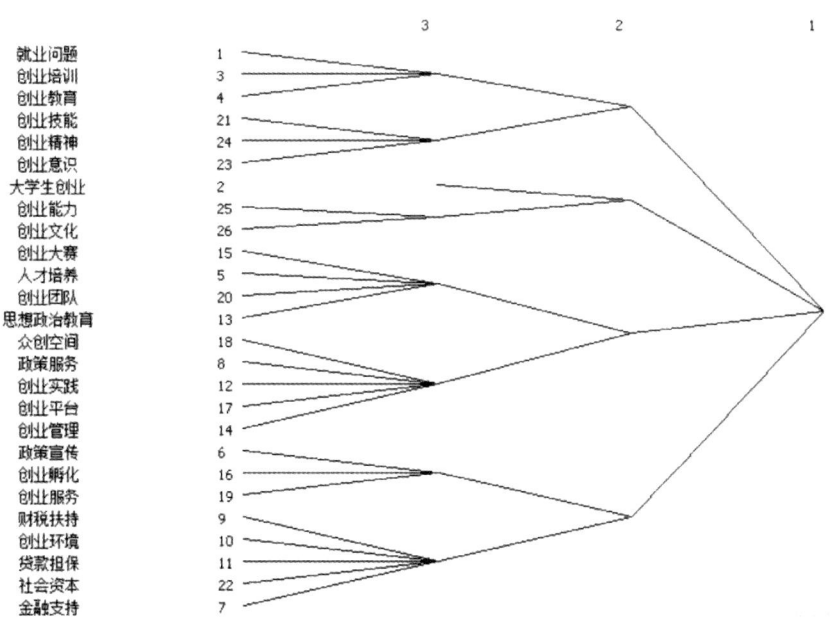

图3.62　大学生创业关键词的网络凝聚子群分析

（图片来源：https://blog.csdn.net/submarineas/article/details/97133276）

网络凝聚子群分析在乡村空间体系组织优化的工作中主要用于解析村镇节点之间空间关联的基本情况，空间上区划乡村关系集，并形成类型化的主体功能区，以村镇空间联系性强弱为基础，通过与自然地理单元的耦合分析，更为准确地把握山区乡村空间联系网络特征的关联单元空间分布，从县域宏观层面识别出乡村主体功能单元。

这里借助空间降维的思路，去除村镇空间属性并将其视为县域层面存在若干相互关联的二维平面化的众多村镇节点，并通过村镇综合发展质量指标赋值，赋予村镇不同的强弱属性，有助于更为清晰地理解村镇内在的关系网络的空间特征。将社会网络分析中的网络密度、网络中心度以及网络凝聚子群分析引入长阳县域乡村空间体系组织优化中，目的在于了解山区乡村低水平均衡发展表象下的村庄内在差别化特征。

3.3.4.2　网络密度分析

基于长阳县村庄60分钟交通圈的引力分析矩阵，得到长阳县154个行政村的关联引力连线数量为2093条，将相关数据代入公式（3.8）中，得到长阳县乡村网络密度为0.073（如表3.32所示），这一数据远低于王雯雯（2016）计算出的发达地区平原乡村网络密度（昆山市村庄网络密度为0.51），这反映出当前长阳县乡村整体上处于弱连接的空间状态，村庄空间网络化特征并不明显。

表3.32　长阳县乡村网络密度表

居民点类型	网络密度	标准差
乡镇	1.585	1.989
村庄	0.073	0.260

将长阳县村庄引力计算数据转换为村庄引力矩阵表，运用社会网络分析软件UCINET 6.0对矩阵数据进行二分转换后，导入NetDraw插件绘制村庄引力网络结构图，进而将县域2093条引力连线落实在空间层面。

如图3.63所示，长阳县村庄网络连接呈现出空间分布不均衡的特点，沪渝高速沿线已经成为长阳县村庄联系的密集区域，表明区域重大交通设施对乡村空间联系性构建的强化效应十分显著。但以龙舟坪村、津洋口村、西寺坪村、白氏坪村为中心的长阳县城中心城区的辐射带动范围有限，仅能与沪渝高速沿线的高家堰镇诸村以及南部磨市镇的部分村庄建立引力联系。清江以南的大堰乡、都镇湾镇、资丘镇、渔峡口镇以及江北的鸭子口乡与火烧坪乡六个乡镇与长阳县城不存在直接的空间连接，其空间隔断效应依然存在。造成这种现象的原因是县城空间区位的偏心式结构，导致其需要覆盖的空间范围增加，同时山区特殊的地形地貌条件以及长阳县发展水平的滞后，又反向紧缩了其空间辐射范围，进而导致县城未能辐射覆盖区域范围扩大。

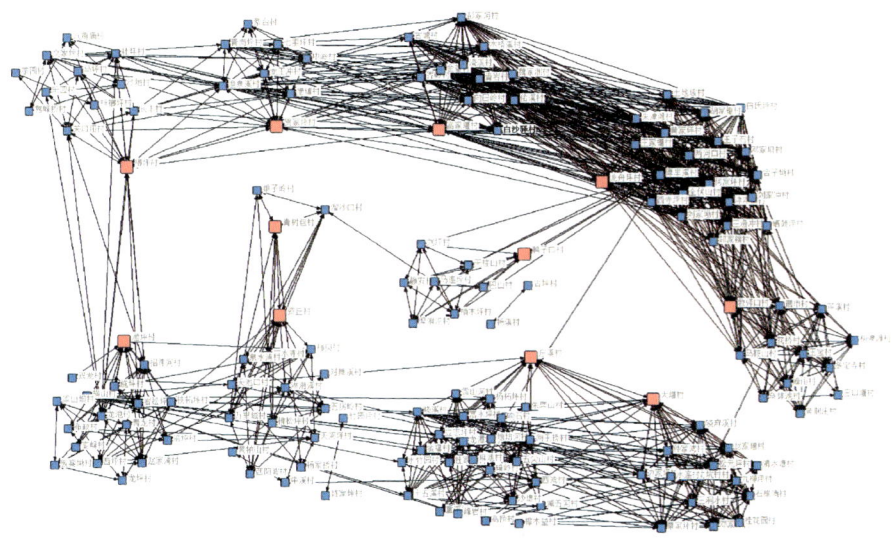

图 3.63 长阳县村庄引力网络结构图

（图片来源：作者自绘）

3.3.4.3 网络中心度分析

对长阳县城镇与村庄中心度的测度采用点度中心度、接近中心度与中间中心度三项指标进行综合判断。点度中心度主要是以目标城镇或村庄实际存在的联系引线的数量多少衡量其在村镇网络中的中心性强弱；接近中心度是以目标城镇或村庄距离其他联系节点的最小距离进行的中心性计算，反映的是某一节点与其他节点之间的最短通行时间的综合，从这一点来看，接近中心度比点度中心度更能反映出节点村镇在乡村空间网络中的中心性；中间中心度是以目标村庄位于其他节点最短联系路径上的次数进行的中心性测算，反映了节点在网络中联系其他节点的中介作用的大小。

（1）点度中心度

①城镇点度中心度测算。

运用UCINET 6.0软件中"Network"分析中的"Centrality—Degree"工具，对长阳县城镇综合引力矩阵进行计算，进而得到长阳县11个乡镇的点度中心度（如表3.33所示）。

表3.33　长阳县城镇点度中心度表

城镇名称	绝对点度中心度	相对点度中心度	占比
龙舟坪镇	59.37	49.19	0.24
高家堰镇	27.69	22.94	0.11
磨市镇	27.43	22.73	0.11
榔坪镇	26.82	22.22	0.11
贺家坪镇	21.61	17.90	0.09
都镇湾镇	17.74	14.70	0.07
大堰乡	17.07	14.14	0.07
鸭子口乡	15.07	12.49	0.06
渔峡口镇	13.96	11.57	0.06
资丘镇	12.56	10.41	0.05
火烧坪乡	11.58	9.59	0.05
网络集中度 =37.02%，异质性 =11.99%，标准化 =3.19%			

从表3.33中可以看出，长阳县城镇点度中心度存在较大差异，龙舟坪镇绝对点度中心度达到59.37，这反映出龙舟坪镇城镇综合发展质量较高，同时龙舟坪镇在县域范围内也已具有较强的中心极核功能。而火烧坪乡绝对点度中心度仅为11.58，这与火烧坪乡内向性的空间区位以及交通可达性较差导致的发展腹地较小有关。同时，长阳县域城镇点度中心度的整体网络集中度水平并不高，为37.02%，一定程度上说明县域城镇之间的关联影响具有分散性，自然地理环境带来的交通制约效应增加了城镇联系的时空成本，导致城镇空间要素流通便利性与空间关联性降低。

②村庄点度中心度测算。

运用同样的方法得到长阳县村庄的点度中心度（如表3.34所示），可以看出长阳县村庄存在典型的"核心—边缘"结构，即镇区所在村庄在局部区域体现出较强的中心性，成为片区的核心，而镇区以外村庄由于交通联系的不便，引力联系呈现出时空距离衰退趋势，在空间上形成局部的边缘地带。除此之外，从县域整体的等级结构来看，长阳县域层面存在着等级层次偏少的结构特点，即除了"县—镇—村"三级明确等级以外，村庄之间以及乡镇之间的等级差异并不显著。

表3.34　长阳县村庄点度中心度表

村庄排名	村庄名称	绝对点度中心度	相对点度中心度	占比
1	津洋口村	441.650	0.766	0.146
2	龙舟坪村	406.340	0.704	0.134
3	黄家坪村	235.760	0.409	0.078
4	王子石村	234.270	0.406	0.077
5	胡家棚村	60.140	0.104	0.020
6	彭家河村	56.880	0.099	0.019
7	白氏坪村	46.440	0.081	0.015
8	邓家坝村	40.140	0.070	0.013
9	何家坪村	39.360	0.068	0.013
10	合子坳村	39.000	0.068	0.013
11	高家堰村	38.850	0.067	0.013
12	西寺坪村	35.910	0.062	0.012
⋮	⋮	⋮	⋮	⋮
147	竹园坪村	0.760	0.001	0.000
148	陈家坪村	0.760	0.001	0.000
149	中溪村	0.750	0.001	0.000
150	古坪村	0.610	0.001	0.000
151	杨溪村	0.610	0.001	0.000
152	对舞溪村	0.550	0.001	0.000
153	塘坊河村	0.410	0.001	0.000
154	九龙村	0.000	0.000	0.000
网络集中度 =0.74%，异质性 =5.58%，标准化 =4.97%				

从全县来看，北部沪渝高速沿线以及清江沿线的村庄整体中心性较强，沪渝高速对村庄联系带来的交通增强效应较为突出，如高家堰镇的佑溪村位于沪渝高速出

入口附近，在村庄引力网络中，该村庄除可以与邻近的高家堰镇所有村庄建立联系以外，还可以与镇域之外的龙舟坪镇的9个村庄构建通行联系。而南侧清江沿线村庄中心性集聚则主要体现在鸭子口乡、都镇湾镇、资丘镇、渔峡口镇等镇区中心及周边村庄地区。此外，县域村庄中心性还呈现出一定的区域不均衡特征，如龙舟坪镇的津洋口村与县域35个村庄存在引力联系，而火烧坪乡的青树包村仅与7个村庄存在联系（如表3.35所示）。

表 3.35　长阳县各乡镇最大点度中心度村庄引力连线统计表

村庄排名	村庄名称	所属乡镇	绝对点度中心度	引力连线数量 / 条
1	津洋口村	龙舟坪镇	441.65	35
11	高家堰村	高家堰镇	38.85	33
14	救师口村	磨市镇	35.14	23
24	贺家坪村	贺家坪镇	22.90	22
28	大堰村	大堰乡	21.66	20
41	庄溪村	都镇湾镇	17.60	15
43	榔坪村	榔坪镇	16.22	15
56	资丘村	资丘镇	10.76	11
57	鸭子口村	鸭子口乡	10.55	8
58	渔坪村	渔峡口镇	9.90	11
89	青树包村	火烧坪乡	5.80	7

反向来看，中心性较弱的村庄则主要分布在远离镇区或其他自然隔断导致交通不便的地区，如鸭子口乡的古坪村、杨溪村，都镇湾镇的雪山河村、城五河村，资丘镇的竹园坪村等都是由于与镇区及周边村庄的交通通行不便导致中心性下降。而都镇湾镇的塘坊河村、樟木垒村、高桥村以及大堰乡的居溪村、三洞水村五个村庄位于清江河道形成的自然岛屿上，清江天然的交通隔断导致其与周边村镇联系性剧降，形成空间上的孤岛（如图3.64所示）。因此，对于长阳县乡村来讲，与城区、镇区空间距离的增加以及道路交通不便带来的空间联系制约效应是影响村庄中心性提升乃至村庄发展的主要因素。

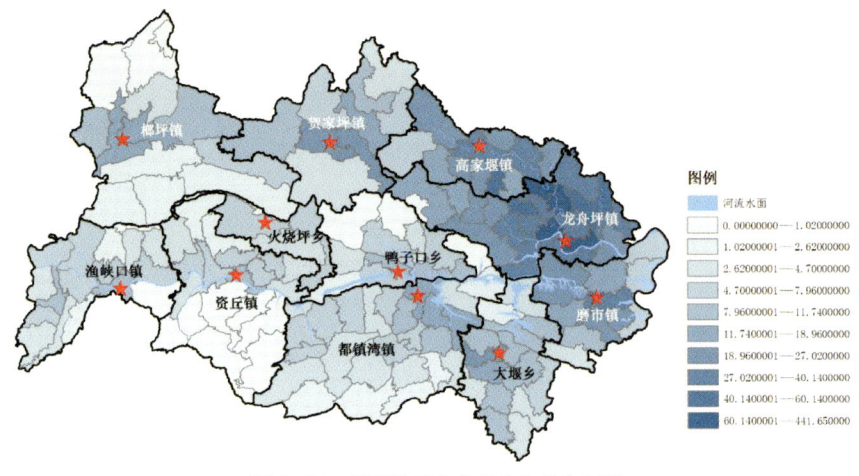

图3.64　长阳县村庄点度中心度分布图

(图片来源：作者自绘)

（2）接近中心度

对于城镇来说，乡镇与县城城区之间的通行联系为必要联系，即在社会网络分析中城镇节点之间必须保证其引力联系通道，而乡镇之间的联系则与村庄类似，即在合理的交通通行条件与通行时间范围内，乡镇之间存在联系，但超过某一通行联系临界值，而乡镇自身发展质量又不具备独立辐射其他乡镇的能力时，节点之间的联系断开。由此可见，县域城镇之间的接近中心度与其点度中心度存在一致性，这里不再单独对其进行指标测算。此处对县域乡村接近中心度测度主要在村庄层面展开。

长阳县村庄平均点出度与点入度仅相差0.002，表明村庄整体处于集聚与扩散均衡的状态，究其原因，这与长阳县村庄整体发展质量不高、村庄内生性发展有关。县域层面村庄出度中心度（点出度）与入度中心度（点入度）较高的区域集中在龙舟坪镇、高家堰镇以及磨市镇三镇，上述三镇之间具备一定程度的区域交通一体化的特征，表明区域交通一体化对于村庄接近中心度的整体提升较为有利，如龙舟坪镇村庄入度中心度与出度中心度最低的是郑家榜村，但其指标也达到了11.452、11.469。而入度中心度与出度中心度较低的村庄主要集中在资丘镇、都镇湾镇、鸭子口乡以及火烧坪乡的边缘地区，这与点度中心度呈现出来的整体特征一致。入度中心度与出度中心度指标最低的村庄为九龙村，指标分别为0.649、0.649（如表3.36、图3.65所示）。

表 3.36　长阳县村庄接近中心度表

村庄排名	村庄名称	入度接近中心度	出度接近中心度
1	龙舟坪村	12.470	12.480
2	厚丰溪村	12.439	12.459
3	刘家坳村	12.429	12.439
4	刘家冲村	12.429	12.439
5	王子石村	12.419	12.439
6	何家坪村	12.399	12.409
7	西寺坪村	12.389	12.389
8	津洋口村	12.379	12.399
9	高家堰村	12.359	12.359
10	邓家坝村	12.359	12.369
11	黄家坪村	12.349	12.359
⋮	⋮	⋮	⋮
147	中溪村	8.257	8.257
148	对舞溪村	7.654	7.654
149	黄柏山村	7.654	7.654
150	古坪村	0.654	0.654
151	杨溪村	0.654	0.654
152	陈家坪村	0.654	0.654
153	竹园坪村	0.650	0.650
154	九龙村	0.649	0.649
平均入度接近中心度为 10.423，平均出度接近中心度为 10.425			

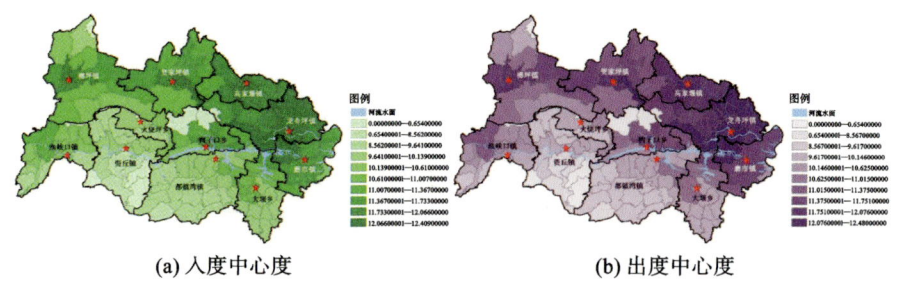

(a) 入度中心度　　　　　　　　(b) 出度中心度

图 3.65　长阳县村庄接近中心度分布图

(图片来源：作者自绘)

（3）中间中心度

中间中心度反映了村庄作为联系节点在与其他节点存在连通情况时所起到的中介作用的大小。长阳县村庄中间中心度的空间分布格局与点度中心度、接近中心度一致，即形成了典型的"核心—边缘"结构，且从空间上依托沪渝高速和清江形成两条中心度较高的区域（如图3.66所示）。对比村庄入度中心度与出度中心度（如表3.37所示），其平均值保持一致，均为47.51，考虑到长阳县村庄发展的整体质量较低的特点，说明村庄整体发展呈现出了低水平均衡的特征。

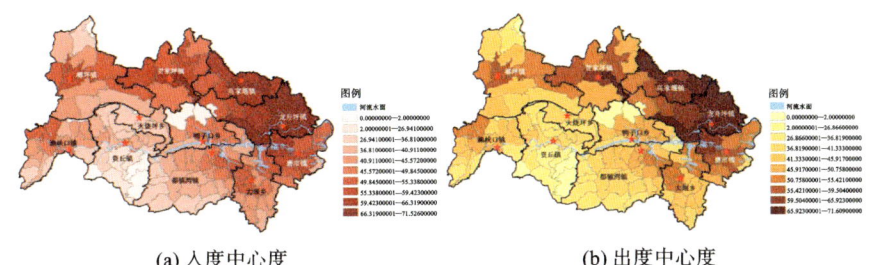

(a) 入度中心度　　　　　　　　　(b) 出度中心度

图3.66　长阳县村庄中间中心度分布图

（图片来源：作者自绘）

表3.37　长阳县村庄中间中心度表

村庄排名	村庄名称	入度中间中心度	出度中间中心度
1	龙舟坪村	71.526	71.609
2	西寺坪村	70.776	70.359
3	何家坪村	70.609	70.693
4	津洋口村	70.609	70.193
5	高家堰村	70.562	70.112
6	刘家坳村	69.859	69.943
7	刘家冲村	69.859	69.943
8	王子石村	69.359	69.943
9	邓家坝村	68.943	69.026
10	黄家坪村	68.443	68.526
11	晒鼓坪村	68.443	68.526
⋮	⋮	⋮	⋮
147	中溪村	26.941	26.866

村庄排名	村庄名称	入度中间中心度	出度中间中心度
148	对舞溪村	22.821	22.778
149	黄柏山村	22.821	22.778
150	古坪村	2	2
151	杨溪村	2	2
152	陈家坪村	2	2
153	竹园坪村	2	2
154	九龙村	1	1
平均入度中间中心度为 47.51，平均出度中间中心度为 47.51			

　　与其他两种中心度指标测度结果不一致的是，县域层面局部乡镇出现了非镇区所在村庄中间中心度高于镇区所在村庄中间中心度的局面（如图3.67所示），如贺家坪镇的渔泉溪村的中间中心度为67.062，而镇区所在的贺家坪村中间中心度为62.125；磨市镇的花桥村比镇区所在的救师口村高出6.82；都镇湾镇的晓溪村比镇区所在的庄溪村高出6.89。这反映出，个别村庄优越的地理区位条件已经在村庄层面转化为优势的中介连接功能，映射到村庄所在县域村庄联系网络中，则体现为网络中心性的提升和节点地位的凸显。

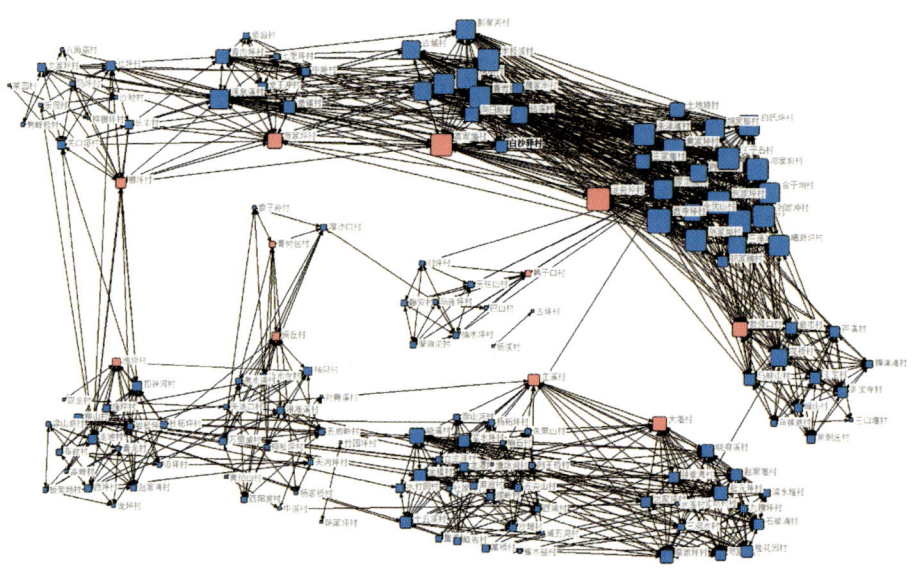

图 3.67　长阳县村庄网络关系中间中心度结构图

（图片来源：作者自绘）

3.3.4.4　网络凝聚子群分析

（1）村庄网络凝聚子群分析

村庄网络凝聚子群分析是基于村庄关联性进行的节点要素相似性归类，即对村庄网络进行"同宗"、"同组"的类型化划分。对县域村庄进行网络凝聚子群分析可以有效地从村庄引力关联网络中对具备一定相似性的村庄进行精准归类，可以为后续村庄空间体系的功能区划以及对应规划路径的提出提供科学依据。

①长阳县村庄网络凝聚子群分析。

将前述得到的村庄引力矩阵导入UCINET 6.0软件，选择软件网络分析工具"Network"中的"Roles & Positions"工具对长阳县村庄进行"Structural—Concor"算法分析，最终得到长阳县村庄的网络凝聚子群结构图（如图3.68所示）。

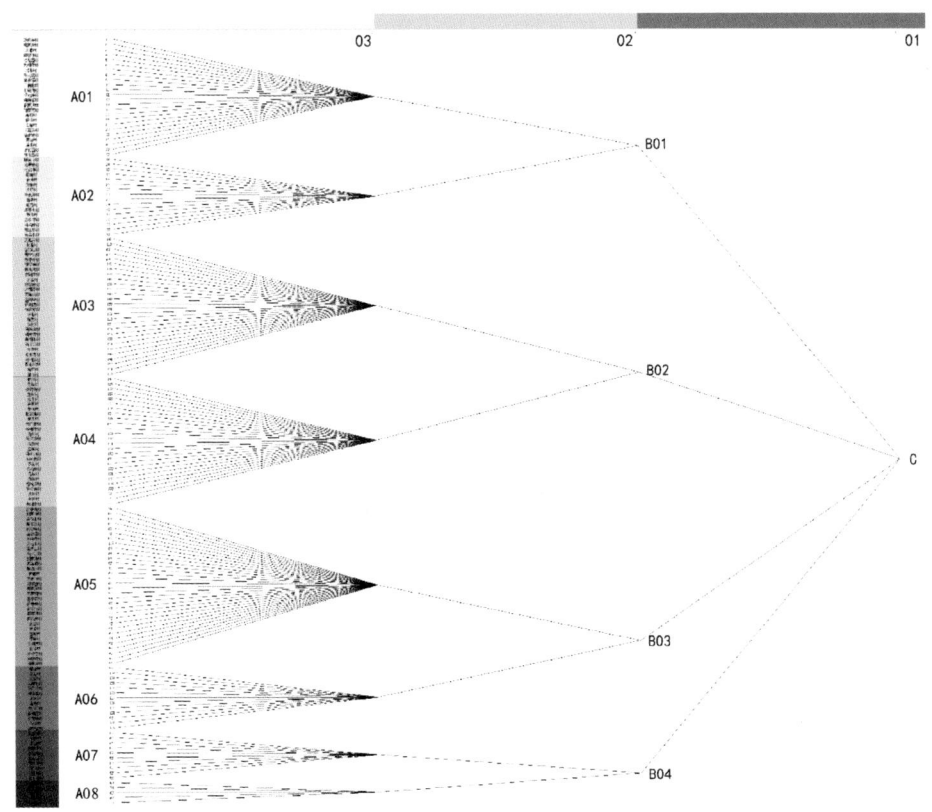

图3.68　长阳县村庄网络凝聚子群结构图

（图片来源：作者自绘）

在长阳县村庄的网络凝聚子群结构中，11个乡镇的154个行政村被分为3个等级，其中，一级子群1个，二级子群4个，三级子群8个。三级子群的空间尺度与乡镇一级类似，但对比长阳县已有的11个乡镇的行政区划，发现在村庄网络凝聚子群分析结果中有一定程度的要素重分类的现象，这也反映出县域乡村空间联系构建可以破除行政边界进行跨区域引导整合。

长阳县的龙舟坪镇、磨市镇、大堰乡、鸭子口乡、火烧坪乡、渔峡口镇6个乡镇维系了其空间地域内村庄凝聚子群的统一性，即镇域范围内村庄仅存在一种子群属性，这表明乡镇镇区对所辖村庄具备较强的吸引作用，同时村庄之间在资源禀赋以及空间区位等方面具有一定程度的同质性（如图3.69所示）。而高家堰镇、贺家坪镇、榔坪镇、都镇湾镇、资丘镇5个乡镇镇域内存在2—3种子群属性。观察异类子群属性村庄的空间分布可以发现，部分异类子群内的村庄位于远离乡镇镇区中心的边缘地带，村庄由于与所属管辖乡镇镇区通行条件的限制，转向与邻近乡镇村庄构建引力连接（A04），如榔坪镇的八角庙村、乐园村、沙地村、秀峰桥村，资丘镇的天河坪村等。

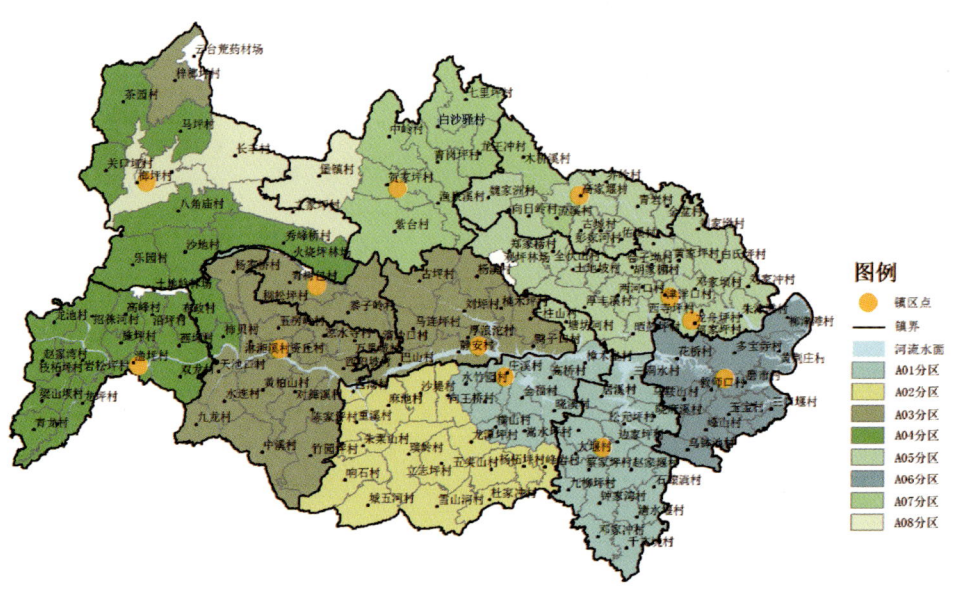

图3.69　长阳县现状村庄网络凝聚子群初步区划图

（图片来源：作者自绘）

部分围绕镇区中心发展条件较好的村庄依托优越的交通条件与长阳县城区进行引力连接，空间上形成一体化的凝聚子群（A05），如高家堰镇的镇区所在的高家堰村及其周边的青岩村、金盆村、古城村、彭家河村、佑溪村、界岭村等。另外，部分远城区的乡镇在局部便利的交通联系下也形成一定规模的一体化凝聚子群，如都镇湾镇镇区所在的庄溪村连同周边的金福村、横山村、晓溪村、十五溪村、樟木垒村、嵩水坪村等村庄与邻近的大堰乡形成了一体化的凝聚子群（A01），贺家坪镇的堡镇村与榔坪镇沪渝高速沿线村庄形成一体化凝聚子群（A08）。

②村庄网络凝聚子群结果校正。

为排除统计数据在村庄引力赋值计算过程中的错误，对长阳县村庄网络凝聚子群的分析结果中出现的某些偏差进行进一步的校正。

高家堰镇的流溪村是临近高家堰镇镇区的一个村庄，进行引力计算时村庄与镇区联系的道路尚未开通，而采用的第三次全国国土调查数据也存在地类统计滞后性，导致其通行时间拉长，影响了其与镇区之间的引力值计算，这里用百度地图、高德地图等软件中村庄实时通行时间数据重新对其引力测算结果进行校核，最终将流溪村从A07子群调整至高家堰镇镇区所在的A05子群。

贺家坪镇的堡镇村由于空间上远离贺家坪镇镇区且与周边村庄交通联系性较差，同时在地形地貌上与榔坪镇所在区域同属于高山谷地地形，因此，在村庄网络凝聚子群分析中出现了脱离贺家坪镇与A08凝聚子群形成联系的现象，这里对堡镇村在前述村庄网络凝聚子群分析结果中的归属定位不做调整。

榔坪镇镇域范围内存在两种不同的凝聚子群，关口垭村、茶园村、马坪村由于与所属乡镇镇区道路交通不畅，通过长阳县行政边界以外的榔水线（二级公路）与渔峡口镇的部分村庄（招徕河村、龙池村、赵家湾村）构建了区外联系，由此造成了村庄脱离榔坪镇范围与A04子群进行联系的现象。同时，乐园村、沙地村、八角庙村、秀峰桥村由于临近渔峡口镇且在地形地貌上与A04子群存在相似性，因此被归为A04子群的一部分。以上村庄与关联的村庄之间不存在强连接的现象，因此，将进行区外联系的梓榔坪村、茶园村、关口垭村、马坪村重新划归至榔坪镇所在的A08凝聚子群。而榔坪镇的乐园村、沙地村、八角庙村、秀峰桥村则继续保留在A04凝聚子群内（如图3.70、表3.38所示）。

图 3.70　长阳县现状村庄网络凝聚子群区划图（校正后）

（图片来源：作者自绘）

表 3.38　长阳县村庄网络凝聚子群分布表

凝聚子群分类			村庄名称	所属乡镇
一级子群	二级子群	三级子群		
C	B01	A01	边家坪村、蔡家坪村、大堰村、邓家冲村、桂花园村、九柳坪村、居溪村、千丈坑村、清水堰村、三洞水村、石磴淌村、松元坪村、晓麻溪村、赵家堰村、钟家湾村	大堰乡（15 个）
			晓溪村、金福村、樟木垒村、水竹园村、高桥村、横山村、庄溪村、十五溪村、嵩水坪村	都镇湾镇（9 个）
		A02	重溪村、龙潭坪村、沙堤村、立志坪村、峰岩村、麻池村、城五河村、五尖山村、西湾村、响石村、向王桥村、璞岭村、雪山河村、杨柘坪村、杜家冲村、朱栗山村	都镇湾镇（16 个）
	B02	A03	溜沙口村、青树包村、黍子岭村	火烧坪乡（3 个）
			杨溪村、楠木坪村、马连坪村、鸭子口村、天柱山村、巴山村、静安村、刘坪村、古坪村、厚浪沱村	鸭子口乡（10 个）
			天池口村、凉水寺村、淋湘溪村、柳松坪村、泉水湾村、水连村、陈家坪村、对舞溪村、中溪村、西阳坡村、杨家桥村、资丘村、五房岭村、万里城村、黄柏山村、九龙村、竹园坪村	资丘镇（17 个）

凝聚子群分类			村庄名称	所属乡镇
一级子群	二级子群	三级子群		
C	B02	A04	天河坪村、柿贝村	资丘镇（2个）
			施坪村、板凳坳村、龙池村、龙坪村、青龙村、双龙村、西坪村、高峰村、梁山坝村、布政村、岩松坪村、沿坪村、渔坪村、招徕河村、赵家湾村、枝柘坪村	渔峡口镇（16个）
			八角庙村、沙地村、乐园村、秀峰桥村	榔坪镇（4个）
	B03	A05	全伏山村、晒鼓坪村、刘家坳村、刘家冲村、王家棚村、西寺坪村、郑家榜村、龙舟坪村、白氏坪村、邓家坝村、合子坳村、何家坪村、厚丰溪村、胡家棚村、三渔冲村、土地坡村、王子石村、津洋口村、朱津滩村、黄家坪村、两河口村	龙舟坪镇（21个）
			高家堰村、古城村、界岭村、金盆村、彭家河村、青岩村、佑溪村、流溪村、木桥溪村	高家堰镇（9个）
			塘坊河村	都镇湾镇（1个）
		A06	峰山村、多宝寺村、芦溪村、花桥村、马鞍山村、救师口村、乌钵池村、玉宝村、磨市村、黄荆庄村、三口堰村、柳津滩村	磨市镇（12个）
	B04	A07	龙王冲村、青岗坪村、白沙驿村、贺家坪村、紫台村、七里坪村、中岭村、渔泉溪村	贺家坪镇（8个）
			向日岭村、魏家洲村	高家堰镇（2个）
		A08	堡镇村	贺家坪镇（1个）
			榔坪村、长丰村、社坪村、文家坪村、梓榔坪村、关口垭村、茶园村、马坪村	榔坪镇（8个）

（2）城镇中心对村庄网络凝聚子群的集聚强化作用的衰退

结合当前长阳县村庄整体发展质量不高的背景，以及村庄综合发展质量差异分布，不难发现，县域内发展综合质量较高的村庄往往聚集在城区或镇区周围，这是因为城镇中心带来的要素集聚具备一定的扩散性，周边村庄在保持与城镇中心的交通可达性基础上接纳了城区人口与资源的节点集聚，进而形成发展质量较高的圈层。但是对于长阳县这一典型的欠发达山区县市来说，特殊的地理区位条件造成其城镇中心难以为村庄提供全面发展的支撑性，即在空间上难以提供吸引辐射所辖所有村庄的城镇中心，加之部分城镇在山地、河流等自然地形隔断下形成"偏心式"空间区位，进一步紧缩了城镇中心的空间辐射范围，导致乡村空间联系网络的离散性进一步加剧，出现镇域范围内的网络凝聚子群分化。

（3）道路交通对村庄网络凝聚子群的正向推动影响

除城镇中心性影响外，乡村联系性的构建更多地体现在交通导向的正向影响方面。交通引导下的县域局部地区村庄可以破除镇级行政界线的束缚，形成跨乡镇一级的联系，这一点在长阳县清江以南地区的远城区、远镇区村庄中体现得较为突出。这说明在远城区、远镇区等城镇中心辐射性较弱的村庄中，道路交通的导向作用对中心衰退性村庄的网络凝聚子群形成具有较强的补充性。结合村庄综合质量评价结果，发现这类村庄也是县域发展较为落后的村庄，因此，交通导向下的村庄联系性构建是一种弱城镇影响下的村庄"弱势抱团"以增强其内生性联系的空间现象。

（4）行政区划对村庄网络凝聚子群的反向弱化影响

行政区划从行政管理体系上界定了村庄与城镇的等级管辖关系，但山区的自然环境条件对原有的行政区划刚性引导乡村空间网络体系构成具有反向弱化作用，在空间层面主要体现在村庄跨行政界线的网络凝聚子群的构建，行政区划的约束力已经不能完全主导村庄空间联系导向。传统的基于行政区划的村庄社会经济发展、村庄建设规划并非完全能够契合村庄发展的客观需求，而基于村庄引力联系的网络凝聚子群分析，则从村庄联系性的客观角度出发，为原有的行政区划指导下的村庄空间体系构建提供了一种更为精准的补充。

4

长阳县不同层级乡村空间组织优化路径

4.1 县域乡村空间组织优化目标

4.1.1 对县域乡村发展战略目标的响应

作为鄂西武陵山区典型的欠发达县市，长阳县乡村发展承载着乡村振兴与精准扶贫的双重任务。近些年来，长阳县在生态旅游服务产业迅速发展的同时，逐步扭转了农业经济主导县域产业发展的局面，县域产业在一定程度上呈现出一二三产业协同发展的特征。但整体来看，长阳县经济发展存在规模总量较小、产业能级较低的特点，同时传统种植业在农业产业结构中分量较重，乡村产业内向化缓慢发展导致"十三五"时期农村全面脱贫任务艰巨，乡村全面发展目标的实现需要从内外双向来谋划乡村发展的新格局。

4.1.1.1 大宜昌都市区一体化发展对长阳县乡村外向发展的战略提升

宜昌市全域规划空间结构图如图4.1所示，宜昌市自2014年开始实施以生态文明为指导思想的城乡统筹，在市域城乡空间结构构建方面提出构建大宜昌都市区的

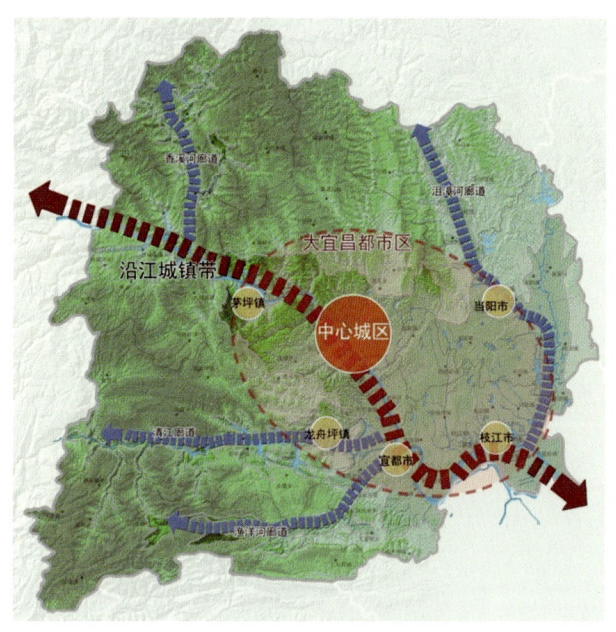

图 4.1　宜昌市全域规划空间结构图

（图片来源：作者自绘）

战略构想，长阳县龙舟坪镇作为宜昌市都市区五个副中心之一被纳入都市区一体化发展统筹范围。宜昌都市区产业规划结构图如图4.2所示，从宜昌市第二、三产业发展的整体格局来看，宜昌市沿长江形成工业主导的滨江发展主轴线，而长阳县由于生态环境影响偏离都市区工业发展廊道，县域工业发展体量较小。宜昌市第三产业发展主要集中于旅游及相关产业，长阳县在宜昌市旅游产业发展方面扮演着重要角色，县域范围内分布有著名的清江画廊5A级风景区及清江方山4A级风景区，长阳县已经成为宜昌市域范围内除中心城区以外的核心旅游目的地。

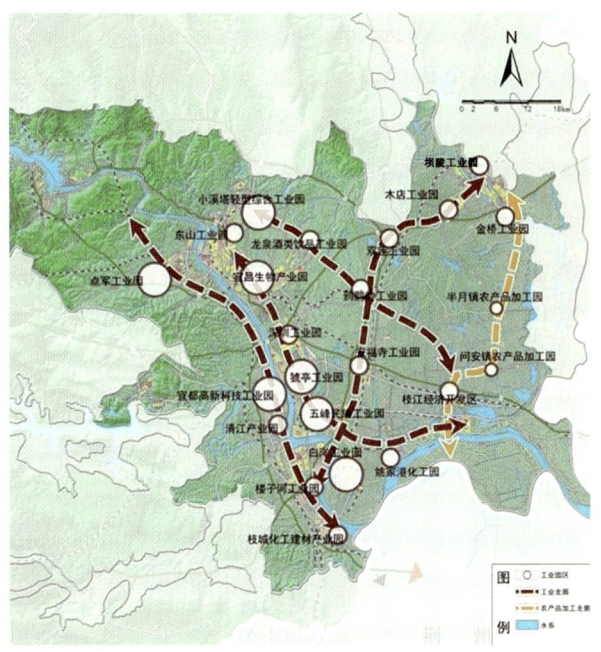

图4.2　宜昌都市区产业规划结构图

(图片来源：作者自绘)

在大宜昌都市区一体化发展背景下，长阳县乡村内向化发展趋势有所改观。随着长阳县至宜昌市中心城区道路基础设施条件的完善，长阳县在生态旅游等方面的资源优势扩大释放，宜昌市中心城区为长阳县乡村发展提供了强有力的大城市中心地辐射支撑，并外向性拓展了乡村产业销售市场。此外，从区域产业结构来看，长阳县依托全域生态发展的理念逐步形成完善的旅游服务体系，与周边邻近城市形成错位协同的关系，宜昌市沿江地区形成工业产业的集聚，而长阳县则依托旅游产业形成服务业发展高地，乡村地区在县域内部具有区域影响力的大型景区带动下逐步实现了市场外向扩大化，乡村地区的发展动能被进一步激发。

4.1.1.2　县域乡村空间体系组织优化对长阳县扶贫脱贫工作的支撑作用

鄂西武陵山区曾是湖北省贫困人口最多、贫困程度最深、少数民族最集中地区[2]，长阳县作为"十三五"时期的国家级贫困县，其脱贫攻坚任务艰巨。2014年长阳县域贫困人口总数为94735人，占农村总人口的28.03%，这一比例远高于当年国家贫困发生率8.5%①。而从长阳县致贫因素来看（如图4.3所示），除因病、缺技术、因学三大主要因素以外，乡村交通制约性也成为乡村贫困的一大影响要素。

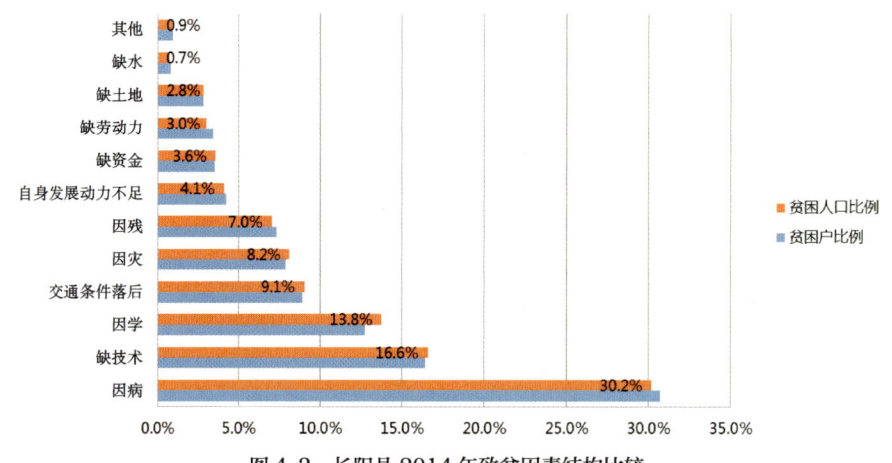

图4.3　长阳县2014年致贫因素结构比较

（图片来源：2014年长阳县建档立卡农户数据）

在《武陵山片区区域发展与扶贫攻坚规划（2011—2020年）》、《武陵山片区长阳土家族自治县区域发展与扶贫攻坚实施规划（2011—2020年）》等规划的指引下，经过多年扶贫攻坚，长阳县域乡村发展的空间环境已有较大改善，乡村地区逐渐实现了涉及产业、土地整理、村庄人居环境、道路基础设施与公共服务设施等内容的全面提升，乡村地区以产业发展带动空间要素生产效率提升。从长阳县乡村空间体系来看，长阳县域层面逐步形成了几大功能区块，如北部沪渝高速与318国道沿

① 资料数据来源为长阳县扶贫办贫困人口统计信息。

线形成乡村产业发展轴带，在火烧坪乡与贺家坪镇片区逐步形成以蔬菜种植加工为主的产业板块，在清江沿线的乡村地区依托清江旅游生态资源形成乡村旅游与特色种植产业板块等。同时，在农业生产方式上，以专业合作社的形式发展集中规模化产业的现象日渐增多，并在地域空间层面形成跨地域行政边界的村庄功能共同体，如在318国道高家堰镇沿线乡村地区，已经形成观赏类树木种植的产业集群。

4.1.2 长阳县乡村空间组织优化面临的矛盾与问题

4.1.2.1 产业外向性发展不足导致乡村发展动力退化

长阳县域乡村空间体系组织优化面临的首要问题是县域产业外向性发展不足导致乡村发展动力退化。从区域发展格局来看，长阳县位于大宜昌都市区的外围功能协调圈层，产业区位处于沿江产业发展轴带的边缘辐射地带，县域产业发展虽具备一定的外向辐射力，但整体辐射能力较弱，产业发展的外向性特征不明显。作为武陵山区欠发达县市，长阳县域外向性较强的旅游服务业发展主要集中于核心景区周边，并未从县域层面对乡村旅游形成有效的促进机制，而以景区"点"状外延形成"连片"发展的格局。传统种植业在长阳县乡村产业结构中依然扮演重要角色，产业内向性发展使乡村空间要素在更大空间范围内流通的效率降低，乡村空间生产的动力及空间活力减弱，乡村空间内闭化的趋势未能根本改变。

4.1.2.2 中心城区地理区位偏移增加了乡村空间体系均衡构建的难度

长阳县中心城区位于县域东北部的边缘区，空间区位上偏离地理中心较多，同时从中心城区1小时通行圈覆盖地域范围来看，长阳县中心城区仅能覆盖县域37.6%的地域空间（如图4.4所示），城区对外围乡村地区的中心辐射带动作用不显著。中心城区尽端式的地理区位对长阳县域乡村空间体系的等级结构均衡化，以及公共服务设施及基础设施服务体系构建提出新的挑战。由于高级中心地空间辐射范围的缩减，长阳县乡村空间体系构建更多需要通过次级中心地数量及功能等级的提升实现对全域乡村的服务覆盖，对于欠发达的长阳县来说，在可支配资源极其有限的情况下，实现乡村空间体系的均衡构建存在较大难度。

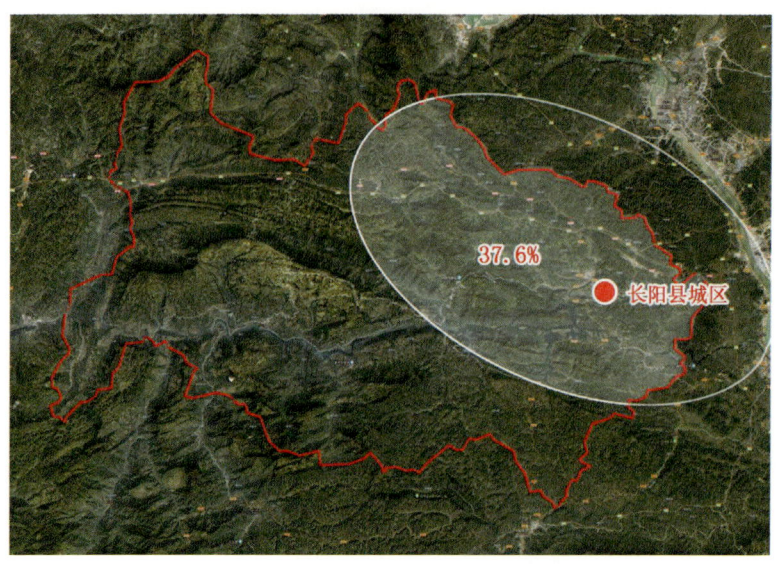

图 4.4　长阳县中心城区 1 小时通行圈

（图片来源：作者自绘）

4.1.2.3　交通制约下的乡村空间弱关联对乡村空间体系结构产生影响

武陵山区复杂的山地地貌增加了长阳县道路交通基础设施建设的难度，导致县域道路网密度较低及重大道路交通设施建设的滞后。截至本研究开展时，长阳县道路网密度为113千米每百平方千米，其中县道以上的干线道路网密度仅为17.66千米每百平方千米，通村道路网密度达到95.34千米每百平方千米，长阳县高等级路网密度并不发达。同时，县域跨越清江的联系桥梁仅有两座，县域南北两侧乡村空间隔断效应较强，县域交通制约下的村镇各级节点之间联系性退化问题日益突出。在县域产业内向化发展影响下，乡村基础生产单元向微观村落层级下沉，在道路交通条件尚不发达的情况下，村庄空间组织趋向于个体自闭，邻近村庄虽存在空间要素相似性，但村庄空间的近域关联性并不强，村庄之间功能协同的格局并未完全展现，乡村各级节点之间呈现出弱连接的状态。

4.1.3　对新的国土空间规划体系的响应

4.1.3.1　国土空间规划体系下村庄规划的内涵

国土空间规划是以空间资源的合理保护和有效利用为核心，从空间资源保护、空间要素统筹、空间结构优化、空间效率提升、空间权利公平等方面进行突破的一种新型规划[126]。在国土空间规划的"五级三类"规划体系中，村庄规划作为法定规划，是国土空间规划体系的重要组成部分。村庄规划是乡村地区开展国土空间开发保护活动、实施国土空间用途管制、核发乡村建设项目规划许可、进行各项建设等的法定依据。村庄规划一方面需要依据各级国土空间总体规划自上而下落实各类用地布局及控制指标，另一方面也需要针对村庄发展的现实需求，发挥村民建设主体作用，对空间规划的建设内容进行综合统筹。因此，村庄规划在编制内容方面需要具有前瞻性、科学性、操作性与实施性[127]，应当包括村庄发展定位及发展目标制定、村庄用地布局及管控红线划定、土地用途管控规则与要求、基层乡村空间治理配套政策四个方面[128]。

由此可见，国土空间规划体系下的村庄规划，是通过对乡村地域外部社会环境与村庄内在发展基础进行全面系统认知，挖掘乡村空间价值，以乡村生态安全与生态环境保护为前提，自上而下承接各级国土空间规划管控要求，统筹村庄地域内"三生"空间与社会文化要素，优化各类用地空间布局，划定空间管控红线，刚柔并济制定村庄用地管控准则，以此推进乡村空间治理与空间体系重构。

4.1.3.2　村庄规划对乡村振兴的支撑效应

党的十九大报告明确提出"产业兴旺、生态宜居、乡风文明、治理有效、生活富裕"的乡村振兴目标，目的在于扭转传统乡村单一生产价值的认知思维，通过对乡村功能的分类解构，挖掘乡村空间多元价值，以优势资源要素组织带动空间生产过程的思路，实现乡村经济振兴、生态重兴、社会复兴的全面发展道路。而国土空间规划体系下的村庄规划的编制实施，标志着原本分置的土地利用规划、村庄建设规划及其他专项规划在乡村地域实现了多元整合，使乡村在产业发展、人居环境更新与建设、村庄生态环境保护、社会文化服务保障等方面有据可依。在规划实施连续性方面，村庄规划坚持"一张蓝图干到底"的发展思路，保障乡村振兴战略实施拥有稳定、持续、高效的规划支撑。

4.1.3.3　长阳县乡村空间体系组织优化对国土空间规划体系的响应

（1）内容体系的高度一致性

乡村空间体系组织优化的内容具有体系穿透性。乡村空间体系组织优化的内容在层级上涵盖"县域—亚区域—行政村"三级，并最终通过居民点层级的空间要素组织落实各项用地空间布局要求，这与国土空间规划体系中"五级三类"规划内容体系具有一致性。从各层级空间优化内容来看，县域层级乡村空间功能结构布局及各主体功能单元区划是从宏观层面明确空间功能格局，制定体系优化的总体目标；亚区域层级协同村庄空间要素组织方式，以村庄发展质量及空间可达性联系为基础，优化乡村主体功能单元内村庄功能共同体的布局结构，并确定各功能共同体功能定位及空间要素组织方向。以上两个层级下的县域乡村空间体系组织优化内容与国土空间县、镇两级总体规划的内容具有较强的一致性。而微观村庄功能共同体层级中，落实宏观与中观层面村庄功能目标、协同村庄生产组织方式、以土地为基础组织空间要素等空间优化内容也与国土空间规划内容体系的详细规划内容基本一致。

（2）国土空间规划下的长阳县域乡村空间体系组织优化的重点内容

新的国土空间规划对乡村"三生"空间组织提出生产空间集约高效、生活空间宜居适度、生态空间山清水秀的总体要求，并针对乡村发展过程中的生态基底破碎、功能单一、组织低效、结构失稳等问题，通过土地用途管控与红线划定的方法，强化乡村发展的底线约束，并紧凑高效组织乡村空间生产，提升乡村空间价值与效益。因此，国土空间规划下的乡村空间体系组织优化重点内容需要从乡村空间要素组织、空间功能优化、空间结构体系重构三个方面展开：①县域乡村空间要素资源化、类型化、精细化与协同化的"集约复合"优化组织；②县域乡村空间功能布局组团化、单元化的"多元弹性"优化提升；③县域乡村空间结构体系"紧凑网络化"的优化重构。

4.2 基于网络凝聚子群分析的乡村主体功能区划

4.2.1 乡村主体功能区优化流程设计

长阳县乡村的三级结构中，县、村两级结构已基本明确，而原乡镇一级出现的行政边界对村庄区划的刚性约束效应下降，使部分村庄出现跨行政边界关联组织的现象，这表明基于县域乡村功能联系性的乡村功能区划需要与乡村所处自然地理条件、道路交通条件建立联动关系，需要在技术方法上将村庄网络凝聚子群分析结果与长阳县自然地形、道路交通设施建设情况进行相关性分析，进而精准得到各个功能区块的功能定位（如图4.5所示）。

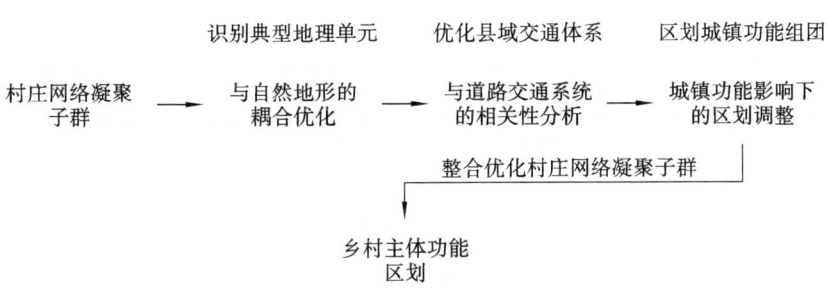

图 4.5　长阳县域乡村主体功能区划流程图

（图片来源：作者自绘）

4.2.2　乡村网络凝聚子群与自然环境的耦合

利用ArcGIS软件的空间自相关分析工具对长阳县村庄网络凝聚子群分布与自然地形进行相关性分析（如图4.6所示）。从结果来看，长阳县域层面村庄网络凝聚子群与自然地形的相关性难以进行整体描述，这是由县域较大的自然地形条件差异造成的，因此，这里将8个凝聚子群分区与各种对应的个体地理单元进行对比，结果发现局部地区村庄凝聚子群与地形条件呈现出高度契合的特征，且在空间上形成独立的统一空间单元。

4.2.2.1　自然地貌条件主导下的乡村功能区划

长阳的大堰乡与都镇湾镇镇区周边村庄联系较为紧密，且在地形上同处于低丘缓坡地带，因此，两个乡镇的村庄在空间上整合为独立的功能区块（A01）。A02村庄凝聚子群主要包含了都镇湾镇西部高山流域地区的部分乡村，在空间上并未与资丘镇连为一体。火烧坪乡、鸭子口乡、资丘镇所在A03村庄凝聚子群所处地理单元

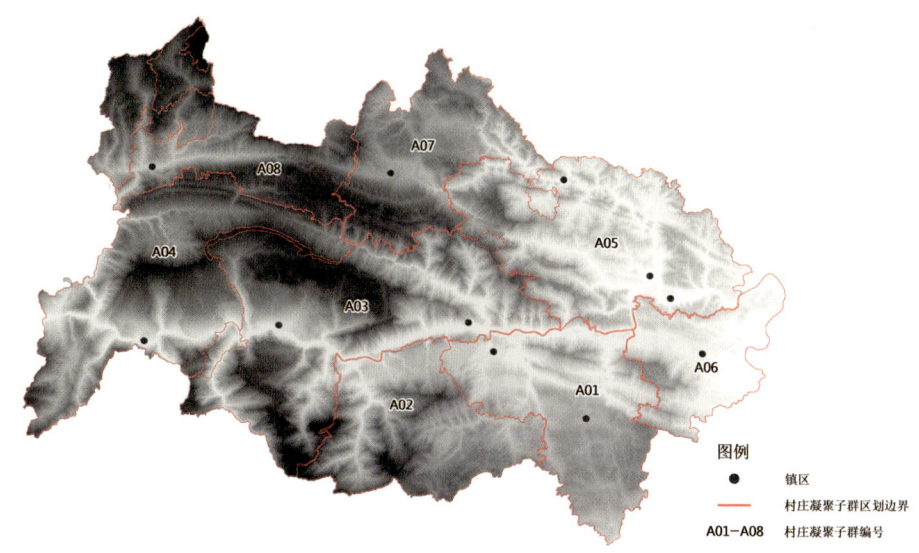

图 4.6　长阳县村庄网络凝聚子群与地形条件耦合图

(图片来源：作者自绘)

最为复杂，包括了高山缓坡低丘地形、流域山地、谷地地形等多种地形，但三个乡镇整合后的地理单元可以视为大空间尺度下的流域高山地形，因此同构为一个功能区块。A04村庄凝聚子群包含渔峡口镇与榔坪镇南部四个村庄及资丘镇少量村庄，地形上难以概括为一种典型地理单元，需进一步分析影响其形成的要素。A05村庄凝聚子群包含了中心城区所在的龙舟坪镇以及与其密切联系的高家堰镇，这是长阳县域典型的城镇一体化区域。清江沿线的磨市镇虽然在地形上与大堰乡、都镇湾镇相似，但由于清江水系及隔河岩水库的自然隔断，在空间上形成独立的功能单元（A06）。A07村庄凝聚子群主要包含了贺家坪镇的大部分村庄，在地理单元上可以概括为背山缓坡山地与低山丘陵地理单元。榔坪镇部分村庄在高山河流的影响下形成了独立的A08功能区块。整体上看，长阳县域村庄凝聚子群的形成与自然环境要素的关系最为显著，部分包括2—3种地理单元的村庄凝聚子群形成的影响因素需要结合后续其他相关性分析进行界定。

4.2.2.2　县域典型地理单元提取

结合长阳县自然地理条件对现有的村庄网络凝聚子群进行区划分类，初步得到长阳县乡村功能区划（如表4.1所示）。综观以八个村庄凝聚子群为基础区划的县域村庄主体功能区结果，可以发现，长阳县在地域环境方面存在五种较为典型的地理环境与凝聚子群高度耦合的空间功能单元（如表4.2所示），各种地理功能单元的乡村空间也呈现出了具有一定规律性的空间特征，这对后续山区乡村空间体系普适性路径的构建提供了一种指导思路。

表 4.1　基于自然地形条件的长阳县村庄功能区划表

村庄网络凝聚子群编号	主要地貌类型	包含村庄	典型地貌影像
A01	缓坡低丘（24 个）	边家坪村、蔡家坪村、大堰村、邓家冲村、桂花园村、九柳坪村、居溪村、千丈坑村、清水堰村、三洞水村、石磴淌村、松元坪村、晓麻溪村、赵家堰村、钟家湾村、晓溪村、金福村、樟木垒村、水竹园村、高桥村、横山村、庄溪村、十五溪村、嵩水坪村	
A02	滨水缓坡山地；流域山地（16 个）	重溪村、龙潭坪村、沙堤村、立志坪村、峰岩村、麻池村、城五河村、五尖山村、西湾村、响石村、向王桥村、璞岭村、雪山河村、杨柘坪村、杜家冲村、朱栗山村	
A03	高山缓坡丘陵、山地；小流域山地（30 个）	溜沙口村、青树包村、黍子岭村、杨溪村、楠木坪村、马连坪村、鸭子口村、天柱山村、巴山村、刘坪村、古坪村、厚浪沱村、天池口村、凉水寺村、淋湘溪村、柳松坪村、泉水湾村、水连村、陈家坪村、对舞溪村、中溪村、静安村、西阳坡村、杨家桥村、资丘村、五房岭村、万里城村、黄柏山村、九龙村、竹园坪村	
A04	高山丘陵、平坝；背坡山地、丘陵（22 个）	天河坪村、柿贝村、施坪村、板凳坳村、龙坪村、龙池村、青龙村、双龙村、西阳村、高峰村、梁山坝村、布政村、岩松坪村、沿坪村、渔坪村、招徕河村、赵家湾村、枝柘坪村、八角庙村、沙地村、乐园村、秀峰桥村	

村庄网络凝聚子群编号	主要地貌类型	包含村庄	典型地貌影像
A05	小流域山地、滨水谷地；山地（31个）	全伏山村、晒鼓坪村、刘家坳村、刘家冲村、王家棚村、西寺坪村、郑家榜村、龙舟坪村、白氏坪村、邓家坝村、合子坳村、何家坪村、厚丰溪村、胡家棚村、三渔冲村、土地坡村、王子石村、津洋口村、朱津滩村、黄家坪村、两河口村、高家堰村、古城村、界岭村、金盆村、彭家河村、青岩村、佑溪村、流溪村、木桥溪村、塘坊河村	
A06	滨水缓坡微丘群（12个）	峰山村、多宝寺村、芦溪村、花桥村、马鞍山村、救师口村、乌钵池村、玉宝村、磨市村、黄荆庄村、三口堰村、柳津滩村	
A07	背山缓坡山地；低山缓坡丘陵（10个）	龙王冲村、向日岭村、魏家洲村、青岗坪村、白沙驿村、贺家坪村、紫台村、七里坪村、中岭村、渔泉溪村	
A08	流域谷地、山地（9个）	堡镇村、椰坪村、长丰村、社坪村、梓榔坪村、关口垭村、茶园村、马坪村、文家坪村	

资料来源：作者自绘。

表4.2　长阳县典型微观地理空间单元一览表

单元编号	单元类型	单元空间范围	单元特征	单元图示
1	缓坡微丘群	大堰乡、磨市镇全域，都镇湾镇一部分	空间要素分布呈现大分散小集中、均质化特征，乡村功能同质化，且中心集聚效应不显著	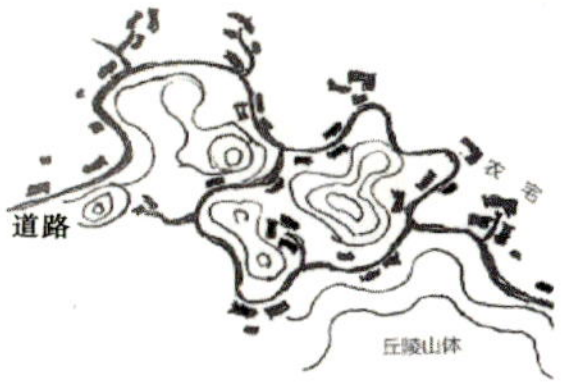

单元编号	单元类型	单元空间范围	单元特征	单元图示
2	山地小流域	资丘镇、渔峡口镇以及龙舟坪镇沿头溪沿线一带	资源要素向低海拔地区集聚,但并未形成显著的中心集聚效应。同时乡村空间交通导向性较强,呈现出枝状小组团式的空间分布	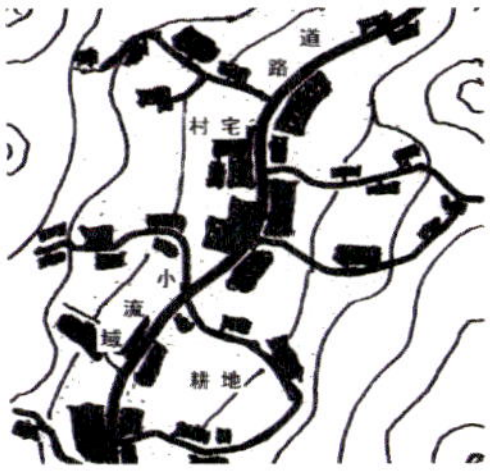
3	高山微丘平坝	火烧坪乡、渔峡口镇局部	资源要素分布均质化,但高海拔地区交通制约效应显著,相比缓坡微丘群类村庄,其空间具有一定的内向性和封闭性	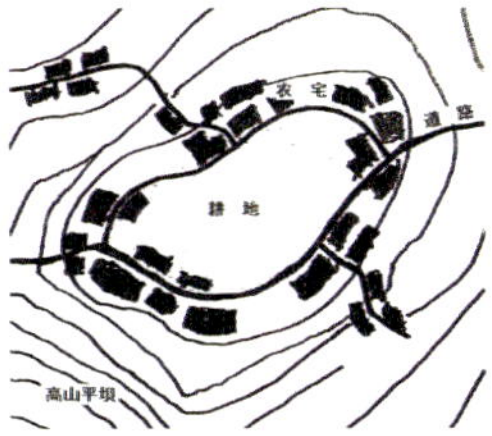
4	高山谷地	高家堰镇、贺家坪镇、榔坪镇一线	空间要素向低海拔谷地低丘地区倾斜,并在节点位置形成具有中心性的集聚单元	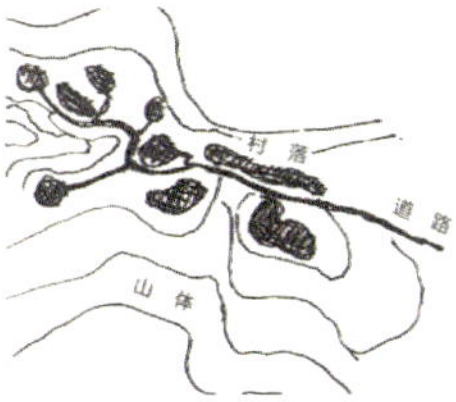
5	孤地岛屿	鸭子口乡、都镇湾镇、龙舟坪镇的部分地区	自然地理隔断导致空间要素流通通道断裂,空间上形成孤立、自我联系的岛屿型地理单元	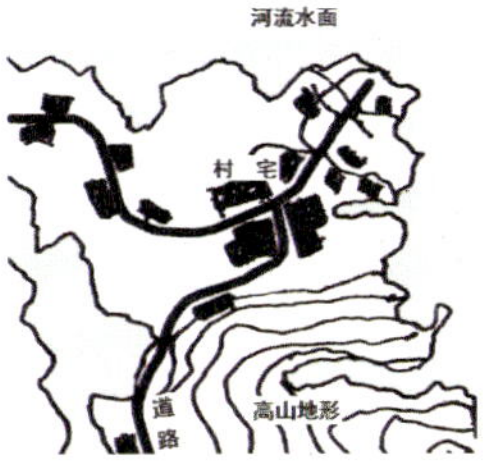

资料来源: 作者自绘。

4.2.3 乡村网络凝聚子群与道路交通系统的耦合

通过前述分析发现,高级别道路与低级别的乡道和通村道路建设对于长阳县域乡村空间组织形成的影响作用不同,因此,这里将八大村庄凝聚子群与内部道路分布情况进行归类统计,并以乡道为划分标准,分类统计高等级道路及低等级道路的通行里程与路网密度,并与县域村庄综合质量图进行耦合分析(如表4.3、图4.7、图4.8所示)。

表 4.3 长阳县乡村道路通行里程统计表

村庄网络凝聚子群编号	村庄个数/个	道路通行里程 / 千米				路网密度/（千米/千米²）
		高速公路（县级）	国道、城市道路（县级）	省道、县道（乡镇级）	乡道、通村道路（村级）	
A01	24	0	0	81.87	884.52	2.46
A02	16	0	0	52.41	435.13	1.38
A03	30	0	0	16.84	1132.54	1.60
A04	22	0	6.54	91.67	1372.29	2.33
A05	31	36	130.40	135.73	425.21	1.34
A06	12	0	7.43	46.10	486.60	2.46
A07	10	21	37.28	45.44	586.89	1.97
A08	9	39	29.30	60.55	420.61	2.28

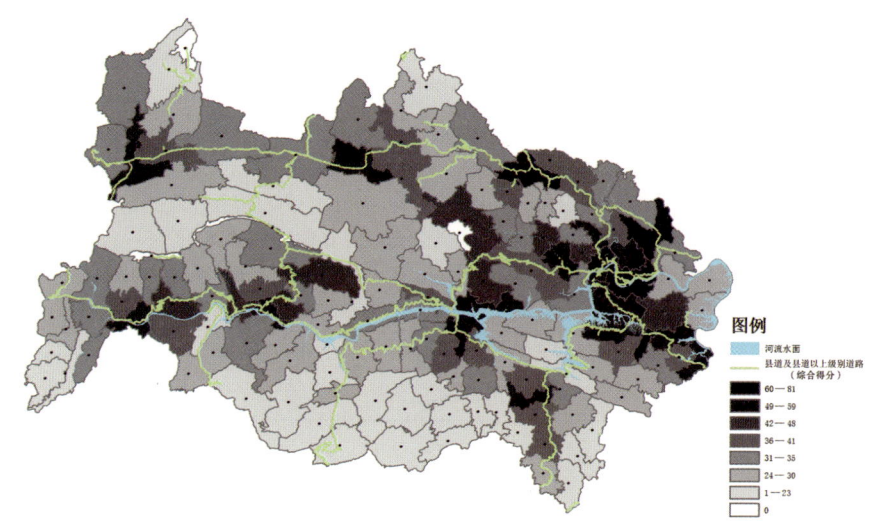

图 4.7 长阳县县道及以上级别道路与村庄综合质量耦合图

（图片来源：作者自绘）

可以看出，作为城乡功能一体化程度最高的龙舟坪镇—高家堰镇（A05）村庄凝聚子群，其路网密度以及村均通行总里程却是八个功能子群中最低的，其原因是该子群在低等级道路基础设施建设方面与其他功能子群存在较大差异，功能子群内部密集的县道、省道、国道、高速公路等高等级道路串联起各个村庄，使乡村地域

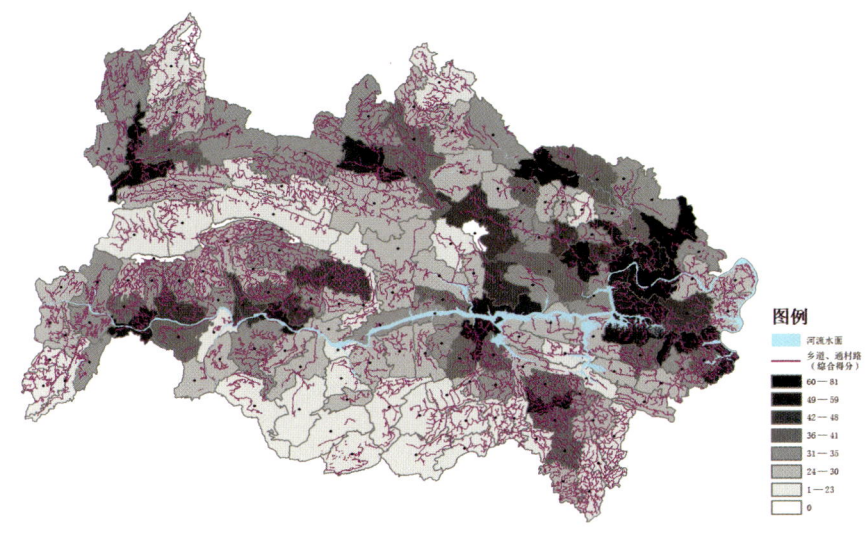

图4.8　长阳县乡道、通村道路与村庄综合质量耦合图

(图片来源：作者自绘)

与发展较好的城区、镇区构建起内在要素流通、功能整合的网络化共同体。

对于鄂西欠发达山区乡村来说，不同类型道路基础设施建设带来的空间整合效益是不同的，高等级的道路基础设施建设对村庄发展和空间体系构建具有决定性作用，单纯通过完善低级别通村道路网并不能扭转村庄内生性发展与空间内闭化的趋势。乡村空间体系协同不同功能子群的高等级路网结构，以及桥接各功能子群中重要节点之间的高等级路网体系，对县域乡村交通设施建设进行梯度化层级统筹，将是未来构建鄂西欠发达山区县域乡村空间体系走向整体化与网络化的重要途径。

4.2.4　乡村网络凝聚子群与城镇功能的耦合

基于自然地理条件进行的乡村功能区划，是基于村庄所处生态环境角度进行的单要素基础性相关性分析，得到的乡村功能区划是一种轮廓性的结构划分。但对于鄂西欠发达山区乡村来说，城乡空间结构是符合中心地理论与"核心—边缘"理论范畴的圈层式结构，虽然受山区地理环境以及村庄发展水平制约，呈现出城镇核心辐射圈层边界收缩的特征，但城镇功能的辐射影响仍然是带动乡村空间体系组织优化的重要推动力。

城镇功能对乡村空间的影响主要包含以下三种情况（如图4.9所示）：①城镇化推动城区空间地域范围扩大，部分乡镇与村庄进入县城空间统筹范围，乡村功能转向城镇功能发展（S_1区域）；②城镇空间扩展，部分村庄纳入城镇空间统筹范围（S_2区域）；③城镇空间萎缩或维持原状，乡村居住空间维系原状（S_4区域）。此处将①与②两种情况作为长阳县深化已有乡村功能区划的工作重点。

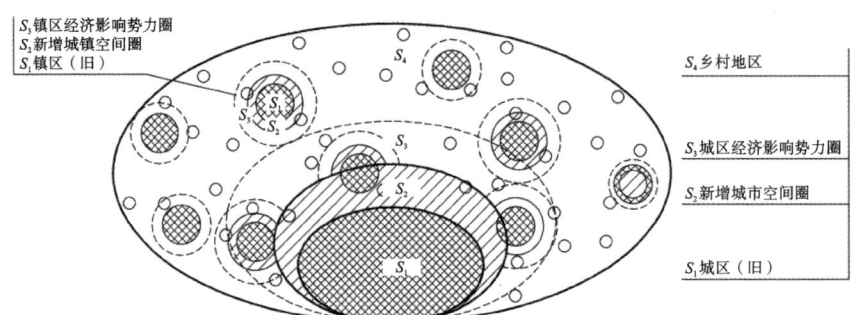

图4.9　乡村空间对城镇功能辐射的空间响应示意

（图片来源：作者自绘）

4.2.4.1　城乡功能融合区划分

在长阳县村庄引力分析中提到，长阳县村庄活力出现围绕村民生产圈层向微观自然村湾层级聚集的现象，即集中在15—30分钟通行圈的空间范围活动，同时考虑县城对乡村影响作用存在等级跃迁效应，在长阳县域乡村通行时间栅格基础上，放大城区空间辐射范围边界，采用30分钟通行时间的上限阈值进行城区功能辐射区域的划定，围绕中心城区所在的龙舟坪村，进行30分钟可达性村庄筛选，最终确定城区功能辐射的城郊融合型乡村功能单元范围。

长阳县城所在A05村庄网络凝聚子群内，与城区所在的龙舟坪村通行时间处于30分钟以内的村庄共有15个，通行时间在30分钟至60分钟之间的有14个，因此，这里将通行时间在30分钟以内的15个村庄（含龙舟坪村）划定为长阳县城乡功能融合区，通行时间在30分钟至60分钟之间的14个村庄划定为城乡功能协调区（如图4.10、表4.4所示）。城乡功能融合区空间范围所覆盖的各个村庄，未来乡村发展以城乡一体化方向为主，村庄的功能属性更多地向城镇性进行转换。

图 4.10　长阳县城区功能辐射乡村空间分布图

(图片来源：作者自绘)

表 4.4　长阳县城乡功能融合区等村庄统计一览表

村庄网络凝聚 子群编号	城乡功能融合区（15个） （$T \leqslant 30\ \mathrm{min}$）	城乡功能协调区（14个） （$30\ \mathrm{min} < T \leqslant 60\ \mathrm{min}$）
A05	龙舟坪村、津洋口村、西寺坪村、何家坪村、朱津滩村、刘家冲村、白氏坪村、刘家垴村、合子垴村、三渔冲村、两河口村、晒鼓坪村、邓家坝村、王子石村、黄家坪村	全伏山村、王家棚村、郑家榜村、厚丰溪村、胡家棚村、土地坡村、高家堰村、古城村、界岭村、金盆村、彭家河村、青岩村、佑溪村、塘坊河村

注：T 为通行时间。

4.2.4.2　镇村功能融合区划分

对于镇村功能融合区范围界定，需要考虑到内生性村庄边界收缩的影响作用，这里选取15分钟为通行时间上限阈值，对与各镇区具有密切空间联系的村庄进行区划筛选。在县域八大村庄网络凝聚子群功能区划的基础上，分别以至镇区所在村庄的通行时间在15分钟及以内、15—30分钟、30分钟以上为半径，划定县域各乡镇的通行圈层，分别统计各圈层内村庄分布情况，依次划定镇村功能融合区与协调区的空间范围边界（如图4.11所示）。

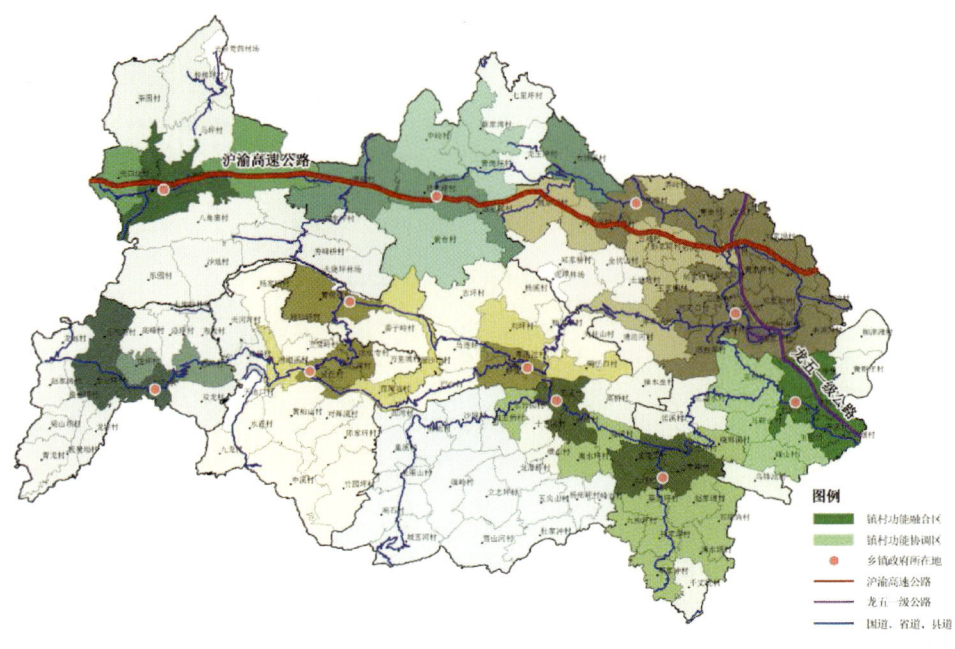

图 4.11　长阳县镇村功能融合空间分布图

（图片来源：作者自绘）

长阳县镇村功能融合区类村庄总数为46个，是围绕镇区形成的乡村核心功能圈层，未来村庄功能定位与发展方向将围绕邻近乡镇镇区功能进行统筹融合；镇村功能协调区类村庄共有36个，空间上属于镇区外围功能协调圈层；与镇区所在村庄通行时间在30分钟以上的村庄共有72个，这些村庄与镇区空间联系度较低，属于边缘圈层空间范畴（如表4.5所示）。

表 4.5　长阳县镇村功能融合区等村庄统计一览表

村庄网络凝聚子群编号	镇村功能融合区类（46个）（$T \leqslant 15$ min）	镇村功能协调区类（36个）（15 min $< T \leqslant 30$ min）	镇村功能完善类（72个）（$T > 30$ min）
A01	大堰村、桂花园村、松元坪村、边家坪村、庄溪村、金福村（6个）	晓麻溪村、蔡家坪村、赵家堰村、九柳坪村、钟家湾村、石磏淌村、清水堰村、邓家冲村、水竹园村、晓溪村、嵩水坪村（11个）	三洞水村、居溪村、千丈坑村、十五溪村、横山村、高桥村、樟木垒村（7个）

村庄网络凝聚子群编号	镇村功能融合区类（46 个）（$T \leq 15$ min）	镇村功能协调区类（36 个）（15 min $< T \leq 30$ min）	镇村功能完善类（72 个）（$T > 30$ min）
A02			西湾村、麻池村、沙堤村、向王桥村、重溪村、朱栗山村、璞岭村、龙潭坪村、立志坪村、五尖山村、杨柘坪村、峰岩村、响石村、城五河村、雪山河村、杜家冲村（16 个）
A03	厚浪沱村、静安村、青树包村、资丘村、泉水湾村、凉水寺村（6 个）	鸭子口村、刘坪村、溜沙口村、淋湘溪村、西阳坡村（5 个）	巴山村、马连坪村、古坪村、杨溪村、楠木坪村、天柱山村、黍子岭村、杨家桥村、柳松坪村、五房岭村、万里城村、九龙村、水连村、黄柏山村、对舞溪村、陈家坪村、竹园坪村、中溪村、天池口村（19 个）
A04	渔坪村、岩松坪村、招徕河村（3 个）	施坪村、西坪村（2 个）	龙池村、赵家湾村、枝柘坪村、梁山坝村、板凳坳村、龙坪村、青龙村、高峰村、沿坪村、布政村、双龙村、天河坪村、柿贝村、八角庙村、乐园村、沙地村、秀峰桥村（17 个）
A05	龙舟坪村、津洋口村、西寺坪村、何家坪村、朱津滩村、刘家冲村、白氏坪村、刘家坳村、合子坳村、三渔冲村、两河口村、晒鼓坪村、邓家坝村、黄家坪村、高家堰村、流溪村、青岩村、金盆村、木桥溪村（19 个）	王家棚村、厚丰溪村、胡家棚村、王子石村、古城村、界岭村、彭家河村、佑溪村（8 个）	郑家榜村、全伏山村、土地坡村、塘坊河村（4 个）
A06	救师口村、磨市村、多宝寺村、芦溪村、三口堰村（5 个）	花桥村、马鞍山村、玉宝村、峰山村（4 个）	乌钵池村、黄荆庄村、柳津滩村（3 个）

村庄网络凝聚子群编号	镇村功能融合区类（46个）（$T \leqslant 15$ min）	镇村功能协调区类（36个）（15 min $< T \leqslant 30$ min）	镇村功能完善类（72个）（$T > 30$ min）
A07	贺家坪村、渔泉溪村、向日岭村、魏家洲村（4个）	中岭村、青岗坪村、白沙驿村、紫台村（4个）	七里坪村、龙王冲村（2个）
A08	堡镇村、榔坪村、社坪村（3个）	关口垭村、长丰村（2个）	梓榔坪村、茶园村、马坪村、文家坪村（4个）

注：T 为通行时间。

需要注意的一点是，在A02村庄凝聚子群中并没有镇村功能融合区类与镇村功能协调区类村庄分布，这是因为该子群所含村庄所在的都镇湾镇镇区空间呈偏心式分布，导致村庄与镇区交通联系性较差，村庄内向性发展形成了属性同构的外延功能子群。改善这一功能缺陷的一个重要途径是重塑功能子群内部的中心性，即通过资源要素再配置，自上而下导入部分优势资源，极化提升已有发展条件较好的村庄，形成具备一定辐射服务功能的中心村。此类县域中心村需在筛选过程中进行优化构建。

4.2.5 县域村庄网络凝聚子群区划对行政区划调整的指引

长阳县域共划分为8个网络凝聚子群，这与长阳县当前11个乡镇的行政区划并不一致，这里从未来县域乡村管理的整体性角度出发，依据网络凝聚子群分析结果对乡镇一级行政区划进行合理性的拟合，以实现乡村空间功能区划与管理等级上的一致性。

4.2.5.1 网络凝聚子群分析结果的局限性与行政区划调整优化的方向性

基于已有的村庄联系性的网络凝聚子群划分对县域乡村行政区划的方式产生的影响具有一定的局限性：网络凝聚子群是村庄互动引力联系强弱关系的体现，反映的是村际生产关系。对于长阳县的复杂地形条件来说，局部地域村庄高等级对外交通道路的缺失，导致村庄在小地域空间范围内的抱团自吸引的现象，并在空间上与交通便利地区乡村形成明显的网络凝聚子群边界。而行政区划界线的划定不仅遵循

"山川形便"的自然环境分割原则，同时还从地域管理的角度恪守"犬牙交错"的社会制衡原则，行政区划的界定往往是在自然分割界线基础上考量村镇发展的现实强弱而进行一定程度的均衡划分的结果。从这两点来看，将村庄网络凝聚子群分析中核心村庄客观联系的网络性与行政区划主导下的村庄发展的社会均衡性相结合，推进中观层级乡镇层面区划调整，是引导县域乡村空间体系整合的重要路径。

4.2.5.2 长阳县域行政区划调整的路径设想

长阳县的乡镇行政区划的重新确定需要关注三个重要问题：第一，确定未来长阳县中心城区空间范围；第二，对部分在网络凝聚子群分析中整合为一个乡村主体功能单元的乡镇进行综合研判；第三，在调整后的乡镇行政区划基础上落实部分跨界村庄的管辖归属问题（如图4.12所示）。

图4.12　长阳县行政区划与网络凝聚子群对比图

（图片来源：作者自绘）

首先对未来长阳县中心城区的空间范围进行研判区划。现状中心城区所在的龙舟坪镇乡村与邻近的高家堰镇通过便利的交通联系已经整合成为一个网络凝聚子群，且村镇整体发展的质量较高，这里考虑为中心城区未来发展预留一定的空间，将高家堰镇进行"镇改街"区划调整，纳入中心城区的整体管辖范围内。同时，随着未来龙五一级公路的打通，长阳县中心城区与磨市镇交通优势释放，磨市镇未来也可作为"镇改街"的对象进行行政区划调整。

A03网络凝聚子群中整合了现状的资丘镇、鸭子口乡与火烧坪乡，三个乡镇在空间上远离中心城区，且存在对外联系弱化、村镇抱团发展的现象。这里为避免将三个乡镇整合后管辖地域范围过大的问题，以清江为界，将火烧坪乡与鸭子口乡在行政区划上整合为一个乡镇，资丘镇维持原有行政区划不变。

对于部分跨界村庄的行政管辖权属的问题，原则上保持村庄网络凝聚子群分析结果不变，对局部由于自然环境隔断以及村庄联系方向的改变造成的跨界现象进行调整。如资丘镇的天河坪村、柿贝村与邻近的渔峡口镇所在的A04子群进行整合；榔坪镇的文家坪村与邻近的贺家坪镇所在的A07子群进行整合。这里维持上述结果，在行政区划上对这三个村庄进行调整。而渔峡口镇所在的A04子群北侧将榔坪镇的乐园村、八角庙村、沙地村、秀峰桥村整合进来，但从自然地理环境上看，这四个村庄与渔峡口镇之间存在天然的高山隔断，因此，在行政区划上对榔坪镇向A04子群跨界的四个村庄不做调整。最终将长阳县的行政区划调整为如图4.13所示，其中，磨市镇未来可依据发展情况，灵活调整其"镇改街"的整合策略落地实施。

图4.13　长阳县行政区划调整示意图

（图片来源：作者自绘）

4.3 基于最大引力连线分析的县域村庄功能共同体识别构建

4.3.1 县域村庄功能共同体识别优化流程

前文引入分析的村庄最大引力连线，是反映村际关系强弱的关键指标，而县域村庄主体功能区内的村庄最大引力连线优化布局，可以从村庄客观存在的内在关联性角度，通过村庄功能共同体单元的识别优化，对村庄进行功能整合与空间结构优化。因此，县域亚区域层级下的村庄功能共同体的识别区划的主要工作可以聚焦在多要素影响下的县域村庄最大引力连线的优化布局。长阳县村庄功能共同体区划流程图如图4.14所示。

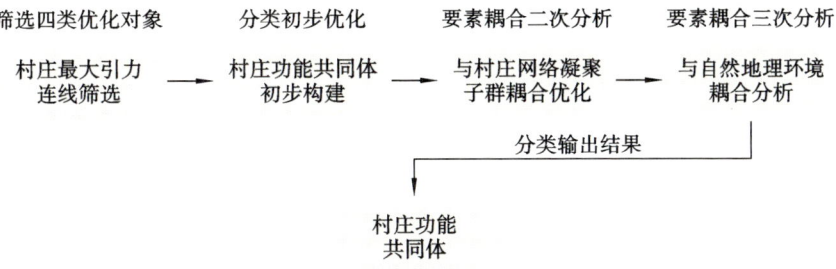

图 4.14 长阳县村庄功能共同体区划流程图

(图片来源：作者自绘)

4.3.2 基于最大引力连线分析的县域村庄功能共同体初步筛选

首先需要明确的是，村庄功能共同体是由3个及3个以上村庄共同组成的产业功能同构单元，而在长阳县域村庄最大引力连线群（带）之外，仍然存在12条孤立的双向最大引力连线。这并非表明在村庄功能共同体优化构建的过程中单个村庄可以作为独立的村庄功能共同体存在，相反，这些孤立的双向最大引力连线是亚区域村庄功能共同体构建过程中需要重点关注的对象，而这需要借助相关村庄第二、第三引力连线，将其桥接至邻近村庄形成功能共同体。

其次，县域部分村庄之间引力差别微弱，甚至出现多个村庄最大引力值相同的情况，因此，在村庄功能共同体的识别与构建中，除考量最大引力连线连接的村庄对象以外，还需要结合村庄节点的第二、第三引力连线连接情况，对经过最大引力连线初步筛选的结果进行优化校正，以避免出现功能单元划分细碎化问题。

另外，最大引力连线反映出两个存在最强引力联系村庄之间的关联性，但这一指标并不能完整且准确地体现村庄在乡村空间网络中的定位，这是因为最大引力连线是村庄引力模型计算的数据反映，仅依据该指标确定村庄功能共同体单元边界，难免存在抹杀山区复杂地理环境现状的客观现实、将空间结构问题降维至二维平面指标化的风险。这就需要将村庄功能共同体与自然地理单元进行关联耦合，使村庄功能共同体的地域边界与地理单元保持空间一致性。因此，在对村庄功能共同体的优化构建中，需要将筛选识别后的功能单元与自然地理单元进行耦合校正，最终完成中微观层面的村庄功能共同体的识别构建。

4.3.2.1 村庄最大引力连线筛选

将长阳县村庄最大引力连线划分为独立的双向最大引力连线与最大引力连线群（带）两类，并依据引力连线群连线数量细化分类结果，最终得到长阳县村庄最大引力连线分类统计结果（如表4.6所示）。

表4.6 长阳县村庄最大引力连线分类统计表

村庄最大引力连线分类	最大引力连线数量/条	引力连线群空间分布数量/个	空间优化类型
无最大引力连线	0	1	重点整合
独立双向最大引力连线	1	12	重点整合
多向最大引力连线	2	6	整合
	3—4	14	培育
	5—6	5	优化
	7—8	2	优化

（1）重点整合对象与整合对象

从表4.6中可以看出长阳县有12条独立的双向最大引力连线，孤立的九龙村无最大引力连线，它们在空间上主要分布在远离镇区的边缘地区（如图4.15所示），这表明长阳县乡村存在较为明显的边缘孤立现象。此类最大引力连线涉及的村庄将作为重点对象，适度整合入邻近村庄最大引力连线群。此外，最大引力连线数量为2条的引力连线群共有6个，与独立双向最大引力连线类似，此种少量连续最大引力连线连接的村庄也是未来整合构建的一个重点。

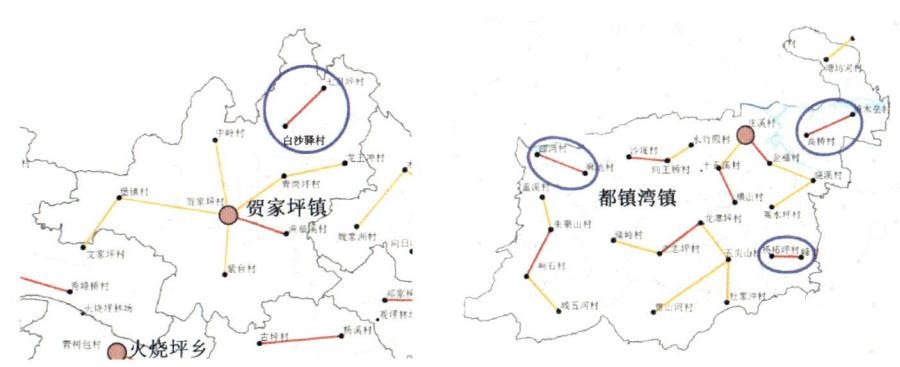

图4.15　贺家坪镇、都镇湾镇重点整合村庄最大引力连线分布图

（图片来源：作者自绘）

（2）培育对象

长阳县域包含3—4条最大引力连线的村庄最大引力连线群个数达到14个，这表明县域现状村庄具备构建村庄功能共同体网络联系的基础。该类型村庄最大引力连线未来可通过与邻近独立双向引力连线进行桥接，适度增加关联协同村庄数量，提升村庄最大引力连线群等级（如图4.16所示）。

（3）优化对象

县域连续最大引力连线数量在5—8条之间的村庄最大引力连线群共有7个，这反映出长阳县域乡村空间已经呈现出一定程度的空间网络化集聚特征。如围绕大堰乡乡政府所在的大堰村形成最大引力连线数为8条的连续引线群；渔峡口镇形成2个最大引力连线在5条及以上的连续引线群（如图4.17所示）。对此类最大引力连线群未来优化的内容主要集中在依据空间现状特征，合理控制最大引力连线数量，实现连线群内部中心结构的均衡化。

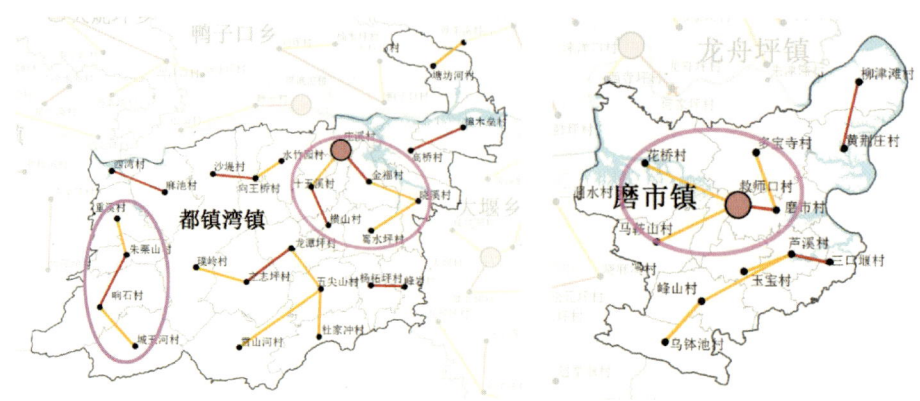

图4.16 都镇湾镇、磨市镇培育村庄最大引力连线分布图

（图片来源：作者自绘）

图4.17 渔峡口镇村庄优化最大引力连线分布图

（图片来源：作者自绘）

4.3.2.2 县域村庄功能共同体初步构建

（1）村庄独立双向最大引力连线整合

村庄最大引力连线整合的最终目标是消除空间上存在的"孤点"村庄与独立双向最大引力连线，这需要将相关村庄与需要培育的村庄功能单元进行二次连接，从而形成最大引力连线数量适宜的村庄功能共同体。具体整合类型包括：①依托相关村庄已有的第二、第三引力连线与外部村庄功能共同体进行连接同构；②若相关

村庄不存在与其他村庄关联的第二引力连线，则采取环境介入的方式，搭建村庄与邻近村庄功能共同体联系的第二引力连线。需要注意的是，基于对构建的村庄功能共同体空间边界的准确定位与内部功能统一性的考虑，在选择邻近村庄功能共同体时，优先选择具有相似地形地貌条件的邻近目标进行整合，其次考虑村庄所属乡镇内的邻近村庄。

统计分析县域12条独立双向最大引力连线所在村庄存在的第二、第三引力连线情况（如表4.7所示），筛选桥接整合目标村庄功能共同体。

表 4.7 长阳县村庄独立双向最大引力连线情况统计分类表

最大引力连线分类	数量 / 条	村庄名称	结构示意
A1. 不存在第二引力连线	2	古坪村—杨溪村；陈家坪村—竹园坪村	
A2. 仅一个村庄存在第二、第三引力连线	1	樟木垒村—高桥村	
A3. 两个村庄存在第二引力连线，但不存在第三引力连线	1	梓榔坪村—茶园村	
A4. 两个村庄都存在第二、第三引力连线	6	三渔冲村—胡家棚村；黄荆庄村—柳津滩村；清水堰村—石磜淌村；麻池村—西湾村；峰岩村—杨柘坪村；白沙驿村—七里坪村	
A5. 独立双向引线存在互相引力关联	2	泉水湾村—凉水寺村；五房岭村—柳松坪村	

①对于不存在第二引力连线的2条孤立村庄最大引力连线相关的四个村庄，其空间优化路径主要通过道路交通设施的建设，辅助村庄外向构建与其他村庄的第二引力连线。如鸭子口乡的古坪村、杨溪村受制于清江支流的隔断效应，与其他村庄空间联系断层。考虑到跨河道道路基础设施建设的难度与投资强度，这里将两个村庄与河道同侧的"楠木坪村—刘坪村—鸭子口村—天柱山村"村庄最大引力连线群同构整合（如图4.18所示）。而陈家坪村、竹园坪村受制于高山复杂地形带来的交通不便影响，形成空间上的孤立界面。这里通过增加与邻近的"对舞溪村—黄柏山村—中溪村"村庄最大引力连线群的交通道路，优化其空间布局（如图4.18所示）。

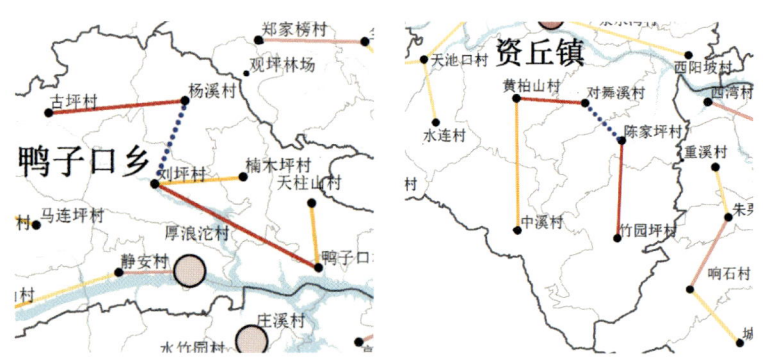

图4.18 古坪村—杨溪村、陈家坪村—竹园坪村最大引力连线整合优化

（图片来源：作者自绘）

②对于独立双向最大引力连线连接村庄中仅一个村庄存在第二、第三引力连线的情况，则借助该村庄的第二、第三村庄引力连线与邻近村庄最大引力连线群桥接。这一整合过程同样优先选择具有相似地貌特征的引力连线群，如樟木垒村、高桥村通过后者存在第三引力连线的居溪村（与樟木垒村、高桥村具有相同地貌条件），整合入其所在的村庄功能共同体（如图4.19所示）。

③对于独立双向最大引力连线所在的两个村庄同时存在第二引力连线的情况，则选择两个村庄中发展质量较高村庄的第二、第三引力连线进行外向整合；或通过村庄与邻近村庄最短通行时间所在的引力连线进行整合。这需要视具体情况而定。如榔坪镇的梓榔坪村、茶园村，通过梓榔坪村最短通行时间对象马坪村，整合入其

所在的村庄最大引力连线群（如图4.20所示）；三渔冲村、胡家棚村则通过发展质量更高的三渔冲村的第二引力连线整合入"津洋口村—西寺坪村—龙舟坪村—何家坪村"村庄最大引力连线群。

图4.19 樟木垒村—高桥村最大引力连线优化

（图片来源：作者自绘）

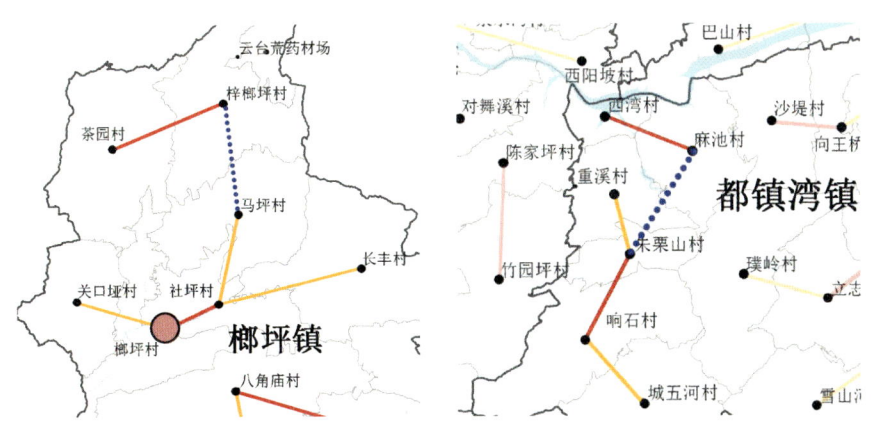

图4.20 梓榔坪村—茶园村、麻池村—西湾村最大引力连线整合优化

（图片来源：作者自绘）

④对于独立双向引线存在互相引力关联的情况，则选择将两条引力连线涉及的村庄进行同构整合，形成新的村庄功能共同体；若新的引力连线群中村庄与邻近村庄存在强吸引的现象，则可与其他村庄最大引力连线群进行整合。如资丘镇的泉水湾村、凉水寺村、柳松坪村、五房岭村，这四个村庄整合形成新的村庄最大引力连线群，而最终与邻近的具有强引力联系的"西阳坡村—资丘村—淋湘溪村—天池口村—水连村—双龙村"村庄最大引力连线群整合（如图4.21所示）。

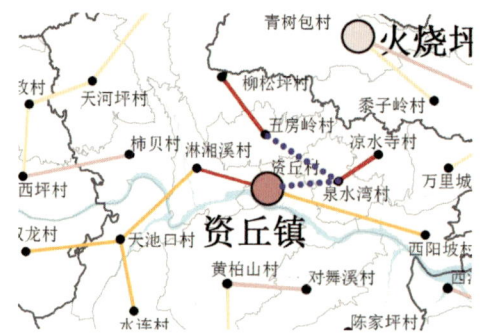

图4.21　五房岭村—柳松坪村、泉水湾村—凉水寺村最大引力连线整合优化

（图片来源：作者自绘）

（2）低级村庄最大引力连线群（仅包含2条连续村庄最大引力连线）空间整合优化

　　长阳县共存在6个低级村庄最大引力连线（引线）群，主要分布在远城区、远镇区的外围地带，如龙舟坪镇的"合子坳村—黄家坪村—邓家坝村"，高家堰镇的"金盆村—青岩村—界岭村"、"古城村—彭家河村—佑溪村"等。这类最大引线群涉及的村庄具备一定的发展基础，同时村庄与周边的联系性也趋于紧密。因此，对这种村庄功能共同体的整合工作，一方面可以尝试通过交通线路融入城镇功能，另一方面也可以整合临近远城区、远镇区的村庄形成外围功能联系单元。这两种优化路径的选择取决于村庄与城区、镇区关联性的强弱程度。

　　将上述6个村庄功能共同体分为两类（如表4.8所示）。一类是临近长阳县城区、镇区和沪渝高速沿线且具有一定发展基础的村庄最大引力连线群，如"西寺坪村—津洋口村—龙舟坪村"、"合子坳村—黄家坪村—邓家坝村"等。另一类是清江以南的"水竹园村—向王桥村—沙堤村"、资丘镇的"中溪村—黄柏山村—对舞溪村"两个村庄最大引力连线群。这些村庄最大引力连线群分别通过邻近节点村庄或镇区进行桥接整合（如图4.22、图4.23所示）。这里将"水竹园村—向王桥村—沙堤村"最大引线整合进都镇湾镇镇区最大引力连线群，形成涵盖8条最大引力连线的村庄功能共同体。而资丘镇的"中溪村—黄柏山村—对舞溪村"选择具有相同地貌特征的独立双向最大引线"陈家坪村—竹园坪村"进行整合优化。

表4.8 长阳县低级村庄功能共同体分类优化表

村庄功能共同体分类	村庄发展质量	道路交通条件	包含村庄名称	整合方向
B1.临近城区、镇区和沪渝高速沿线	较好	较好	西寺坪村—津洋口村—龙舟坪村	整合入城区最大引线群
			合子坳村—黄家坪村—邓家坝村	
			金盆村—青岩村—界岭村	整合入高家堰镇镇区最大引线群
			古城村—彭家河村—佑溪村	
B2.远城区、远镇区	一般	一般	水竹园村—向王桥村—沙堤村	整合入都镇湾镇镇区最大引线群
	一般	较差	中溪村—黄柏山村—对舞溪村	与"陈家坪村—竹园坪村"最大引线整合

图4.22 龙舟坪镇、高家堰镇低级村庄最大引力连线群整合优化

（图片来源：作者自绘）

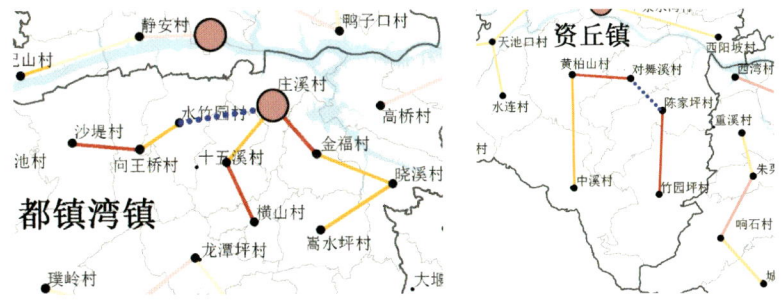

图4.23 都镇湾镇、资丘镇低级村庄最大引力连线群整合优化

（图片来源：作者自绘）

（3）一般村庄最大引力连线群（包含3—4条最大引力连线）空间培育

长阳县域范围内的14个一般村庄最大引力连线群中的一部分，在前述独立双向、低级最大引力连线群的空间整合中已经涉及，且也已整合为涵盖5—7条最大引力连线的高级最大引力连线群（含有5—8条连续村庄最大引力连线），如高家堰镇的"魏家洲村—木桥溪村—高家堰村—流溪村—向日岭村"村庄最大引力连线群、鸭子口乡的"楠木坪村—刘坪村—鸭子口村—天柱山村"村庄最大引力连线群。对于剩余尚未培育为高级最大引力连线群的村庄来说，则需要进一步优化筛选。

为避免培育优化后形成的村庄最大引力连线群包含的村庄数量过多，这里提出培育优化原则：培育对象限定为非高级最大引力连线群；界定培育连接的对象必须与需要培育的村庄最大引力连线群处于相同地理单元内，以维持地理环境基质的统一性；同时还约定连接对象存在较强的引力关联。基于以上三项原则，对县域范围内14个一般村庄最大引力连线群所覆盖的村庄进行培育优化，并得到初步优化培育结果（如表4.9、图4.24、图4.25所示）。

表 4.9　长阳县培育村庄功能共同体分类优化表

村庄功能共同体分类	桥接节点村庄引力平均值	包含村庄	培育整合方向
C1. 与独立双向最大引力连线桥接（5个）	0.31（茶园村—关口垭村）	关口垭村—榔坪村—社坪村—长丰村—马坪村	梓榔坪村—茶园村
	0.85（黄荆庄村—磨市村）	马鞍山村—花桥村—救师口村—磨市村—多宝寺村	黄荆庄村—柳津滩村
	0.63（清水堰村—钟家湾村）	九柳坪村—钟家湾村—邓家冲村—千丈坑村	清水堰村—石磴淌村
	0.61（麻池村—朱栗山村）	城五河村—响石村—朱栗山村—重溪村	麻池村—西湾村
	0（杨溪村—刘坪村）	楠木坪村—刘坪村—鸭子口村—天柱山村	古坪村—杨溪村
C2. 与低级村庄功能共同体桥接（3个）	2.38（青岩村—高家堰村）	魏家洲村—木桥溪村—高家堰村—流溪村—向日岭村	界岭村—青岩村—金盆村
	1.82（彭家河村—高家堰村）	魏家洲村—木桥溪村—高家堰村—流溪村—向日岭村	古城村—彭家河村—佑溪村
	2.24（厚浪沱村—鸭子口村）	楠木坪村—刘坪村—鸭子口村—天柱山村	巴山村—静安村—厚浪沱村

村庄功能共同体分类	桥接节点村庄引力平均值	包含村庄	培育整合方向
C3. 与一般村庄功能共同体桥接（2个）	1.53（两河口村—王家棚村）	郑家榜村—全伏山村—土地坡村—王家棚村	两河口村—厚丰溪村—塘坊河村—晒鼓坪村
	0.25（椰坪村—八角庙村）	乐园村—沙地村—八角庙村—秀峰桥村	关口垭村—椰坪村—社坪村—长丰村—马坪村
C4. 维持空间独立性（4个）	—	王子石村—刘家坳村—白氏坪村—朱津滩村—刘家冲村	—
	—	乌钵池村—峰山村—玉宝村—芦溪村—三口堰村	—
	—	黍子岭村—青树包村—溜沙口村—万里城村—马连坪村	—
	—	杨家桥村—天河坪村—布政村—西坪村—柿贝村	—

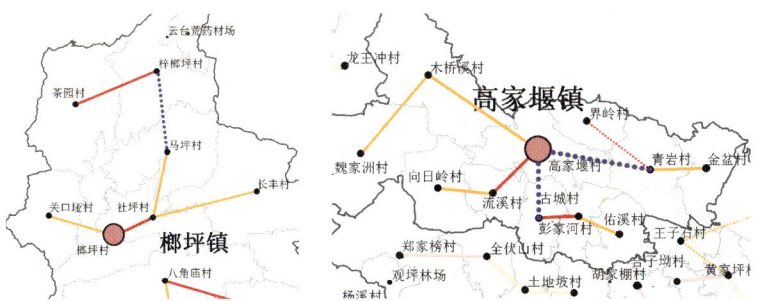

图4.24 椰坪镇、高家堰镇村庄功能共同体整合优化

（图片来源：作者自绘）

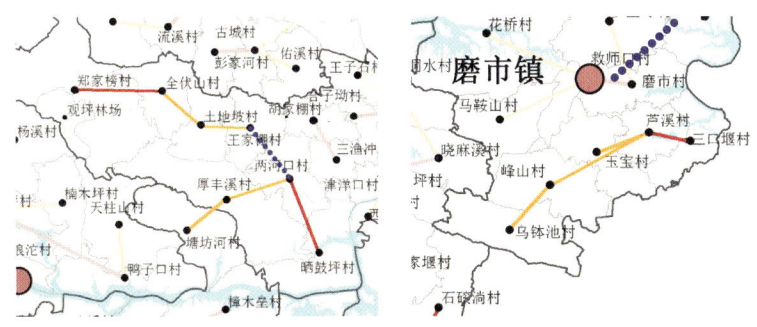

图4.25 龙舟坪镇、磨市镇村庄功能共同体整合优化

（图片来源：作者自绘）

（4）高级村庄最大引力连线群（包含5—8条最大引力连线）空间优化

村庄最大引力连线虽一定程度上反映了村庄对外联系性的强弱，但联系性强弱有别，同时在村际关系方向性上该指标存在一定的缺陷，导致该指标不能作为测度村庄联系性强弱的唯一指标。如都镇湾镇的塘坊河村最大引力连线虽与龙舟坪镇的厚丰溪村连接，但最大引力值仅为0.38，该引力值仅排在所有村庄的第13位，这是一种空间弱连接的现象，这也表明塘坊河村整体村际联系环境较弱，而厚丰溪村存在一定程度的"被连接"现象。因此，对高级村庄最大引力连线群的优化工作，还需要考量已存在的村庄最大引力连线群内部节点之间最大引力值差异以及联系的方向性，若差异超过某一阈值，则视为该村庄功能共同体在某个节点村庄断开。

此外，考虑到县域部分乡镇镇区偏心式分布导致的村庄覆盖辐射能力不足的问题，对涉及镇区所在村庄的高级最大引力连线群的空间优化，可适当增加连接村庄的个数，但上限不应超过乡镇行政边界划定的所有村庄数。

长阳县域村庄最大引力连线经过前述培育优化后，县域层面形成19个新的村庄最大引力连线群（如图4.26、表4.10所示）。这里将最大引力连线群连接的村庄视为独立的村庄功能共同体。对于最大引力连线数量为4条的5个村庄功能共同体，发

图4.26　长阳县村庄最大引力连线群初步优化图

（图片来源：作者自绘）

现除火烧坪乡乡政府所在的"青树包村—黍子岭村—溜沙口村—万里城村—马连坪村"村庄功能共同体以外，其余4个均分布在镇区所在村庄功能共同体的外围，空间上呈现出独立分布的特征。而城区、镇区所在的村庄功能共同体中除磨市镇、渔峡口镇镇政府所在的村庄最大引力连线群包含的连续村庄最大引线数量是6条外，其余有8个乡镇镇区所在村庄最大引力连线群包含的引线数量均大于或等于8条，这突出反映了通过整合培育后，各乡镇镇区对所辖或所影响村庄的辐射联系性得到了强化。

表 4.10　长阳县村庄功能共同体初步优化分类统计表

最大引力连线数量 / 条	空间引力连线群分布数量 / 个
4	5
5—6	4
7—8	5
9—10	5
总计	19

针对县域5个超出前述村庄功能共同体覆盖村庄最佳数量范围的共同体，本着强化镇区对村庄的空间辐射影响的目标，可适度增加其连接村庄的数量，后续的优化工作仍将结合与自然地理单元的耦合进一步校正。

4.3.3　县域村庄功能共同体初选结果的耦合校正

4.3.3.1　与村庄网络凝聚子群区划结果的耦合校正

将优化后的村庄功能共同体与中宏观层面的村庄网络凝聚子群区划图进行对比，发现两者具有较强耦合相关性。村庄网络凝聚子群区划基本上覆盖了村庄功能共同体，这反映出以村庄联系性为基础、以村庄引力联系强弱为关键指标测度乡村空间网络化结构体系的方法在宏观与中观层面取得了较为一致的结果。但耦合结果中也存在少量空间边界不一致的现象，这里耦合校正的重点工作也将集中于对不一致结果的校正处理，即对部分"跨界"村庄最大引力连线进行校正工作，同时通过村庄功能共同体的修正工作，对中宏观层面的村庄网络凝聚子群区划结果进行反馈修正。

统计耦合于村庄网络凝聚子群之上的"跨界"村庄最大引力连线数，并在空间上与周边村庄功能共同体进行对比，如表4.11所示。结果发现，部分"跨界"村庄功能共同体中的村庄现状属于低级别村庄功能共同体，如"水竹园村—向王桥村—沙堤村"、"乐园村—沙地村—八角庙村—秀峰桥村"，但在进行引力连线整合的过程中选择了与村庄网络凝聚子群结果不同的整合方向。对于此类村庄的校正工作，原则上保持村庄网络凝聚子群区划的结果，就近融入同一网络凝聚子群下的周边村庄功能共同体，如"水竹园村—向王桥村—沙堤村"与临近A02子群的"西湾村—麻池村—重溪村—朱栗山村—响石村—城五河村"整合，或者维持村庄功能共同体的现状，如"乐园村—沙地村—八角庙村—秀峰桥村"。

表4.11 长阳县"跨界"村庄最大引力连线统计表

序号	所在村庄功能共同体	"跨界"村庄	"跨界"目标网络凝聚子群	空间区位图
1	沙堤村—向王桥村—水竹园村—庄溪村—十五溪村—横山村—金福村—晓溪村—嵩水坪村	沙堤村、向王桥村	A02	
2	杨家桥村—天河坪村—布政村—西坪村—柿贝村	杨家桥村	A03	
3	双龙村—水连村—天池口村—淋湘溪村—资丘村—西阳坡村—泉水湾村—凉水寺村—五房岭村—柳松坪村	双龙村	A04	

资料来源：作者自绘。

其他"跨界"村庄则多具有复杂的地形地貌条件，导致村庄凝聚子群在界定空间边界时因地形的微小差异而划分为不同的功能单元，如杨家桥村、双龙村、堡镇村、木桥溪村都是因为清江水域与山地地形影响造成边界界定偏差，而文家坪村则存在边缘村庄在交通引导下跨行政边界构建引力连接的现象。因此，对于该类村庄的校正可依据实际的地形地貌条件维持网络凝聚子群区划的结果，如将文家坪村划入贺家坪镇所在的村庄功能共同体。而其他几个村庄则根据与管辖镇区联系性的强弱，分别整合入各自镇区所在村庄功能共同体，最终，堡镇村整合入贺家坪镇村庄功能共同体，木桥溪村整合入高家堰镇村庄功能共同体。在这一过程中也对中宏观层面的网络凝聚子群分析基础上的县域功能区划结论进行二次修正。

4.3.3.2　与自然地理环境耦合校正

由于村庄的最大引力连线是采用了降维的方法将山区乡村视为二维平面节点之间的互动关系，因此，对村庄功能共同体的区划工作还需增加与长阳县现实自然地理环境耦合的校正内容，以修正部分与实际不符的情况（如图4.27所示）。

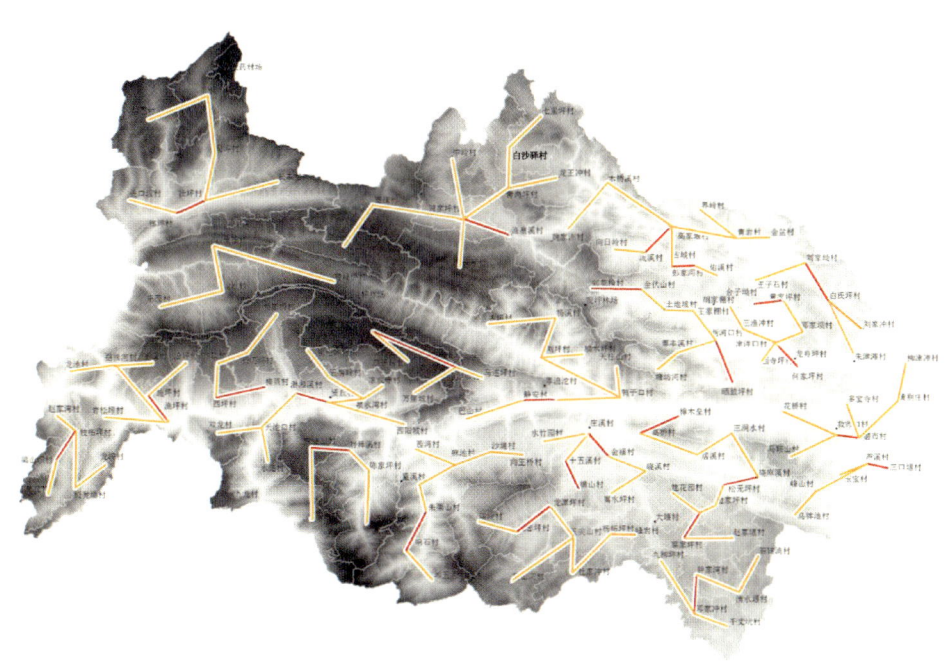

图4.27　长阳县村庄网络凝聚子群区划图

（图片来源：作者自绘）

将村庄功能共同体分析结果与长阳县地形图相叠加，可以看出，培育优化后的村庄功能共同体初步优化结果与长阳县整体地形具有较高的耦合度，特别是东部海拔较低的低丘缓坡地带村庄，龙舟坪镇、高家堰镇、磨市镇、大堰乡以及都镇湾镇的局部地区，呈现出高度耦合特征。而在西部高山地区与清江沿线的流域高山地区，有零星村庄最大引力连线出现了与地形不吻合的现象，如都镇湾镇的"城五河村—响石村—朱栗山村—重溪村—麻池村—西湾村—沙堤村—向王桥村"村庄功能共同体中的沙堤村、向王桥村两个村庄在地形地貌上有别于其他6个村庄的小流域地形地貌，而与东侧的水竹园村、庄溪村同属于清江流域缓坡地形，因此，这里将沙堤村、向王桥村调整至"水竹园村—庄溪村—十五溪村—横山村—金福村—晓溪村—嵩水坪村"村庄功能共同体（如图4.28所示）。

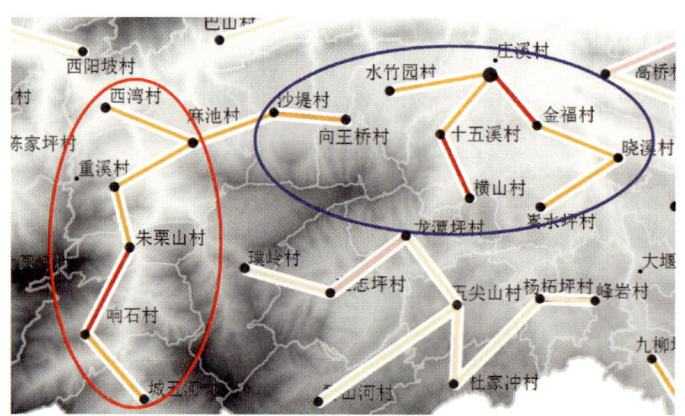

图4.28 长阳县村庄网络凝聚子群区划图（局部）

（图片来源：作者自绘）

资丘镇的中溪村虽与所在的村庄功能共同体的其他村庄（黄柏山村、对舞溪村、陈家坪村、竹园坪村）分属于2个不同的小流域（如图4.29所示），但鉴于清江水域地理分割下清江以南村庄整体数量较少的局面，从村庄空间优化弃零集整、综合发展的角度，将上述5个村庄依然视为同一地域空间的村庄功能共同体，不做过多调整。榔坪镇的文家坪村在地形地貌上与贺家坪镇整体地貌条件有微小出入，但鉴于该村庄在空间上与榔坪镇镇区联系较弱，且与贺家坪镇的堡镇村保持密切空间联系的实际情况，这里对其所在的村庄功能共同体不做调整（如图4.29所示）。

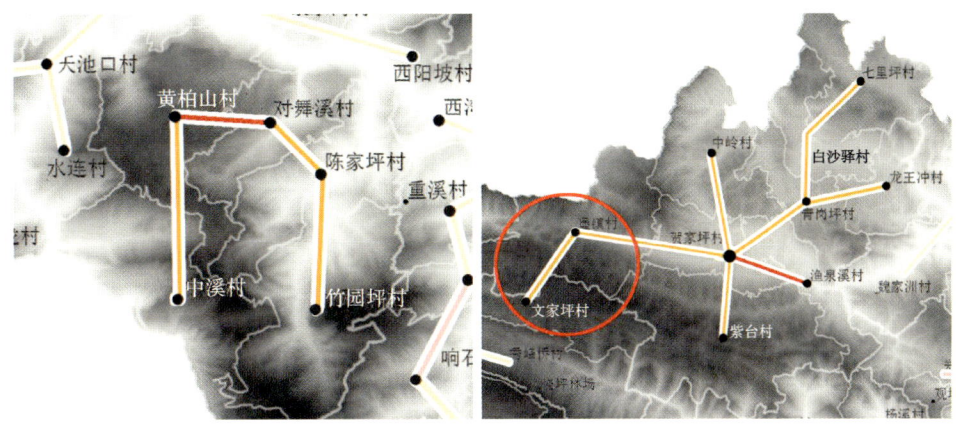

图 4.29 "中溪村—黄柏山村—对舞溪村—陈家坪村—竹园坪村"、"文家坪村—堡镇村—贺家坪村—
紫台村—渔泉溪村—中岭村—青岗坪村—龙王冲村—白沙驿村—七里坪村"村庄功能共同体
与地形耦合图

(图片来源：作者自绘)

另外，需要关注的是清江流域沿线由于清江水域与隔河岩水库的空间隔断，部分村庄对外陆路交通不便，且在水陆交通联系并不能成为常态化的联系选择时，这些村庄在空间上形成了与其他乡村联系断开的"孤点"（如图4.30所示），如都镇湾镇的樟木垒村、高桥村，大堰乡的居溪村和三洞水村的局部地区，龙舟坪镇的晒鼓坪村的局部地区。对于此类村庄功能共同

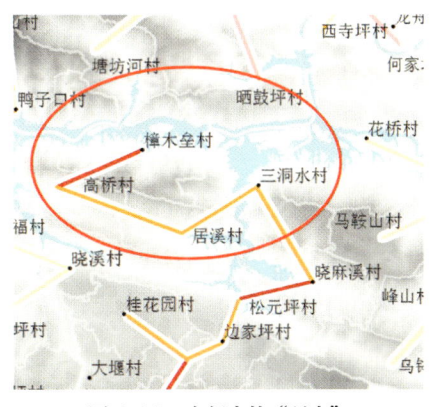

图 4.30 空间上的"孤点"

(图片来源：作者自绘)

体的构建，不能仅凭近域同构关联的原则进行简化划定，更多地需要从村庄实际情况出发，内部挖潜其空间相似性与联系性，独立划定其村庄功能共同体。

4.3.4 县域村庄功能共同体的识别区划

经过县域村庄凝聚子群与自然地理单元的耦合校正，最终得到基于村庄最大引力连线优化的县域村庄功能共同体优化构建的结果（如图4.31、图4.32、表4.12所示），长阳县域层面共存在23个村庄功能共同体。

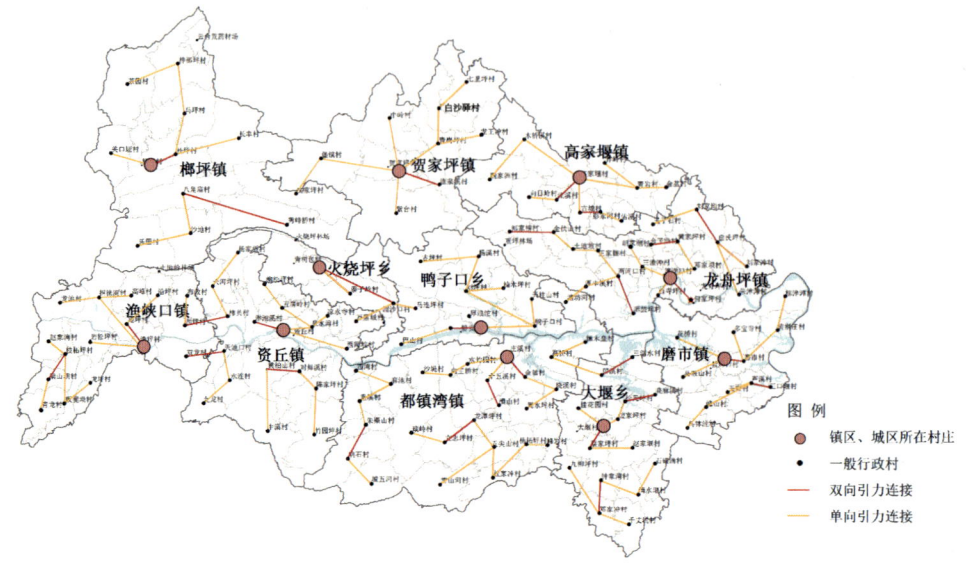

图 4.31　长阳县村庄功能最大引力连线优化图

（图片来源：作者自绘）

图 4.32　长阳县 23 个村庄功能共同体空间布局图

（图片来源：作者自绘）

表4.12　长阳县村庄功能共同体分类统计表

编号	连续最大引力连线数量/条	村庄功能共同体数量/个	包含村庄
A	3—4	8	三洞水村—居溪村—高桥村—樟木垒村
			中溪村—黄柏山村—对舞溪村—陈家坪村—竹园坪村
			乐园村—沙地村—八角庙村—秀峰桥村
			黍子岭村—青树包村—溜沙口村—马连坪村—万里城村
			杨家桥村—天河坪村—布政村—西坪村—柿贝村
			九龙村—水连村—天池口村—双龙村
			朱津滩村—刘家冲村—白氏坪村—刘家坳村—王子石村
			乌钵池村—峰山村—玉宝村—芦溪村—三口堰村
B	5—6	8	石磙淌村—清水堰村—钟家湾村—邓家冲村—九柳坪村—千丈坑村
			西湾村—麻池村—重溪村—朱栗山村—响石村—城五河村
			青龙村—梁山坝村—赵家湾村—枝柘坪村—板凳坳村—龙坪村
			晓麻溪村—松元坪村—边家坪村—大堰村—桂花园村—蔡家坪村—赵家堰村
			淋湘溪村—资丘村—西阳坡村—泉水湾村—凉水寺村—五房岭村—柳松坪村
			龙池村—招徕河村—高峰村—岩松坪村—渔坪村—施坪村—沿坪村
			柳津滩村—黄荆庄村—多宝寺村—磨市村—救师口村—马鞍山村—花桥村
			茶园村—梓榔坪村—马坪村—长丰村—社坪村—榔坪村—关口垭村
C	7—8	5	璞岭村—立志坪村—龙潭坪村—雪山河村—五尖山村—杜家冲村—杨柘坪村—峰岩村
			沙堤村—向王桥村—水竹园村—庄溪村—十五溪村—横山村—金福村—晓溪村—嵩水坪村
			古坪村—杨溪村—刘坪村—楠木坪村—天柱山村—鸭子口村—厚浪沱村—静安村—巴山村
			郑家榜村—全伏山村—土地坡村—王家棚村—两河口村—晒鼓坪村—厚丰溪村—塘坊河村
			合子坳村—黄家坪村—邓家坝村—津洋口村—三渔冲村—胡家棚村—龙舟坪村—西寺坪村—何家坪村

编号	连续最大引力连线数量 / 条	村庄功能共同体数量 / 个	包含村庄
D	9—10	2	魏家洲村—木桥溪村—向日岭村—流溪村—高家堰村—彭家河村—古城村—佑溪村—青岩村—界岭村—金盆村
			文家坪村—堡镇村—紫台村—贺家坪村—中岭村—渔泉溪村—青岗坪村—龙王冲村—白沙驿村—七里坪村
总计		23	

4.3.5 县域村庄功能共同体空间层级的模糊性讨论

长阳县域乡村空间体系形成了"县域—乡村主体功能区—村庄功能共同体—行政村"等级结构明确的四级结构，村庄功能共同体在地域空间范围与功能结构上等级定位明确。而在空间层级上，村庄功能共同体既带有中观亚区域空间层级下组织村庄个体空间微观化优化的过程，又在空间组织以及空间功能单元所包含的内容方面，超越了微观个体层级村庄空间组织的范畴。因此，这里难以用一种准确的空间层级定位村庄功能共同体，仅能够结合其空间组织的内容与功能空间单元的大小将其纳入中观层级进行统筹。

长阳县域乡村空间体系层级的这种漂移不确定性，反映了鄂西武陵山区乡村地域空间的多样复杂性，这在鄂西武陵山区也较为普遍。从未来长阳县乃至鄂西武陵山区乡村发展来看，在县域乡村空间生产的基础组织层级，摒弃当前村庄个体突围的发展模式，转向以村庄功能共同体的形式集约整合发展模式，是必然趋势。

4.4 基于网络中心度分析的中心村筛选

对于长阳县域层面的23个村庄功能共同体来说，村庄由于综合发展质量或空间区位差别形成的对外联系性差异依然深刻影响着村庄功能共同体的内部空间结构，村庄内部发展也并非无差别的均一化发展。同时，村庄功能共同体与县域、亚区域层面的主体功能单元，以及县域城镇之间的联系，需要依托局部核心村庄展开，因此，在中观层面的村庄功能共同体内部有必要根据村庄发展的实际情况进行更为微观的中心村庄筛选工作。

4.4.1　县域中心村优化筛选流程设计

长阳县中心城区的偏心式空间布局，加上落后的县域经济发展，导致长阳县乡村空间网络整体上处于弱连接的状态，山区自然地理环境拉长了村际联系的时空距离，部分村庄功能共同体一方面缺乏强有力的中心村庄的带动，另一方面在对外联系方面缺乏道路交通基础设施支撑，造成村庄功能共同体在空间上呈现出较为普遍的孤立状态。而微观层面的中心村筛选的主要目的是打通村庄功能共同体内部中心村庄之间的联系通道，破除对村庄整体发展影响较大的村庄内在联系弱化的制约，使村庄功能共同体之间形成网络化联系通道，并在空间上形成"行政村（含中心村）—村庄功能共同体—亚区域乡村主体功能区—县域乡村空间"的梯度网络化结构模式。

中心村筛选流程（如图4.33所示）如下：

①筛选数量估算。这里以长阳县最小村庄功能共同体单元包含的村庄数（4个）为基准，即一个中心村辐射联系3个一般村，初步估算县域中心村筛选数量为35—40个。同时鉴于某些村庄功能共同体覆盖村庄较多、单元内部可以支撑多个中心村庄的情况，这里适度将中心村筛选数量增加至45个左右。

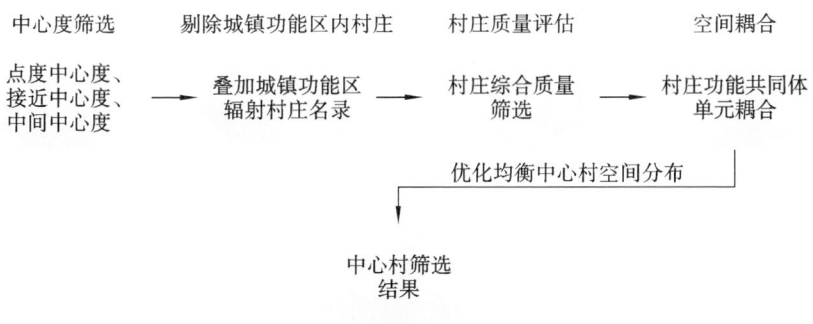

图4.33　长阳县中心村筛选流程图

（图片来源：作者自绘）

②中心度指标遴选。借助村庄点度中心度、接近中心度与中间中心度的分析结果，遴选出每个村庄功能共同体内这3项指标排名第1—5位的村庄，从中剔除城区与镇区所在村庄，由此初步得到中心村庄名录。需要说明的是，由于村庄功能共同体之间存在联系强弱与空间边界大小差异，具体的筛选过程中可根据村庄功能共同体的实际情况进行灵活调度。

③筛选结果校正。将初选的中心村庄与县域城镇辐射功能区进行叠加耦合分析，排除部分未来转向城镇发展的村庄，考虑到基于三种中心度分析的中心村遴选是仅从村庄空间联系方面进行的筛选，并不包含对村庄自身发展质量的综合评定，这里增加筛选结果与村庄质量校正的步骤，并得到校正后的二次筛选结果。

④空间布局优化。将二次筛选的中心村与村庄功能共同体进行空间耦合，优化部分村庄功能共同体内中心村空间分布不均衡的问题，最终得到中心村筛选结果。

4.4.2 基于中心度分析的县域中心村分类筛选

4.4.2.1 基于点度中心度的中心村筛选

以村庄的点度中心度指标在长阳县域23个村庄功能共同体内筛选出59个中心村，排除部分已经城镇化或未来将要纳入城区、镇区发展的村庄，如西寺坪村、白氏坪村、磨市村，然后对县域23个村庄功能共同体内59个村庄中剩余村庄进行综合质量排序，最终筛选出41个村庄（如表4.13所示）。

表4.13 基于点度中心度指标的长阳县中心村分类筛选

村庄功能 共同体编号	包含村庄	中心村
B01	三洞水村—居溪村—高桥村—樟木垒村	三洞水村（4.31）
B02	乐园村—沙地村—八角庙村—秀峰桥村	八角庙村（2.32）
B03	九龙村—水连村—天池口村—双龙村	天池口村（3.04）
B04	黍子岭村—青树包村—溜沙口村—马连坪村—万里城村	溜沙口村（5.37）
B05	杨家桥村—天河坪村—布政村—西坪村—柿贝村	西坪村（6.03）
B06	中溪村—黄柏山村—对舞溪村—陈家坪村—竹园坪村	黄柏山村（0.77）

村庄功能共同体编号	包含村庄	中心村
B07	朱津滩村—刘家冲村—白氏坪村—刘家坳村—王子石村	王子石村（234.27）
B08	乌钵池村—峰山村—玉宝村—芦溪村—三口堰村	芦溪村（24.96）
B09	石磙淌村—清水堰村—钟家湾村—邓家冲村—九柳坪村—千丈坑村	钟家湾村（11.06）
B10	西湾村—麻池村—重溪村—朱栗山村—响石村—城五河村	麻池村（6.20）
B11	青龙村—梁山坝村—赵家湾村—枝柘坪村—板凳坳村—龙坪村	枝柘坪村（8.56）
B12	晓麻溪村—松元坪村—边家坪村—大堰村—桂花园村—蔡家坪村—赵家堰村	蔡家坪村（16.67）、松元坪村（11.57）
B13	淋湘溪村—资丘村—西阳坡村—泉水湾村—凉水寺村—五房岭村—柳松坪村	凉水寺村（6.43）、淋湘溪村（5.19）
B14	龙池村—招徕河村—高峰村—岩松坪村—渔坪村—施坪村—沿坪村	招徕河村（7.96）、施坪村（5.98）
B15	柳津滩村—黄荆庄村—多宝寺村—磨市村—救师口村—马鞍山村—花桥村	花桥村（24.27）、多宝寺村（17.78）
B16	茶园村—梓榔坪村—马坪村—长丰村—社坪村—榔坪村—关口垭村	社坪村（13.59）、长丰村（9.33）
B17	璞岭村—立志坪村—龙潭坪村—雪山河村—五尖山村—杜家冲村—杨柘坪村—峰岩村	龙潭坪村（5.27）、五尖山村（3.88）
B18	郑家榜村—全伏山村—土地坡村—王家棚村—两河口村—晒鼓坪村—厚丰溪村—塘坊河村	晒鼓坪村（35.46）、两河口村（31.66）、厚丰溪村（22.59）
B19	沙堤村—向王桥村—水竹园村—庄溪村—十五溪村—横山村—金福村—晓溪村—嵩水坪村	金福村（15.79）、晓溪村（14.02）、十五溪村（10.87）
B20	古坪村—杨溪村—刘坪村—楠木坪村—天柱山村—鸭子口村—厚浪沱村—静安村—巴山村	鸭子口村（10.33）、静安村（7.30）、刘坪村（6.43）
B21	合子坳村—黄家坪村—邓家坝村—津洋口村—三渔冲村—胡家棚村—龙舟坪村—西寺坪村—何家坪村	黄家坪村（235.76）、邓家坝村（40.14）、何家坪村（39.26）
B22	文家坪村—堡镇村—紫台村—贺家坪村—中岭村—渔泉溪村—青岗坪村—龙王冲村—白沙驿村—七里坪村	渔泉溪村（20.77）、青岗坪村（13.32）、堡镇村（11.74）
B23	魏家洲村—木桥溪村—向日岭村—流溪村—高家堰村—彭家河村—古城村—佑溪村—青岩村—界岭村—金盆村	青岩村（31.85）、木桥溪村（22.04）、古城村（20.28）

4.4.2.2 基于接近中心度的中心村筛选

村庄接近中心度指标反映了村庄距离其他村庄最短的时空距离。对于长阳县这种典型的山区县市来说，接近中心度指标比点度中心度指标反映的特征更接近实际村庄中心性的分布特征。经过村庄接近中心度指标筛选后的中心村共有41个（如表4.14所示）。

表4.14 基于接近中心度指标的长阳县中心村分类筛选

村庄功能共同体编号	包含村庄	中心村
B01	三洞水村—居溪村—高桥村—樟木垒村	三洞水村（11.66）
B02	乐园村—沙地村—八角庙村—秀峰桥村	乐园村（10.81）
B03	九龙村—水连村—天池口村—双龙村	双龙村（9.64）
B04	黍子岭村—青树包村—溜沙口村—马连坪村—万里城村	溜沙口村（10.35）
B05	杨家桥村—天河坪村—布政村—西坪村—柿贝村	西坪村（10.47）
B06	中溪村—黄柏山村—对舞溪村—陈家坪村—竹园坪村	黄柏山村（7.65）
B07	朱津滩村—刘家冲村—白氏坪村—刘家垴村—王子石村	王子石村（23.16）
B08	乌钵池村—峰山村—玉宝村—芦溪村—三口堰村	玉宝村（11.66）
B09	石磴淌村—清水堰村—钟家湾村—邓家冲村—九柳坪村—千丈坑村	钟家湾村（11.04）
B10	西湾村—麻池村—重溪村—朱栗山村—响石村—城五河村	麻池村（9.31）
B11	青龙村—梁山坝村—赵家湾村—枝柘坪村—板凳垴村—龙坪村	枝柘坪村（10.22）
B12	晓麻溪村—松元坪村—边家坪村—大堰村—桂花园村—蔡家坪村—赵家堰村	松元坪村（10.91）、蔡家坪村（10.64）
B13	淋湘溪村—资丘村—西阳坡村—泉水湾村—凉水寺村—五房岭村—柳松坪村	泉水湾村（9.85）、淋湘溪村（9.73）
B14	龙池村—招徕河村—高峰村—岩松坪村—渔坪村—施坪村—沿坪村	招徕河村（11.19）、岩松坪村（11.14）

村庄功能共同体编号	包含村庄	中心村
B15	柳津滩村—黄荆庄村—多宝寺村—磨市村—救师口村—马鞍山村—花桥村	花桥村（12.31）、多宝寺村（11.64）
B16	茶园村—梓榔坪村—马坪村—长丰村—社坪村—榔坪村—关口垭村	社坪村（11.86）、关口垭村（11.64）
B17	璞岭村—立志坪村—龙潭坪村—雪山河村—五尖山村—杜家冲村—杨柘坪村—峰岩村	龙潭坪村（9.36）、五尖山村（9.35）
B18	郑家榜村—全伏山村—土地坡村—王家棚村—两河口村—晒鼓坪村—厚丰溪村—塘坊河村	厚丰溪村（12.44）、晒鼓坪村（12.35）、两河口村（11.96）
B19	沙堤村—向王桥村—水竹园村—庄溪村—十五溪村—横山村—金福村—晓溪村—嵩水坪村	金福村（10.95）、晓溪村（10.95）、十五溪村（10.12）
B20	古坪村—杨溪村—刘坪村—楠木坪村—天柱山村—鸭子口村—厚浪沱村—静安村—巴山村	鸭子口村（11.52）、天柱山村（11.34）、刘坪村（11.33）
B21	合子坳村—黄家坪村—邓家坝村—津洋口村—三渔冲村—胡家棚村—龙舟坪村—西寺坪村—何家坪村	何家坪村（12.40）、邓家坝村（12.36）、黄家坪村（12.35）
B22	文家坪村—堡镇村—紫台村—贺家坪村—中岭村—渔泉溪村—青岗坪村—龙王冲村—白沙驿村—七里坪村	渔泉溪村（12.22）、青岗坪村（11.48）、堡镇村（11.62）
B23	魏家洲村—木桥溪村—向日岭村—流溪村—高家堰村—彭家河村—古城村—佑溪村—青岩村—界岭村—金盆村	青岩村（12.04）、彭家河村（11.85）、木桥溪村（11.91）

对比长阳县村庄点度中心度筛选结果，发现两次筛选结果并非完全一致，这是因为单一中心度评价指标在中心村筛选中存在局限性，同时同一村庄功能共同体内部村庄中心度指标存在微小差异，带来的村庄排名上下浮动现象影响了各自的筛选结果。

4.4.2.3　基于中间中心度的中心村筛选

中间中心度指标反映了村庄作为联系节点在其他节点存在最近连通情况时所起到的中介作用的大小。经过中间中心度指标筛选，共筛选出43个中心村（如表4.15所示）。

表 4.15　基于中间中心度指标的长阳县中心村分类筛选

村庄功能共同体编号	包含村庄	中心村
B01	三洞水村—居溪村—高桥村—樟木垒村	三洞水村（55.25）
B02	乐园村—沙地村—八角庙村—秀峰桥村	八角庙村（43.64）
B03	九龙村—水连村—天池口村—双龙村	天池口村（36.54）
B04	黍子岭村—青树包村—溜沙口村—马连坪村—万里城村	溜沙口村（40.82）
B05	杨家桥村—天河坪村—布政村—西坪村—柿贝村	西坪村（45.24）
B06	中溪村—黄柏山村—对舞溪村—陈家坪村—竹园坪村	黄柏山村（22.78）
B07	朱津滩村—刘家冲村—白氏坪村—刘家坳村—王子石村	刘家冲村（69.94）、刘家坳村（69.94）、王子石村（69.94）
B08	乌钵池村—峰山村—玉宝村—芦溪村—三口堰村	玉宝村（56.08）
B09	石磴淌村—清水堰村—钟家湾村—邓家冲村—九柳坪村—千丈坑村	邓家冲村（44.42）、钟家湾村（44.42）
B10	西湾村—麻池村—重溪村—朱栗山村—响石村—城五河村	麻池村（38.15）
B11	青龙村—梁山坝村—赵家湾村—枝柘坪村—板凳坳村—龙坪村	枝柘坪村（42.69）
B12	晓麻溪村—松元坪村—边家坪村—大堰村—桂花园村—蔡家坪村—赵家堰村	松元坪村（53.73）、蔡家坪村（52.48）
B13	淋湘溪村—资丘村—西阳坡村—泉水湾村—凉水寺村—五房岭村—柳松坪村	淋湘溪村（39.97）、泉水湾村（38.54）
B14	龙池村—招徕河村—高峰村—岩松坪村—渔坪村—施坪村—沿坪村	招徕河村（52.02）、岩松坪村（49.36）
B15	柳津滩村—黄荆庄村—多宝寺村—磨市村—救师口村—马鞍山村—花桥村	花桥村（65.92）、多宝寺村（55.42）
B16	茶园村—梓榔坪村—马坪村—长丰村—社坪村—榔坪村—关口垭村	社坪村（58.46）、关口垭村（54.72）
B17	璞岭村—立志坪村—龙潭坪村—雪山河村—五尖山村—杜家冲村—杨柏坪村—峰岩村	龙潭坪村（40.32）、五尖山村（39.65）

村庄功能共同体编号	包含村庄	中心村
B18	郑家榜村—全伏山村—土地坡村—王家棚村—两河口村—晒鼓坪村—厚丰溪村—塘坊河村	晒鼓坪村（68.53）、厚丰溪村（68.08）
B19	沙堤村—向王桥村—水竹园村—庄溪村—十五溪村—横山村—金福村—晓溪村—嵩水坪村	晓溪村（54.90）、金福村（53.90）、十五溪村（47.18）
B20	古坪村—杨溪村—刘坪村—楠木坪村—天柱山村—鸭子口村—厚浪沱村—静安村—巴山村	鸭子口村（49.95）、天柱山村（48.37）、刘坪村（47.72）
B21	合子坳村—黄家坪村—邓家坝村—津洋口村—三渔冲村—胡家棚村—龙舟坪村—西寺坪村—何家坪村	何家坪村（70.69）、邓家坝村（69.03）、黄家坪村（68.53）
B22	文家坪村—堡镇村—紫台村—贺家坪村—中岭村—渔泉溪村—青岗坪村—龙王冲村—白沙驿村—七里坪村	渔泉溪村（67.11）、堡镇村（58.04）、青岗坪村（58.02）
B23	魏家洲村—木桥溪村—向日岭村—流溪村—高家堰村—彭家河村—古城村—佑溪村—青岩村—界岭村—金盆村	青岩村（68.09）、流溪村（67.78）、金盆村（66.59）

需要指出的是，部分村庄出现了中心度指标与综合质量指标不匹配的现象，如龙舟坪镇的晒鼓坪村，由于隔河岩水库移民的原因，村庄空间腹地缩小，村庄综合质量评价不高，但库区移民带来的交通便利性使村庄各项中心度测度指标都位居前列，村庄在区域村镇节点网络中扮演了重要的中心村角色。对于此类村庄，未来可与邻近最大引力连线综合质量较高的村庄进行空间整合优化。

4.4.3 县域中心村筛选与村庄综合质量的耦合分析

将经过三种中心度指标筛选后得到的中心村名录进行比对，发现在23个村庄功能共同体内，三种中心度筛选结果中重合的情况有12个，存在1处不一致的情况有10个。此外，结果中存在1处不一致，且三种结果中中心村重合（不存在交叉）的情况有2个（B07村庄功能共同体中重合的中心村是王子石村，B09村庄功能共同体中重合的中心村是钟家湾村）。由此可见，三种中心度分析对长阳县中心村的筛选结果具有较强的一致性，长阳县中心村的空间布局结构较为明确。

为避免前述部分村庄空间区位优势掩盖村庄自身发展缺陷的问题，对筛选结果进行优化，然后与村庄综合质量进行比对分析，发现结果中村庄综合质量评分较低（综合质量评分在20分以下）的村庄仅五尖山村1个，村庄综合质量评分在20—30分之间的有7个，其余38个村庄综合质量评分均在30分以上。这里保留38个综合质量评分在30分以上的村庄，并将前述8个评分较低的村庄作为重点优化对象，通过与村庄功能共同体的村庄节点分布情况相结合进行进一步的筛选。

核对8个评分较低的村庄所在村庄功能共同体内部中心村数量，发现八角庙村、三洞水村、溜沙口村、枝柘坪村分别是其所在村庄功能共同体范围内唯一存在的中心村，因此这里维持原筛选结果；但村庄功能共同体范围内包含2个及以上中心村时，则需要适度剔除综合质量较低的中心村，如取消五尖山村的村庄功能共同体的中心村定位；将增加刘坪村作为其所在村庄功能共同体的核心村庄进行打造。最终得到二次筛选结果，如图4.34所示。

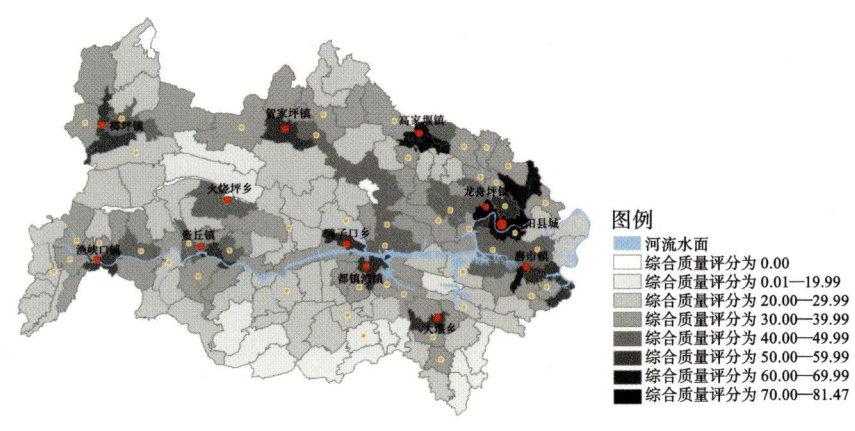

图4.34　长阳县中心村二次筛选结果

（图片来源：作者自绘）

4.4.4　县域中心村的均衡布局

将中心村与村庄功能共同体进行耦合分析，分类均衡优化中心村空间布局（如表4.16所示）。

表4.16　长阳县中心村分类优化筛选

村庄功能共同体编号	包含村庄	中心村优化方向	中心村	中心村空间优化示意
B01	三洞水村—居溪村—高桥村—樟木垒村	维持现有格局	三洞水村	
B02	乐园村—沙地村—八角庙村—秀峰桥村	维持现有格局	八角庙村	
B03	九龙村—水连村—天池口村—双龙村	维持现有格局	天池口村	
B04	黍子岭村—青树包村—溜沙口村—马连坪村—万里城村	维持现有格局	溜沙口村	
B05	杨家桥村—天河坪村—布政村—西坪村—柿贝村	维持现有格局	西坪村	

村庄功能共同体编号	包含村庄	中心村优化方向	中心村	中心村空间优化示意
B06	中溪村—黄柏山村—对舞溪村—陈家坪村—竹园坪村	维持现有格局	黄柏山村	
B07	朱津滩村—刘家冲村—白氏坪村—刘家坳村—王子石村	维持现有格局	王子石村	
B08	乌钵池村—峰山村—玉宝村—芦溪村—三口堰村	结合村庄综合质量与龙五一级公路建设情况进行调整	三口堰村	
B09	石磏淌村—清水堰村—钟家湾村—邓家冲村—九柳坪村—千丈坑村	维持现有格局	钟家湾村	
B10	西湾村—麻池村—重溪村—朱栗山村—响石村—城五河村	维持现有格局	麻池村	

村庄功能共同体编号	包含村庄	中心村优化方向	中心村	中心村空间优化示意
B11	青龙村—梁山坝村—赵家湾村—枝柘坪村—板凳坳村—龙坪村	维持现有格局	枝柘坪村、赵家湾村	
B12	晓麻溪村—松元坪村—边家坪村—大堰村—桂花园村—蔡家坪村—赵家堰村	维持现有格局	松元坪村、蔡家坪村	
B13	淋湘溪村—资丘村—西阳坡村—泉水湾村—凉水寺村—五房岭村—柳松坪村	维持现有格局	淋湘溪村、泉水湾村	
B14	龙池村—招徕河村—高峰村—岩松坪村—渔坪村—施坪村—沿坪村	结合村庄综合质量与中心度筛选结果,减少1个中心村(施坪村)	招徕河村、岩松坪村	
B15	柳津滩村—黄荆庄村—多宝寺村—磨市村—救师口村—马鞍山村—花桥村	维持现有格局	花桥村、多宝寺村	

村庄功能共同体编号	包含村庄	中心村优化方向	中心村	中心村空间优化示意
B16	茶园村—梓榔坪村—马坪村—长丰村—社坪村—榔坪村—关口垭村	维持现有格局	社坪村、关口垭村	
B17	璞岭村—立志坪村—龙潭坪村—雪山河村—五尖山村—杜家冲村—杨柘坪村—峰岩村	增加1个中心村（五尖山村），强化空间覆盖	龙潭坪村、五尖山村	
B18	郑家榜村—全伏山村—土地坡村—王家棚村—两河口村—晒鼓坪村—厚丰溪村—塘坊河村	1.将厚丰溪村、晒鼓坪村区位优势与两河口村空间整合，形成空间整体。2.增加1个中心村（郑家榜村），强化空间覆盖	两河口村、郑家榜村	
B19	沙堤村—向王桥村—水竹园村—庄溪村—十五溪村—横山村—金福村—晓溪村—嵩水坪村	维持现有格局	晓溪村、金福村、十五溪村	
B20	古坪村—杨溪村—刘坪村—楠木坪村—天柱山村—鸭子口村—厚浪沱村—静安村—巴山村	维持现有格局	鸭子口村、刘坪村	

村庄功能共同体编号	包含村庄	中心村优化方向	中心村	中心村空间优化示意
B21	合子坳村—黄家坪村—邓家坝村—津洋口村—三渔冲村—胡家棚村—龙舟坪村—西寺坪村—何家坪村	将临近县城与龙舟坪镇镇区的邓家坝村统筹入城镇空间范围	何家坪村、黄家坪村	
B22	文家坪村—堡镇村—紫台村—贺家坪村—中岭村—渔泉溪村—青岗坪村—龙王冲村—白沙驿村—七里坪村	维持现有格局	渔泉溪村、堡镇村、青岗坪村	
B23	魏家洲村—木桥溪村—向日岭村—流溪村—高家堰村—彭家河村—古城村—佑溪村—青岩村—界岭村—金盆村	维持现有格局	青岩村、木桥溪村、古城村	
中心村数量总计			39 个	

资料来源：作者自绘。

①对部分中心村空间分布不均衡可能导致未来空间覆盖辐射能力下降的村庄功能共同体，通过适度增加中心村进行补充性的空间优化。

都镇湾镇南部的"璞岭村—立志坪村—龙潭坪村—雪山河村—五尖山村—杜家冲村—杨柘坪村—峰岩村"村庄功能共同体中仅有龙潭坪村1个中心村，且龙潭坪村在空间上偏于村庄功能共同体一侧，导致功能单元内部中心村辐射覆盖范围不足，因此这里将原中心村筛选结果中的五尖山村增补为中心村。

龙舟坪镇的"郑家榜村—全伏山村—土地坡村—王家棚村—两河口村—晒鼓坪村—厚丰溪村—塘坊河村"村庄功能共同体的3个中心村空间布局集中于东侧，导致功能单元西侧无中心村分布。这里结合村庄综合发展质量与清江方山景区的分布情况，增加郑家榜村为中心村，同时针对晒鼓坪村与厚丰溪村优越的空间交通区位与发展空间腹地较小的问题矛盾，将两村的空间区位优势与两河口村整合为一体，形成两河口村、郑家榜村2个中心村，以构建东西兼备区位优势与发展优势的村庄功能核心区域。

②针对部分临近城区或镇区的村庄功能共同体中中心村分布过于密集的问题，采取适度减少中心村数量的方法平衡村庄功能共同体的结构。

龙舟坪镇的黄家坪村、邓家坝村作为中心村候选对象，因空间上距离长阳县城区与龙舟坪镇镇区较近，则将距离城镇中心更近的邓家坝村纳入城镇空间范畴考量，选择距离城镇中心稍远的黄家坪村作为中心村。

渔峡口镇的招徕河村、施坪村作为临近渔峡口镇镇区的两个候选中心村，最终选择距离镇区稍远的招徕河村作为中心村，而施坪村则未来纳入城镇空间范畴进行统筹。

③结合未来村庄发展趋势，重构部分村庄功能共同体内部中心村结构。

磨市镇的三口堰村受与中心城区连通的龙五一级公路尚未完全打通的影响，与其他村庄空间联系效率下降。结合未来长阳县磨市镇的整体发展规划，三口堰村将作为县域重要的产业组团进行整体打造，因此，将其所在村庄功能共同体的中心村调整为三口堰村。最终得到长阳县中心村分布图（如图4.35所示）。

图4.35 长阳县中心村空间分布图

（图片来源：作者自绘）

5

长阳县域乡村空间体系
组织模式

5.1 县域乡村空间体系组织模式选择原则

总体来看，鄂西武陵山区县域乡村空间体系组织模式的提炼过程将基于鄂西武陵山区特殊的自然空间环境以及乡村发展的现实状况进行综合性的推演提炼。在问题导向方面，县域乡村空间体系组织模式的构建既要解决鄂西武陵山区乡村空间的要素、结构与环境等物质环境存在的问题，同时也要解决乡村内在联系网络化构建的问题。这不仅需要在县域乡村空间组织层级的纵向维度上对其空间体系组织的等级结构进行明确界定，同时也需要在横向维度上明确各层级功能单元内空间联系性的结构变化。因此，对鄂西武陵山区县域乡村空间体系组织模式的推导工作需要关注三个方面内容：一是县域乡村空间体系组织构建的地域空间环境特征分析，二是县域乡村空间体系组织的层级结构问题，三是各层级功能单元内部要素、功能、结构的组织方式等内容。

5.1.1 总体思路

（1）融合乡村空间功能性与空间联系性，区划县域乡村功能单元

从长阳县的实践案例来看，鄂西武陵山区县域层面形成的乡村主体功能区与中观层面的村庄功能共同体以及微观层面的行政村之间以道路廊道进行空间上的要素交流及组织协作。功能组团之间的道路交通联系性为乡村整体空间体系的形成提供了通道作用，同时也构成了各功能组团内在组成要素之间识别合作关系强弱、区划功能组团单元的重要部分。本书对于鄂西武陵山区县域乡村空间体系现状特征研究的一项重要结论是，县域乡村呈现出来的低水平均衡发展与扁平化塌陷的空间问题，并不仅仅是物质空间要素组织所产生的空间表象，这其中还涉及地区乡村内在空间网络型联系的弱化问题，即在自然地理环境约束下村际、村庄与城镇之间的空间要素流通交换的便利程度衰退问题。对于落后山区乡村来说，这种空间联系性的构建与强化，有可能比仅从空间功能性角度对乡村物质空间进行组织的传统研究方法更加重要。

因此，对于鄂西武陵山区乡村空间体系组织模式的探索，需要将对空间问题

的研究范畴拓展至对空间体系内在组织网络的研究，需要内外结合，整合乡村外在的空间功能组织与内在的空间联系性网络化构建，以空间内在联系性优化构建为基础，在县域层面逐级形成符合乡村地域发展的空间功能单元，增加乡村空间体系研究的视角与维度，增强对鄂西武陵山区县域乡村空间组织问题认知的多样性与客观性，摆脱传统意义上的就物质空间讨论乡村空间组织体系构建的片面性。

（2）跃迁县域乡村空间基础组织层级，应对空间组织层级结构的漂移性

小农经济主导下的鄂西武陵山区乡村在长久的发展过程中，形成了个体细碎化的生产方式，乡村基础生产单元集中于行政村空间层级，但以村为单位的集体化合作的生产关系并未形成，这也是鄂西武陵山区县域乡村空间呈现出分散与扁平化特征的重要原因。乡村振兴战略目标下的乡村发展要求乡村产业功能实现一定程度的规模化与专业化，并在农业供给侧改革的背景下，乡村产业结构需要逐步实现脱离传统种植业，转向产业融合发展的道路。在这一过程中，要依托地域产业发展特色，规模化组织产业生产过程，基于村际空间联系性网络将传统的小农经济个体化生产转化为以村为单位的集体合作化生产方式，进而在空间层面形成以行政村为基础、以村级内在联系性为纽带、以村庄产业功能规模化打造为目标的新型产业功能单元。这种集合多个行政村协同生产的功能单元，将乡村基础生产单元由行政村跃迁至村庄功能共同体，摆脱了个体村庄点式发展难以破局的困境。

此外，武陵山区县域乡村空间组织在中观尺度下具有较强的层级结构漂移性特征，县域乡村空间组织层级结构也具有不确定性，因此，鄂西武陵山区县域乡村空间体系组织模式可能存在多种多样的结构范式。但本书研究的重点并非对可能存在的组织模式进行"一网打尽"式的总结提炼，这里需要针对鄂西武陵山区县域乡村空间组织的主要特点，将县域乡村空间体系组织模式探索的重点聚焦于县域乡村空间体系组织的层级结构，以及中观尺度下乡村功能单元内节点组织的关系网络的构建，即借助社会网络分析的网络凝聚子群分析、网络中心性分析，以及引力分析中的最大引力连线分析等方法，在中观尺度下区划乡村主体功能单元与次级的村庄功能共同体，解析中观尺度下乡村空间组织的几种主要可能，探索区别于鄂西武陵山区县域乡村"县—镇—村"三级行政组织结构的几种最为常见的结构模式。

（3）尊重地域自然环境地理特征，打造适配地区发展特色的乡村空间体系组织模式

山区乡村空间体系构建是基于乡村空间联系网络，与自然地理环境高度耦合的系统构建。地域自然环境构成了乡村空间体系外在的物质基底，也决定了乡村空间资源要素的空间分布格局，这也在一定程度上反映出山区地域自然环境条件对乡村空间组织的决定性作用。同时，自然环境通过对山区乡村道路等基础设施建设的影响，间接影响了乡村之间、村庄与城镇之间的内在空间联系，县域范围内的乡村地区基于村镇发展质量及其空间可达性的强弱形成了关联网络，这种空间节点的关联网络反映出来的功能与结构特征，也是鄂西武陵山区乡村区别于其他地域的特色性展现。因此，对鄂西武陵山区乡村空间体系组织模式的总结凝练，需要自始至终将自然环境条件与外在物质环境要素组织、内在空间联系性构建过程关联考量，将各项分析结果与自然环境条件进行耦合校对，以实现对鄂西武陵山区县域乡村空间体系组织模式的精准把握。

同时，鄂西武陵山区乡村空间体系构建需要解决的另一个核心问题是城镇如何与村庄取得良性的空间互动效应。在县域宏观层级以下，城区与镇区作为高级中心地，其空间区位分布情况对不同乡村节点之间的影响效应存在非均衡性的差异，加上自然环境条件影响下村镇节点空间可达性的差异，城镇与村庄之间的关联网络呈现出强弱不一的等级结构。而县域乡村空间体系层级结构的优化组织也是鄂西武陵山区县域乡村空间体系组织优化的一大内容，因此，有必要在研究中依据县市城区、镇区在空间分布的不同地理位置，对县域中观尺度下的乡村空间体系组织模式进行分类提炼构建。

5.1.2　选择原则

（1）"集约复合"的要素优化原则

"集约复合"是针对鄂西武陵山区乡村空间要素分散化导致的空间生产低效问题所提出的优化构建路径。

"集约"与乡村空间的集中与分散相关，同时也与乡村空间利用效率密切相关。乡村空间要素的集约化是指在已有的空间要素基础上，通过提高空间要素质量、增加要素含量、转变空间要素组合等方式，提高乡村生产效益。由此可见，"集约"是相对当前鄂西武陵山区乡村生产要素粗放利用而言的，空间要素的重组过程中应遵循要素规模化、集中化原则，避免要素组织出现"少慢差费"的状况，实现乡村空间生产过程的小投入高回报。

"复合"是指乡村空间要素组织的多元复合性，即在分析县域空间结构范型的基础上，将乡村空间要素多向度地向功能优势地区集聚。要素复合性是基于对山区县域乡村空间要素的细致分类，从区域发展的格局出发，多元整合空间要素组织路径，避免忽略山区乡村空间要素的地域性特征，对山区乡村空间要素进行单一模式简单组织。武陵山区县域乡村空间要素的复合化组织，有助于规避单一扁平化的乡村空间体系构建风险，实现山区空间体系特征的多样化呈现。

具体来看，"集约复合"的要素优化路径首先需要对山区乡村空间要素的空间分布特征进行系统梳理。从乡村所在地域环境出发，对空间要素分布的地理位置、用地规模、空间要素密度等方面进行特征分解，并结合空间要素的用途进行细致分类。同时，乡村已有的产业发展基础对于未来乡村空间要素组织的方向具有较强的指导意义，因此，还需要结合乡村产业发展情况对乡村空间要素进行进一步的精细化分类，将其按照产业门类的不同进行详细划分。其次，在乡村空间要素分类的前提下，以要素属性及生产方式的相似性为基础，从自然地理单元与生产协同性方面规模化整合各类空间要素，形成各种空间要素单元。最后，结合地域产业发展的现实与空间要素的分布特征，确定要素紧凑化组织的方向与空间组织功能，自下而上规模化、组团化重组各级生产单元，进而实现山区乡村空间要素的"集约复合"优化目标。

（2）"多元弹性"的功能优化原则

"多元弹性"是针对山区乡村功能单一、地域空间功能退化问题所提出的功能优化路径。鄂西武陵山区乡村的农业生产功能与平原地区相比并不具备优势，而山区生态资源优势也未能转化为较为突出的生产功能，局部地区旅游产业的发展并未带动乡村空间功能的全面提升，鄂西武陵山区乡村空间功能的组成内容虽呈现出一定程度的差别化，但整体多元化发展程度较低。

针对鄂西武陵山区乡村空间功能趋向单一的农业生产主导构建问题，需要以多元化发展为目标对乡村地域进行地域多功能重组。而这种地域多功能性的培育重组一方面需要在地域空间上注重乡村优势功能的地域性集聚，即重视生态资源优势的价值转化，以生态化、精品化的思路与产业专一化结合，集聚提升乡村功能服务能级；另一方面也需要从区域乡村功能协同发展角度，立足乡村发展基础，探索局部乡村地理单元下功能的差异布局，转变功能结构单一性的制约。

"弹性"优化路径是针对现有村镇行政区划对乡村空间功能单元自上而下的刚性分割区划问题所提出的乡村空间功能优化路径。传统"县—镇—村"行政区划下的村镇体系与村庄居民点体系规划往往具有管理等级约束下的刚性区划思路，而乡村空间功能区划的本质，更多的是基于乡村空间功能类型的相似性以及村庄节点之间的快速联系性的科学构建。

鄂西武陵山区乡村空间功能"弹性"优化路径的构建需要从村庄内在发展的规律出发，以产业同质化构建以及村庄联系性为依据，自下而上在微观层面架构乡村空间功能基本单元，并通过基础功能单元的协同网络构建，在亚区域单元形成乡村主体功能区，进而在县域层面重构乡村地域功能格局。在这一过程中各级功能单元之间的空间边界并非刚性划定，而是可以结合单元功能强弱以及空间联系性强弱进行局部单元边界的灵活调整，使各级乡村功能单元成为具有一定可伸缩性的弹性功能体。

（3）"紧凑网络化"的结构优化原则

"紧凑网络化"是针对山区乡村空间组织单元微观下沉带来的结构松散与扁平化问题提出的空间结构优化路径。

"紧凑"与空间要素的集中化组织有关，城乡空间结构最大的差别在于生产效率差异带来的空间集聚程度不同，城市空间高度集中，而乡村空间整体上呈现出分散特征。特别是在鄂西武陵山区，乡村空间要素呈现出片段式或零星式的散落分布，加上以行政村为单位的个体化生产方式，乡村空间结构呈现出分散化趋势。因此，对于鄂西武陵山区乡村空间体系结构的优化，除从空间要素规模化、集中化整合路径考量以外，还需在乡村地域通过产业经济、社会文化的协同发展，优化其空间组织效率，扭转空间结构松散化局面，实现山区乡村空间组团单元化紧凑组织的优化目标。

"网络化"是针对山区乡村空间组织中的关系弱连接影响下的空间扁平化问题所提出的结构优化路径。前文提到鄂西武陵山区乡村由于内向化的产业发展，以及个体化的生产方式影响，乡村空间呈现出村际关联弱化、个体发展无差别的扁平化空间特征。未来对于山区乡村来说，乡村空间体系的优化构建依然需要面临有限的交通基础设施对乡村空间体系组织优化支撑不足的问题。山区乡村空间体系的优化需要在要素规模化、功能协同组团化目标下，转变交通制约下的各级节点空间弱连接的状态，从强化乡村内在关系网络，内生性优化乡村空间组织的方式，到对山区乡村空间体系进行微观、中观与宏观层面的全面性关联网络的优化，使乡村空间体系结构与空间要素布局、空间功能组织形成良性匹配。

5.2　中心均衡模式

鄂西武陵山区地形地貌在微观小地理单元上虽不如平原地区均质，但从中宏观空间尺度来看，特别是在中观尺度下，部分山区县市地理环境呈现出无差异化特征，即县域空间范围内局部地区自然环境具有较强的相似性，如鄂西武陵山区的长阳县、五峰县的局部丘陵地区（如图5.1、图5.2所示），这种情况依然可以视为具备均质化的空间基底条件。因此，这种县域以下、村庄以上的中观空间尺度上的丘陵地带，可以视为符合中心均衡式布局的特点。

图5.1　长阳县东部丘陵地形

（图片来源：Google Earth 卫星影像）

图5.2　五峰县东部丘陵地形

（图片来源：Google Earth 卫星影像）

5.2.1 模式解析

（1）模式阐述

中心均衡空间体系模式下的县市城区位于地理中心，乡村节点在距离衰减原则下，围绕中心城区形成不同的功能单元，城区所在地域吸引周边部分村庄转型进入城区发展范围，并在地理空间上形成引领县市域发展的中心极核。镇区连同部分邻近村庄形成镇区功能圈层，一方面与城区形成较好的空间互动关系，另一方面也通过主要交通廊道与各行政村形成联系网络。在城镇功能圈层以外，乡村地域圈层形成多个不同的主体功能单元，且在乡村主体功能单元内，村庄功能共同体成为中观主体功能单元尺度以下、微观行政村空间尺度以上新层级的主要构成内容（如图5.3所示），这也是本次研究针对鄂西山区县域乡村组织层级微观扁平化问题，在中观尺度下提出的主要应对策略。微观层级以上通过村庄功能共同体的形式构建鄂西山区县域乡村基层组织单元，并在便利的交通联系基础上形成网络化的空间结构，是本书中研究的重要内容之一。

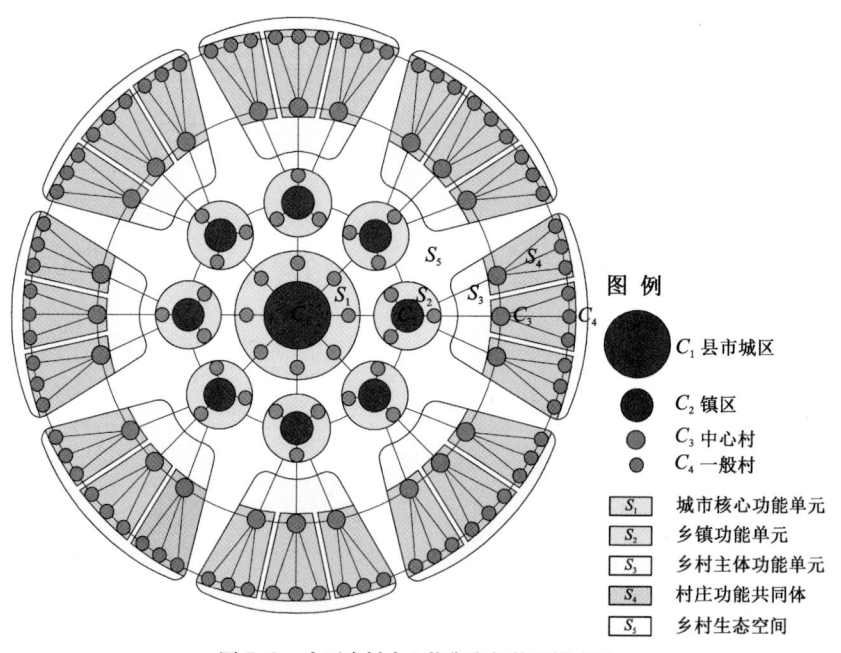

图5.3 山区乡村中心均衡空间体系模式图

（图片来源：作者自绘）

（2）等级特征

在等级结构方面，中心均衡式可以划分为"县域—乡村主体功能单元—村庄功能共同体—行政村"四级结构（如图5.4所示），这种分类结果与村镇体系规划的"县—镇—村"三级结构（如图5.5所示）既具有相似之处，同时也存在结构差异。相似之处在于，同级空间尺度下，其空间组织内容存在相似性；不同之处在于鄂西武陵山区的空间组织重点被聚焦于中观层面的村庄功能共同体一级，其空间等级结构也演化为四级结构。同时，村镇体系规划强调各级节点间竖向的拓扑关联，对于节点横向联系并不重视，而在构建的鄂西武陵山区县域乡村空间体系模式中，无论是中观层面的乡村主体功能单元、村庄功能共同体，还是在微观层级的村与村之间，均同时存在纵向与横向的空间联系。

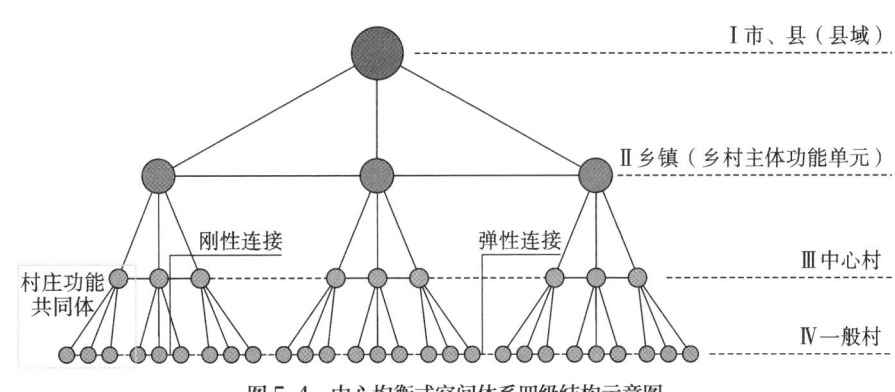

图5.4　中心均衡式空间体系四级结构示意图

（图片来源：作者自绘）

（3）功能特征

鄂西武陵山区乡村的功能结构特征是，从中观尺度的主体功能单元开始，依托乡镇之间的引力联系，出现功能协同整合。鄂西武陵山区县域中心均衡式乡村空间体系中，各乡镇之间由于存在资源要素的同质性，加上镇区空间的均衡布局，乡村功能存在一定程度的同构性，仅依靠已

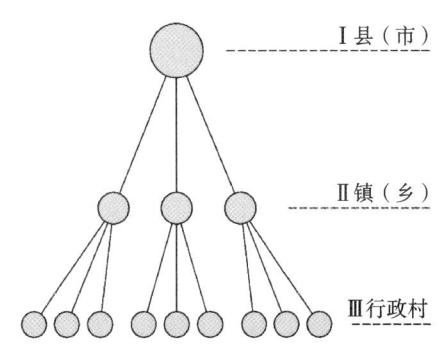

图5.5　村镇体系规划的拓扑式等级结构图

（图片来源：作者自绘）

有的乡村联系引力网络难以明确各乡村主体功能单元的空间边界。这时，行政界线在各个主体功能单元之间的隔断作用显现。中心均衡式空间体系结构基本上沿袭了行政管理体制下的乡村功能区区划，但乡镇之间的功能关联性并没有因为山区交通可达性的降低而被隔断，乡镇之间在产业发展等方面依然存在同构可能。乡镇镇区所在的主体功能单元之间可以尝试通过功能的整合，在更大空间范围上形成功能共同体，通过生产要素的进一步集整，提升山区乡村空间生产的整体能级。

在微观行政村层级，村庄之间存在功能要素的相似性，村庄横向联系形成要素均质、功能同构的村庄功能共同体。村庄功能共同体单元边界并非刚性固定的，这是因为鄂西武陵山区乡村环境基质的复杂多样性，导致中观尺度下村庄功能共同体的空间边界难以明确划定，这里依据村庄引力联系性的强弱采取弹性调整空间边界的方式约束村庄功能共同体覆盖空间范围的大小，使其空间组织具备一定的灵活性与弹性。如一个基础的村庄功能共同体单元内包含1个中心村C_3与3个一般村C_4（如图5.6中的S_{4a}单元所示），在均质且村庄之间存在较强交通联系的情况下，村庄功能共同体可横向继续整合，形成含有2个中心村、6个一般村的中型村庄功能共同体（如图5.6中的S_{4b}单元所示）；如果中型村庄功能共同体继续整合，将形成如图5.6中的S_{4c}单元所示的大型

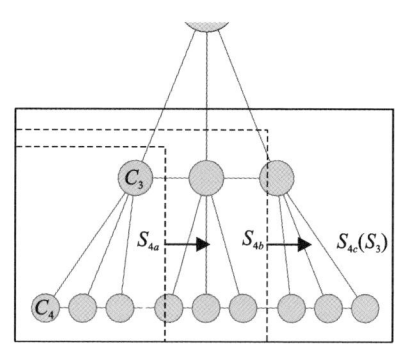

图5.6 村庄功能共同体单元弹性伸缩图
（图片来源：作者自绘）

村庄功能共同体，这时村庄功能共同体与村庄主体功能单元（S_3）边界耦合。原则上村庄功能共同体单元的空间范围小于乡村主体功能单元范围，但对于中心均衡式体系模型来说，部分情况下两者可统一构建。

（4）结构特征

中心均衡体系模式的空间结构围绕不同个体形成不同的空间圈层，不同空间圈层之间以及同一空间圈层内部存在个体联系性差异，这也构成了鄂西武陵山区乡村空间体系模式特征差异性的基础。在乡村空间体系中，各级节点间的空间联系分为刚性连接与弹性连接（如图5.4所示）。刚性连接除包括两个不同等级圈层之间的

联系之外，还包括在村庄功能共同体内部一般村之间存在的必要空间联系；弹性连接包括不同村庄功能共同体间横向的空间联系，这种联系具有一定的非必需性。如中心村与乡镇镇区的联系为刚性连接，而中心村之间的联系为弹性连接。刚性连接界定了空间体系构建的结构性框架内容，弹性连接则使山区乡村空间体系存在灵活组织的可能，使乡村空间体系具备一定程度的弹性结构特征。在中心均衡体系模式下，乡村节点间的弹性连接情况均可视为连接状态，即村庄横向联系呈现开放性的状态，村庄在竖向与横向两个空间维度上构建起中心均衡体系模式的网络化结构特征。

5.2.2 模式内涵：多向均衡、结构紧凑、功能互补的圈层式空间网络体系

（1）多向均衡

乡村空间体系构建是基于乡村互联互通的空间优化行为。从理想状态讲，鄂西武陵山区乡村处在相对均质的地理环境下，基于最优交通联系条件，乡村各级节点形成互联互通的空间格局。村镇节点之间引力作用大小及空间分布均匀且线性，空间体系在多个方向上呈现出空间均衡耦联的特征。在这种模式下，城市中心及乡镇中心能够较好地为周边乡镇、村庄提供近似均匀的空间产品以及服务。

（2）结构紧凑

中心均衡体系模式下，由于城区位于地理中心的区位（如图5.7所示），各级节点与高一级中心地的时空距离最短，城区对镇区以及各级乡村的空间可达性也因为向心性较强且存在多向均衡的交通廊道达到最优化，其空间体系在纵向等级结构上呈现出紧凑性特征。从各级节点之间横向联系性来看，乡村主体功能单元之间以及村庄功能共同体之间功能差异性较小，同时单元空间边界具有可调可控的弹性，在均衡的交通联系网络支撑下，局部空间要素的集整规模化成为可以实现的空间生产行为。村庄功能共同体基础生产单元边界扩张使村庄功能共同体空间范围放大，中观尺度下的生产单元数量减少，但个体单元所包含村庄个体数量增多，村庄功能共同体具备了与主体功能单元边界重合的可能，此时，乡村空间体系的等级结构简化，并有可能形成"县域—乡村主体功能单元（大型村庄功能共同体）—行政村"

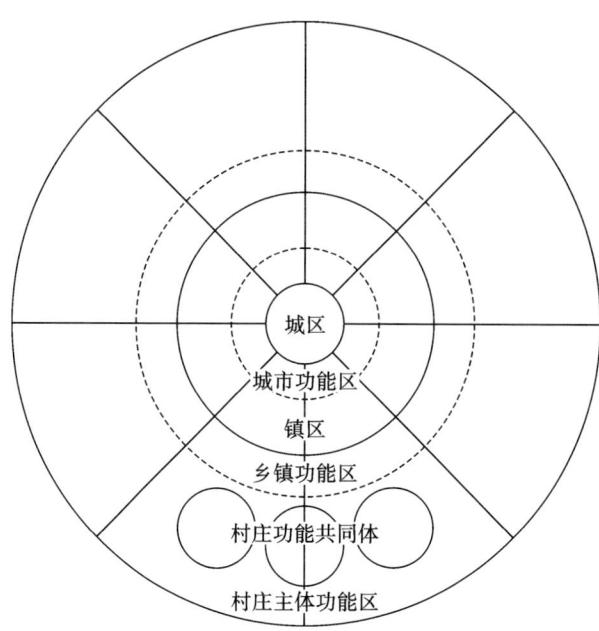

图5.7　中心均衡乡村空间体系模式下乡村空间圈层结构示意

（图片来源：作者自绘）

的三级结构。此时，组织层级精简带来空间体系竖向结构的紧凑与横向联系的规整。

（3）功能互补

鄂西武陵山区县域乡村存在的个体同质化竞争导致空间整体低水平均衡问题，需要从县域宏观层面、乡村主体功能单元中观层面，以及村庄功能共同体基础生产单元的中观层面搭建功能协同效应进行全局性应对。县域乡村的竖向功能区划方面，县域层面围绕核心产业体系，依据乡镇在整体产业发展中的分工不同，区划出不同的主体功能区；乡镇层面则在某一主导发展功能指导下，从功能集整化、产业规模化的角度组织村庄功能共同体的发展方向。各级单元之间的功能区划是建立在协同性基础上的深化过程，产业功能的互补性与集整化、规模化发展是其功能组织目标，而实现的路径是以各级具有网络化联系的村庄功能单元进行产业分工。

在中心均衡模式下，一般村承担了生产功能，并且在功能同质构建原则下，村庄之间的生产功能差别较小；中心村除基础的生产功能以外，还承担了将村庄功能共同体生产的产品流通至镇区与城区的功能；乡镇镇区除作为节点承担产品向城区及更大空间范围的流通功能外，还对农产品进行初级加工；而县市城区则一方面作为产品的销售对象，承担部分销售职能，另一方面还承担了向更大市场范围流通以及对初级产品进行深加工的职能（如图5.8所示）。

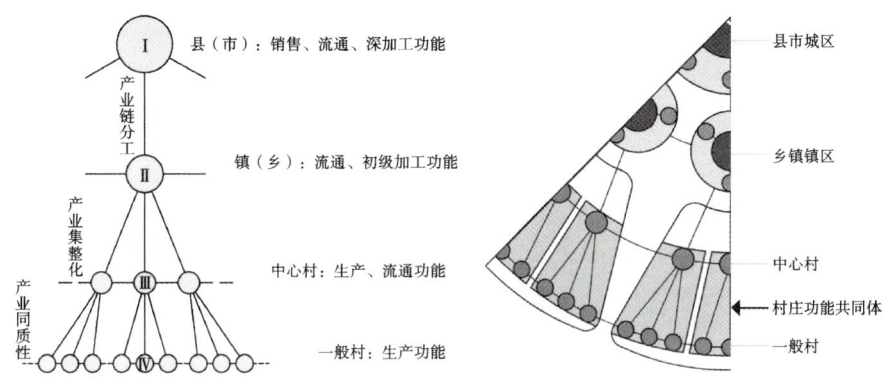

图 5.8 中心均衡乡村空间体系模式的功能区划

（图片来源：作者自绘）

5.3 偏心十字模式

中心均衡乡村空间体系模式是鄂西武陵山区东部低丘地区少量存在的一种较为理想的空间模式。然而鄂西武陵山区多数县市城区并非位于空间上的地理中心，县域交通条件也并不能在各个方向达到高效均衡的空间状态，同时各县域地理环境也多以高山、谷地、流域、平坝等复杂地形为主。因此，鄂西武陵山区多数县域乡村空间体系组织需要因地制宜，探索适合地区空间特征且不同于中心均衡模式的典型模式。

偏心十字空间体系模式下，县域城镇与乡村环境基质具有多样性特征。县域范围内依托自然地形，沿主要的城镇发展廊道分布有若干条十字交叉的重要交通线路，引导城镇与乡村空间呈现交叉轴向发展特征。鄂西武陵山区部分县市符合偏心十字模式范畴，如鹤峰县、咸丰县、利川市等（如图5.9、图5.10所示）。由于城区

图 5.9　鄂西武陵山区鹤峰县 Google 影像图

（图片来源：Google Earth 卫星影像）

图 5.10　湖北省咸丰县 Google 影像图

（图片来源：Google Earth 卫星影像）

偏于一侧，城市功能核心区空间辐射范围不能覆盖所有乡镇与村庄，部分乡村地区通过与其他乡镇所在主体功能单元协同整合，与城区产生间接关联关系。

5.3.1　模式解析

（1）模式阐述

在鄂西武陵山区县域乡村偏心十字空间体系模式中，县市城区偏于地理中心一侧，在城区外围依托十字交叉交通线路形成城镇辐射影响圈层，圈层内乡镇中心通过交通线路直接与城区中心连接。而与城区间接关联的多个乡村主体功能单元在距离衰减原则下，沿某一交通轴线接收中心城区流通的资源要素总量逐渐减少，出于自身发展需要，远离中心城区的主体功能单元横向与邻近单元关联形成具有轴向性的功能单元（如图5.11所示）。偏心十字空间体系模式具有较强的空间向心性，十字交叉道路系统引导各级功能体呈现不同程度的向中心城区集聚发展的倾向。

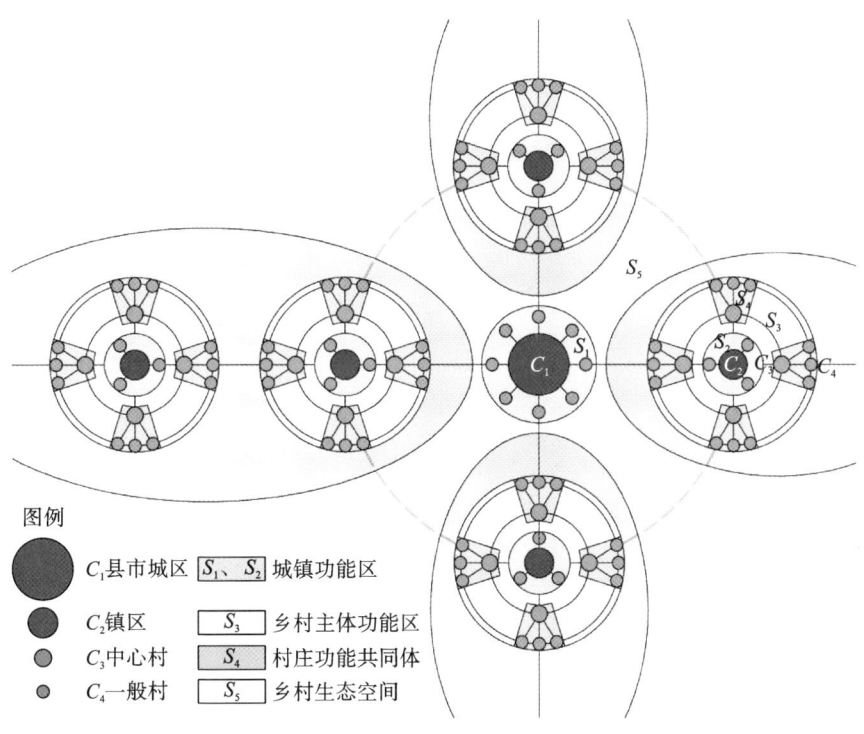

图例

C_1 县市城区　　S_1、S_2 城镇功能区

C_2 镇区　　　　S_3 乡村主体功能区

C_3 中心村　　　S_4 村庄功能共同体

C_4 一般村　　　S_5 乡村生态空间

图5.11　山区乡村偏心十字空间体系模式图

（图片来源：作者自绘）

（2）等级特征

偏心十字模式等级结构方面与中心均衡空间体系模式相同，均为"县域—乡村主体功能单元—村庄功能共同体—行政村"的四级结构（如图5.12所示）。村庄功能共同体依然是空间体系在中观层面构建的重点，在自然环境条件基础上，确定村庄功能共同体空间单元边界，多个村庄功能共同体横向联系形成村庄主体功能单元。中观层面的村庄

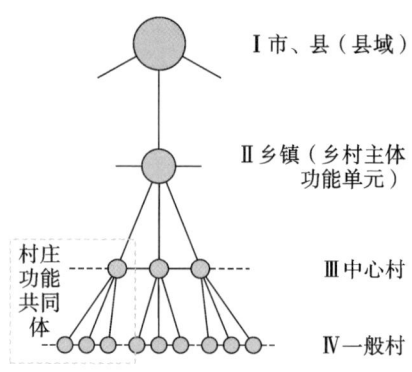

Ⅰ 市、县（县域）

Ⅱ 乡镇（乡村主体功能单元）

村庄功能共同体

Ⅲ 中心村

Ⅳ 一般村

图5.12　偏心十字模式等级结构图
（图片来源：作者自绘）

主体功能单元与现有乡镇一级的行政区划单元存在一定的耦合关系，但并不完全一致，在乡村空间功能网络的凝聚子群分析中发现，部分县域现状乡村主体功能单元存在跨越乡镇行政界线的现象，这也是鄂西武陵山区复杂多样的地理环境综合影响下的结果，这种空间现象在以村庄引力联系为基础构建的网络化功能共同体中是允许的。

（3）功能特征

偏心十字乡村空间体系模式下，城镇中心对于外围空间的功能辐射作用依旧显著，同时乡村空间体系的功能向心性突出。但与中心均衡结构模式下的多向均衡功能构建不同，偏心十字模式下乡村空间功能体系仅能在主要的十字廊道双向展开，同时在偏离中心的方向，乡村主体功能单元与中心功能单元存在非直接联系的空间特征。因此，这种高等级中心难以直接辐射下一级功能单元，需要整合未被辐射功能单元与邻近被辐射单元，依托交通廊道进行功能单元再组织，将原有远离中心一端的乡村主体功能单元重组为一个整体，重新接受中心单元的辐射服务。

上述偏心十字模式下的空间功能重组多发生于中宏观层面，在中观的村庄功能共同体层面，偏心结构下依然存在功能越级联通的可能。这是因为相比中心均衡式结构，十字偏心结构在地域空间的某一方向存在扩大中心节点辐射服务范围的需求，但中心节点实际的服务能力并不足以支撑其对所有区域进行精准覆盖，这使得局部地区出现中心节点辐射圈层难以触及的"真空地带"。而"真空地带"的村庄功能共同体存在两种组织构建的可能，一种是越级与邻近的高等级中心节点进行功

能整合构建（如图5.13中T_c与T_a联系所示），这种情况在实际乡村空间组织中并不多见；实际多通过与邻近同等级功能体进行功能整合形成中型功能体（如图5.13中T_c与T_b联系所示）。

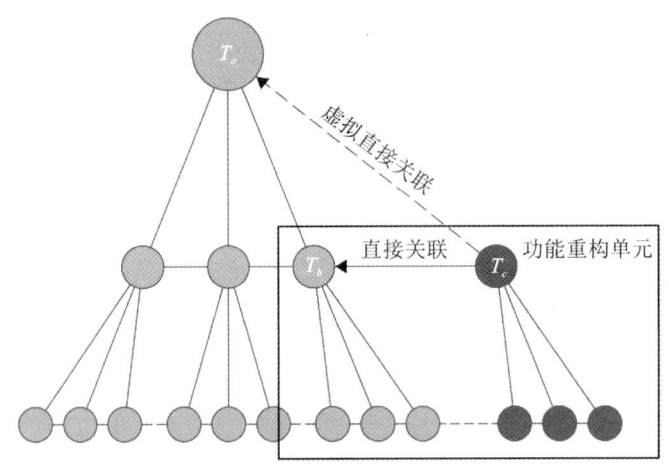

图 5.13　偏心十字乡村空间体系模式下的村庄功能单元重构示意图

（图片来源：作者自绘）

（4）结构特征

偏心十字乡村空间体系模式同样遵循中心地理论的圈层空间特征，其与中心均衡模式的不同点在于，其圈层结构的外围空间范围呈现非同心圆式的空间分布形式（如图5.14所示）。造成这种现象的原因一方面是鄂西武陵山区环境条件与各个方向实际空间可达性衰减的限制，另一方面是中心城镇偏心的空间区位难以均匀地辐射影响周边乡村地区，造成乡村空间组织在弱中心辐射方向形成突破规则同心圆结构的边缘扩张。需要关注的是，偏心十字模式下乡村空间结构在中观层级开始出现功能整合单元，目的在于通过功能单元协同性的构建，弥补偏心结构下中心节点对外围圈层地域空间覆盖能力的不足，即解决空间功能"真空地带"的功能联结问题。因此，在偏心十字模式下的乡村空间体系中，各层级组成功能单元会存在单元体量大小差异，这是基于各同级功能单元之间关联引力强弱而决定的。

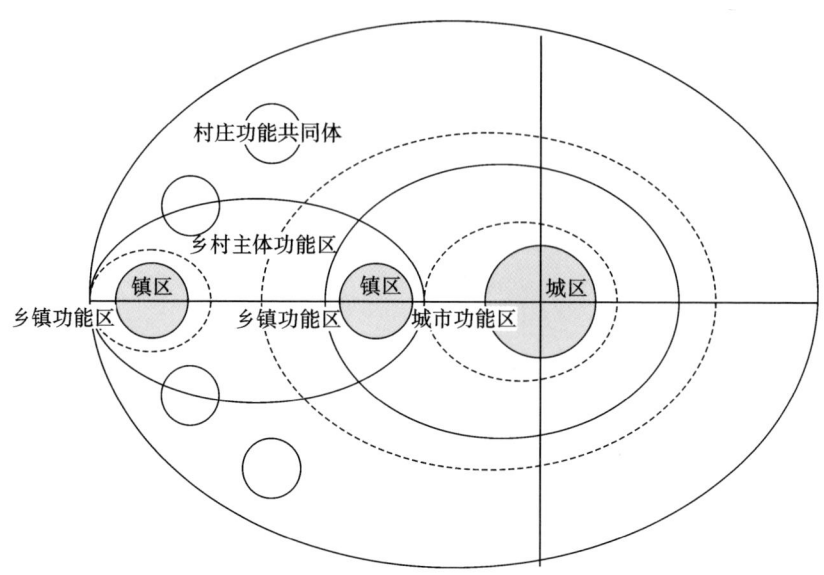

图 5.14　偏心十字乡村空间体系模式下乡村空间圈层结构示意

（图片来源：作者自绘）

5.3.2　模式内涵：主次协同、轴向扩展、功能完善的圈层式空间网络体系

（1）主次协同

山区县市中心城区的偏心式分布，往往会在地域空间层面形成主次分明的空间发展方向。偏心十字式乡村空间体系组织的轴向性较强，十字交通轴在某一方向上串联起更多的节点村镇，成为空间集聚的核心区域。而其他发展轴带上，无论是村镇节点数量还是空间要素资源规模等，都与主要发展轴带存在一定差距。从模式的圈层结构上来看主次轴带的空间关系，中心城区的核心辐射功能难以在各个向度实现均匀扩散，主要轴带上随着与核心辐射区空间距离的拉长，辐射效能衰减，部分亚区域主体功能单元难以与中心城区建立直接的空间联系，仅能通过主要交通线路与邻近功能单元建立次级联系。

因此，在主要发展轴带上除存在中心城区与亚区域中心节点的纵向层级关联以外，还有亚区域中心节点之间的横向关联，这是主要与次要发展轴带间的差别。在主要发展轴带上，亚区域层级乡村主体功能单元呈现出多样整合的趋势。中观层面乡村主体功能单元或通过新的交通廊道建设，构建与中心城区的直接关联，或通过现有的交通基础设施与邻近主体功能单元整合形成高等级功能单元，配合次要轴带上独立的主体功能单元形成主次协同的空间格局。

（2）轴向扩展

交通影响下的鄂西武陵山区乡村空间呈现出向优势交通区位集聚的轴向拓展特征，偏心十字模式下乡村空间要素向交通条件优越的地区转移，十字交通廊道及周边地区成为乡村空间组织的主要区域。乡村多层级中心节点沿交通廊道分布，通过内部次级交通道路，与其他节点村庄形成相互联系的关系网络。相比中心均衡模式下乡村空间多向度的均衡构建，偏心十字模式下乡村空间拓展的方向被约束在十字双向交通轴带周边，这种空间轴向拓展特征减少了多向度空间拓展有可能带来的要素分散的不利影响，有利于在鄂西武陵山区这种环境资源要素有限的县域乡村地区实现空间集聚化发展。

（3）功能完善

为避免鄂西武陵山区县域乡村空间发展的个体细碎化趋势，在偏心十字式乡村空间体系模型中，乡村空间组织主要采用单元化的方式进行。以重构县域乡村基本生产单元、维系基础空间层级稳定为目标，从环境基质的相似性分析入手，结合山区微观自然环境特征，在中观层面构建村庄功能共同体，赋予乡村基层生产单元组织秩序与活力。同时，在县域层级以产业关联度、资源要素相似性及村落内在联系性为基础，整体区划乡村发展的主体功能单元；在中观乡村主体功能单元层级，结合鄂西武陵山区环境特征与结构特征，尝试将村庄功能共同体嵌入乡村空间组织的空间层级；而在村庄功能共同体内则通过协同村庄节点之间的互动关系，构建基础生产单元的中心网络结构，并通过中心村庄节点与主体功能单元形成空间对接。

5.4　尽端轴带模式

尽端轴带乡村空间体系模式下的县市城区，在空间上呈现出偏于县市域一侧并临近行政边界的现象，这是由于鄂西武陵山区复杂的自然地形条件以及区域交通格局的双重影响。综合来看，鄂西武陵山区县域山地地形与河流水系的自然分割，导致能够承载县市中心城区建设的连片适宜性用地不均衡分布，同时由于区域干线道路交通基础设施建设对县域乡镇串联作用的有限性，基于乡村与城镇中心的空间联系性的强弱形成围绕县域主要交通廊道的条带式的空间集聚效应。尽端轴带乡村空间体系模式在鄂西武陵山区县市中分布较为普遍，如长阳县、秭归县、五峰县、建始县等（如图5.15至图5.18所示）。

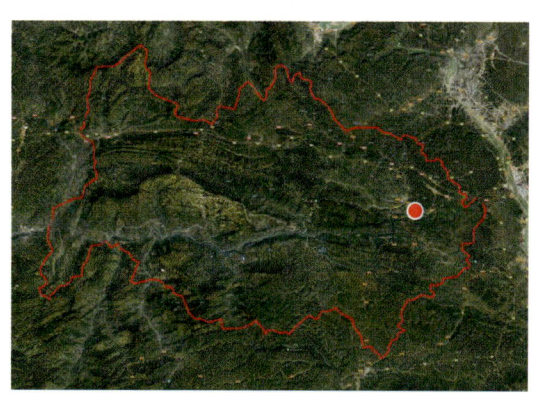

图 5.15　湖北省长阳县 Google 影像图

（图片来源：Google Earth 卫星影像）

图 5.16　湖北省秭归县 Google 影像图

（图片来源：Google Earth 卫星影像）

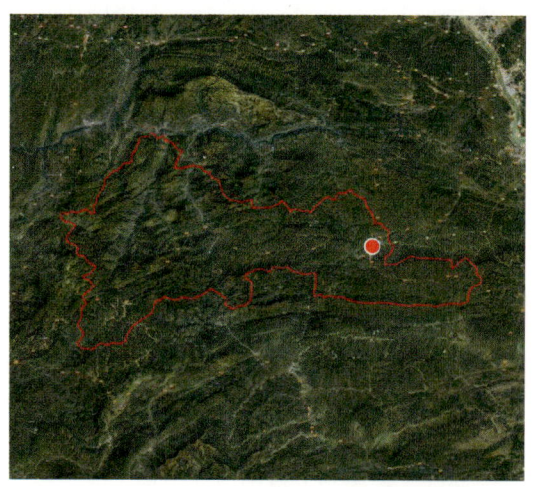

图 5.17　湖北省五峰县 Google 影像图

（图片来源：Google Earth 卫星影像）

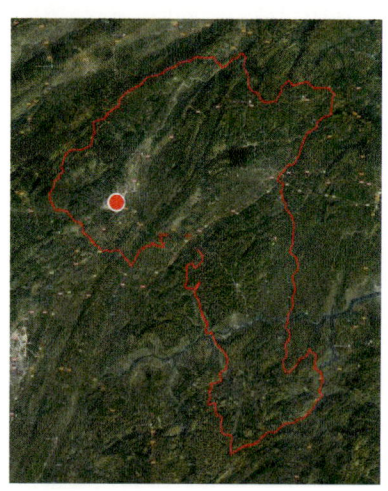

图 5.18　湖北省建始县 Google 影像图

（图片来源：Google Earth 卫星影像）

5.4.1 模式解析

（1）模式阐述

鄂西武陵山区县域乡村尽端轴带空间体系模式中，由于县域地形条件所限，能够承载中心城区空间集中发展的建设空间有限，县市中心城区空间区位偏移地理中心较多，于县域一侧边缘区落位辐射全县乡村地区，这种情况下城区中心辐射的空间范围边界收缩，辐射能力下降。为弥补这一结构缺陷，中心城区一方面通过与邻近乡镇的空间整合，在地域空间上扩展城镇中心功能集聚范围（如图5.19中的S_3所示），另一方面沿主要交通廊道整合空间资源，通过快速交通网络将中心城区核心服务功能传导至交通轴线周边，形成县域空间发展的核心轴带（如图5.19中的S_6所示）。这种以点带面式的中心功能转化，弥补了偏心式城镇中心辐射带动空间范围紧缩的缺陷。

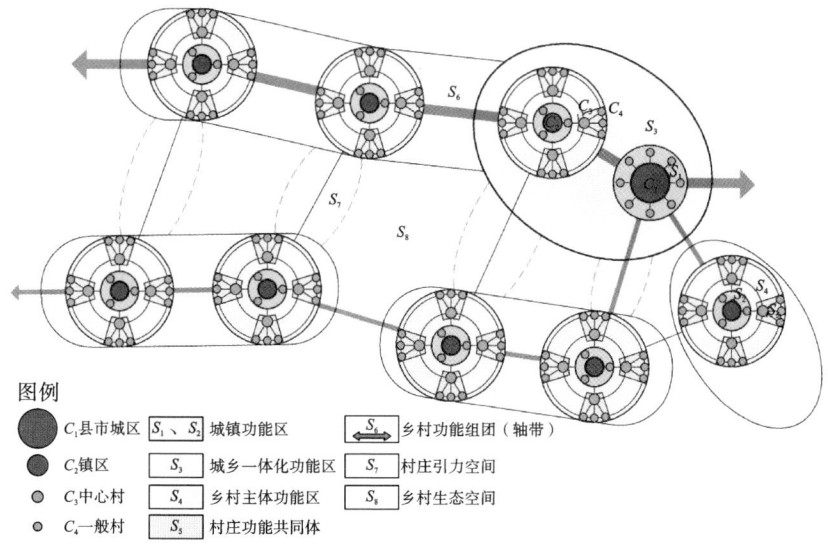

图5.19 山区乡村尽端轴带空间体系模式图

（图片来源：作者自绘）

尽端轴带空间体系模式构建过程中，除将中心城区空间辐射范围扩散至主要交通轴带以外，还注重弱势发展地区与重点发展轴带之间的空间联系构建。弱势发展地区由于空间上远离与中心城区连接的主要发展轴带，乡村主体功能单元难以及时融入主要发展廊道，因此弱势发展地区乡村空间首先通过内部交通网络的系统性优化建设，与邻近主体功能单元进行组团化功能重构，并通过村庄引力空间（如图5.19中S_7所示），与主要发展轴带建立桥接关系，最终以中心城区为核心，以主要交通轴线为重点，以乡村内在空间联系组团化构建为方向，着力于弱势乡村与主要发展轴线的关联性优化，形成层次清晰、重点突出的网络化结构（如图5.19所示）。

（2）等级特征

尽端轴带乡村空间体系模式在等级结构方面与前述两种模式一致，均为"县域—乡村主体功能单元—村庄功能共同体—行政村"的四级结构。该模式下乡村空间体系构建聚焦于宏观层级的城市中心功能的轴向扩散以及中观层级村庄功能共同体基础生产单元构建两个方面，这与前述两种模式在等级构建方面的重点内容有所差别。同时，该模式下乡村环境空间异质性较强，耦合于自然地理单元基础上的村庄功能共同体更加多元化，其空间边界相较于前两种模式更小，并且在空间上通过弹性边界灵活调整空间单元大小的可能性较低，进而中观层面的乡村主体功能单元与村庄功能共同体的等级结构差异清晰，单元边界同构的现象基本不存在。

以上是偏心轴带空间模式下空间等级结构特征的分析，而从地域空间上来看乡村功能空间等级，该模式等级结构比前述两种模式更加复杂。尽端轴带空间体系模式下，县域乡村空间功能按辐射地域空间范围的大小划分为"城镇功能区（S_1、S_2）—城乡一体化功能区（S_3，可与中心城区城镇功能区整合为一体）—乡村功能轴带（S_6）—乡村功能组团（S_6）—乡村主体功能单元（S_4）—村庄功能共同体（S_5）—基层行政村"七个等级。

（3）功能特征

在偏心轴带模式的功能等级中，"城乡一体化功能区"与"乡村功能轴带"是前述两种空间体系模式没有明确涉及的功能层级，这也是鄂西武陵山区县市乡村偏心轴带空间模式特有的典型功能单元。究其原因是，尽端轴带模式的中心城区空间区位更加边缘化，中心城区作为高级中心地亟须在县域优势空间上扩展中心职能，以具备覆盖更多地区的辐射能力。同时，在山区交通可达性的制约下，县域空间层面存在乡村功能强弱断层现象，县域乡村空间体系的整体化构建需要通过特殊的乡村功能引力空间进行功能桥接。

　　除此之外，尽端轴带体系模式下，乡村地域功能的展开遵循功能单元组团优化构建的原则，采用自上而下与自下而上结合的方式进行功能体系构建。自上从县域中心城区的服务辐射，向下扩散形成条带型功能轴带（功能组团的一种形式，如图5.20所示）；自下在未被辐射的弱势发展乡村内部，向上整合功能单元以提升等级。通过以上两个过程在县域层面将乡村空间功能重构为多个功能组团，再通过组团联系性的构建，进而实现县域乡村空间功能的网络化构建。

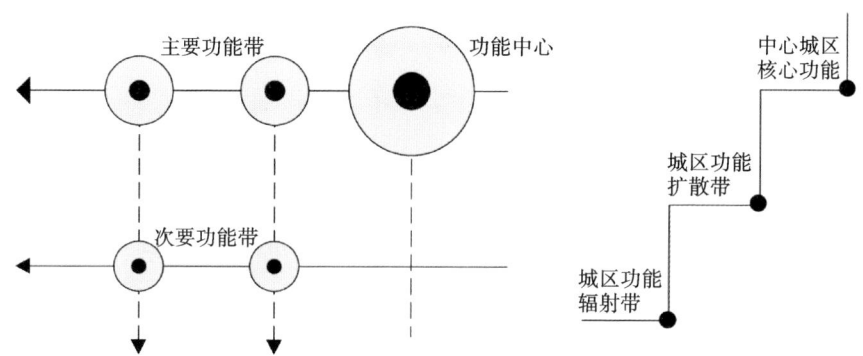

图 5.20　尽端轴带乡村空间体系模式下的村庄梯度功能示意图

（图片来源：作者自绘）

（4）结构特征

　　尽端轴带空间体系模式下的空间结构并不完全符合中心地理论。尽端轴带模式下，乡村空间结构存在中心分布不均衡的问题，中心城区难以提供覆盖县域全域的中心服务，造成空间地域上出现高级中心地未覆盖的空白地带。而在中心地理论中，对未能覆盖的空白地带往往采取构建新的中心地的策略，以达到中心地空间布局的均衡性。但构建新的高级中心地在欠发达的鄂西武陵山区并不具有太大的现实意义，乡村空间体系的优化构建需要通过功能组织的基础单元重构活化、次级中心地的内在整合以及次级中心地与高级中心地的联系优化，达到各级中心地服务能级的整体提升（如图5.21所示）。

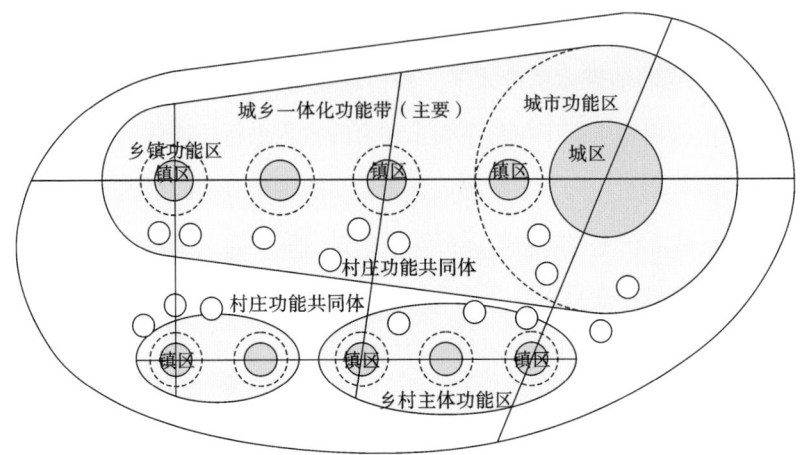

图5.21 尽端轴带乡村空间体系模式下乡村空间圈层结构示意

(图片来源：作者自绘)

因此，在尽端轴带空间体系模式中，空间体系在中心性结构方面存在显著的梯度性特征（如图5.20所示）。县城中心城区作为唯一的高等级中心地成为中心网络的第一梯度；而主要的交通轴带上的乡镇镇区次级中心地，在快速交通体系下与中心城区中心地串联，并通过空间整合在空间上形成影响全域的中心轴带，这是中心性结构的第二梯度；第三个空间梯度在于中心轴带以外地区，各乡镇镇区作为次级中心地在服务能力上与前述中心轴带存在差距，这些次级中心地通过内向组团化整合，实现服务能级的提升。

5.4.2 模式内涵：多向均衡、结构紧凑、功能互补的轴带式空间网络体系

（1）多向均衡

山区县域乡村的尽端轴带式空间体系，在空间层面虽然呈现出主次分明的特征模式，但在空间体系构建的方向方面，该模式在乡村空间结构上有一个典型变化——主要轴线与次要轴线上乡村空间联系性的均衡化构建，即除空间功能在横向轴带上的梯度退减外，在主次空间轴带竖向关系上，乡村功能体系沿县域次要交通联系网络，形成次级乡镇中心之间的关联，这个过程中乡村空间的功能是趋向带状的均衡构建（如图5.22所示）。

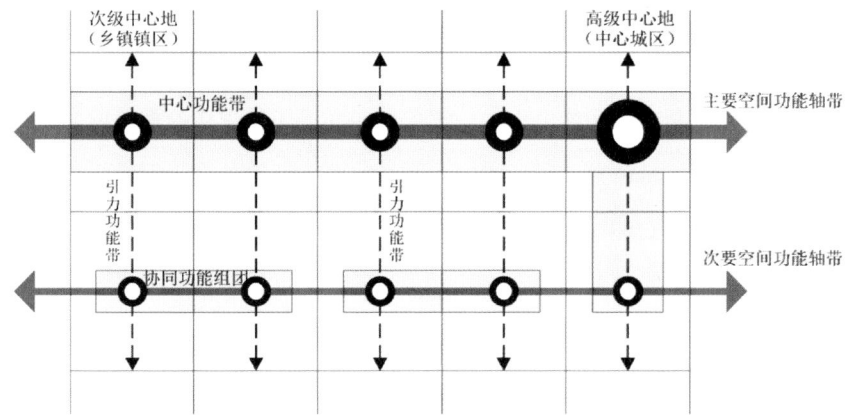

图 5.22　尽端轴带乡村空间体系模式下的乡村均衡功能示意图

（图片来源：作者自绘）

空间上的均衡联系构建，并不意味着每个主次轴带上产生关联的次级中心地以及周边的村庄功能共同体间资源要素流通、中心地的等级是近似相等的，因为在鄂西武陵山区，城镇中心功能辐射的距离衰减效应大大强化，县域乡村难以在空间上形成完全均衡的空间格局，仅能在中观层面各主体功能单元及村庄功能共同体层级的空间联系网络上形成近似均衡化的构建。因此，尽端轴带空间体系模式的均衡构建，主要是指主次功能轴带之间竖向空间要素联通呈现出来的空间状态，即在多个方向上存在均衡构建的特征。

（2）结构紧凑

由于县域自然地理环境所限，为应对空间要素在地域空间上的分散化分布，该模式采取组团化的方式对县域乡村空间体系进行整体性紧凑构建。在主要的城乡功能轴带上，中心城区功能存在与周边邻近乡镇的整合过程，同时借助快速交通体系实现城镇对乡村服务功能扩展的最大化，在空间上形成引导县域乡村空间体系构建的核心地带；在主要功能轴带以外的地区，以要素整合、功能协同集聚、空间功能等级提升为目标组织分散的乡村空间要素，并通过产业协同，单元化组织各级节点内在关系网络，空间上形成要素组织规模化、生产组织单元化的组团分布模式。空间要素的规模化整理、基础功能单元的协同整合，带动空间功能转向主要空间发展轴线，在空间上形成组团化紧凑组织的空间特征。

（3）功能互补

该模式下的乡村空间功能在不同功能体内部形成错位分化且协同互补的趋势。乡村地域在空间层面出现功能分化，一部分县域交通干线周边的乡村地域在交通优势导向下，快速融入城镇发展影响圈层，乡村空间功能的外向化程度提升，产业结构变化，除传统的农业种植以外，还呈现出向服务业与生产加工业转化的趋势，乡村地域功能呈现出多元复合的特征。此外，交通干线以外的乡村地区则通过已有交通线路保持与高级中心地远距离联系的必要性，同时在县域乡村功能梯度分化格局中，转向地域优势资源主导下的内向集约化重组，即以农业生产功能为基础，以生态化与精品化为目标，通过生产资源的规模化经营，实现乡村生产价值的提升与地域功能的完善。

6

长阳县典型乡村空间单元的功能提升——以沿头溪小流域和郑家榜村为例

长阳县域乡村空间体系的构建最大的特点在于以乡村产业发展为导向、以村庄节点的联系性为基础、以村庄功能协同性为重点构建各个层级的乡村功能单元。由于乡村空间体系组织具有层级传导性，微观层级的村庄功能共同体作为空间组织的基础生产单元，其空间组织行为可以纵向自下而上对亚区域、县域乡村空间体系的组织产生"蝴蝶效应"①，也可以横向通过村庄节点的引力联系网络对邻近村庄功能共同体空间组织产生"涟漪效应"②。因此，探索村庄功能共同体层级空间组织模式，解析功能体内部村庄功能定位、产业协同性组织、交通网络打造、公共服务设施配给等空间组织内容对于长阳县域乡村空间体系优化至关重要。

此外，长阳县域范围内除清江干流流域影响以外，还分布有众多支流小流域，在前述县域乡村功能区划的网络凝聚子群分析中，山地小流域空间单元是县域地域空间范围内存在的五种典型地理环境与凝聚子群高度耦合的空间功能单元之一，结合周晓然在对长阳县农村居民点的布局优化中提出的以"三生"空间系统在三维空间上的系统性与完整性划分长阳县流域单元的方法[115]，将长阳县划分为15个流域单元（如图6.1所示），这里选取长阳县龙舟坪镇沿头溪小流域作为微观村庄功能共同体层级空间组织模式研究的案例样本，通过对其空间特征的分析，总结山地小流域空间单元下乡村空间组织模式，试图通过对沿头溪小流域的个案研究探索山地小流域典型地理单元乃至长阳县全域乡村空间组织范式。为行文方便，后文将"沿头溪小流域"简称为"小流域"。

---

① 引自百度词条：蝴蝶效应（Butterfly Effect）是指在一个动态系统中，初始条件的微小变化，将能带动整个系统长期且巨大的连锁反应，是一种混沌的现象。
② 引自百度词条：涟漪效应（Ripple Effect）是在描述一个事物造成的影响渐渐扩散的情形，类似物体掉到水面上所产生的涟漪渐渐扩大的情形。社会学中的涟漪效应是指一种社会关系会影响一些间接相关的情况。

图例

丫叉河流域	晓溪流域	淋湘溪流域
刘坪流域	晓麻溪流域	清江流域
千丈坑流域	木桥溪流域	磨市流域
天池口流域	枝柘坪流域	重溪流域
岩松坪流域	沿头溪流域	陈家坪流域

镇域行政界线　　★ 县城区所在地
河溪水系　　★ 镇区所在地　　● 农村居民点

图 6.1　长阳县农村居民点生态流域单元空间分布图

（图片来源：参考文献［115］）

6.1　沿头溪小流域乡村振兴概况

沿头溪是清江流域的一条支流，自西向东串联龙舟坪镇7个村庄（郑家榜村、全伏山村、土地坡村、王家棚村、两河口村、厚丰溪村、晒鼓坪村）。小流域东侧的晒鼓坪村距离龙舟坪镇镇区最短通行时间仅10分钟左右，而最远的郑家榜村距龙舟坪镇镇区的通行时间约为35分钟，小流域交通区位优势显著（如图6.2所示）。方清旅游公路空间上连接清江画廊与清江方山两大旅游景区，沿线村庄呈现出一定程度上的多元发展趋势。

图 6.2　沿头溪小流域在长阳县的区位

（图片来源：作者自绘）

6.1.1　人口概况

（1）人口总量

小流域2017年户籍总人口数为16920人，常住人口数为12317人（各村人口概况如图6.3所示），流域沿线村庄中约27.2%的人口长年外出务工，乡村人口流出现象突出。

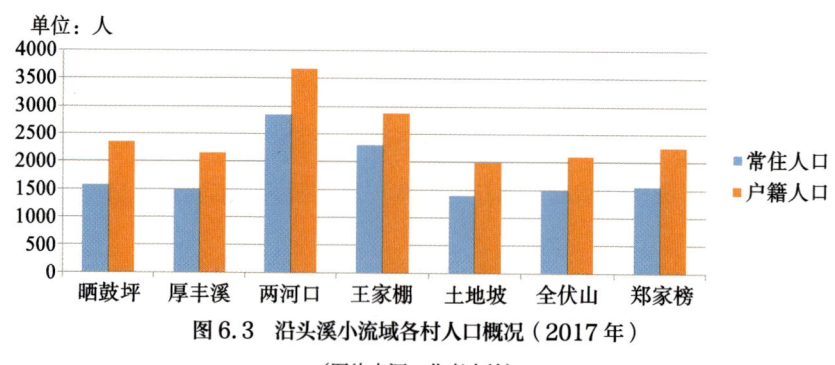

图 6.3　沿头溪小流域各村人口概况（2017 年）

（图片来源：作者自绘）

（2）从业人口概况

沿头溪小流域分村劳动力资源概况如图6.4所示。从小流域村庄劳动力的从业结构来看，农林牧渔业、其他非农产业（外出务工）、建筑业是劳动力从业的主要选择。分村来看，两河口村、郑家榜村、晒鼓坪村农业从业劳动力数量较多，而两河口村、王家棚村、晒鼓坪村等工业从业劳动力主要集中在王家棚村锰矿厂区。

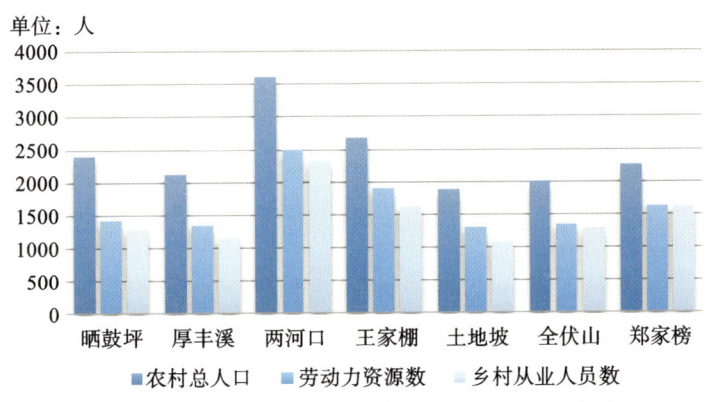

图 6.4　沿头溪小流域分村劳动力资源概况（2017年）

（图片来源：作者自绘）

劳动力流动方面，2017年沿头溪流域外出从业人员共7001人，占总从业人口的67.3%（总从业人口数为10397人），如图6.5所示。流出劳动力多为21—49岁的青壮

图 6.5　小流域分村劳动力流出情况（2017年）

（图片来源：作者自绘）

年劳动力（见图6.6）。流出目的地以县内乡外为主。其余劳动力流动情况如图6.7和图6.8所示。

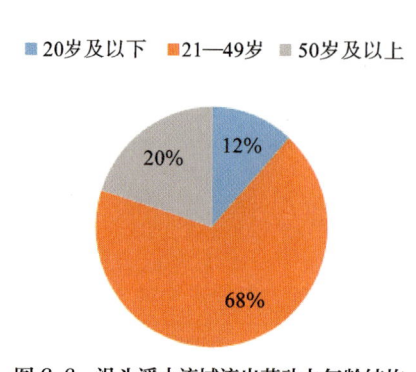

图6.6 沿头溪小流域流出劳动力年龄结构
（图片来源：作者自绘）

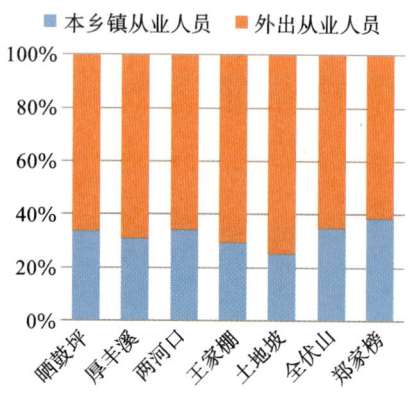

图6.7 小流域分村劳动力流出占比对比
（图片来源：作者自绘）

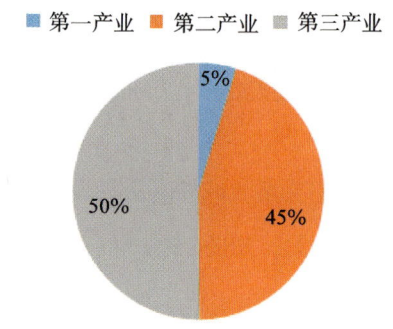

图6.8 沿头溪小流域流出劳动力从业结构
（图片来源：作者自绘）

（3）贫困人口概况

以脱贫之前的2017年数据为例，小流域农村贫困人口数为2287人，贫困发生率为13.4%。其中，两河口村贫困发生率为2.4%，而晒鼓坪村贫困发生率达到18.6%（如图6.9、表6.1所示）。沿头溪流域贫困人口主要分布于距离主要通村道路较远的空间区位。

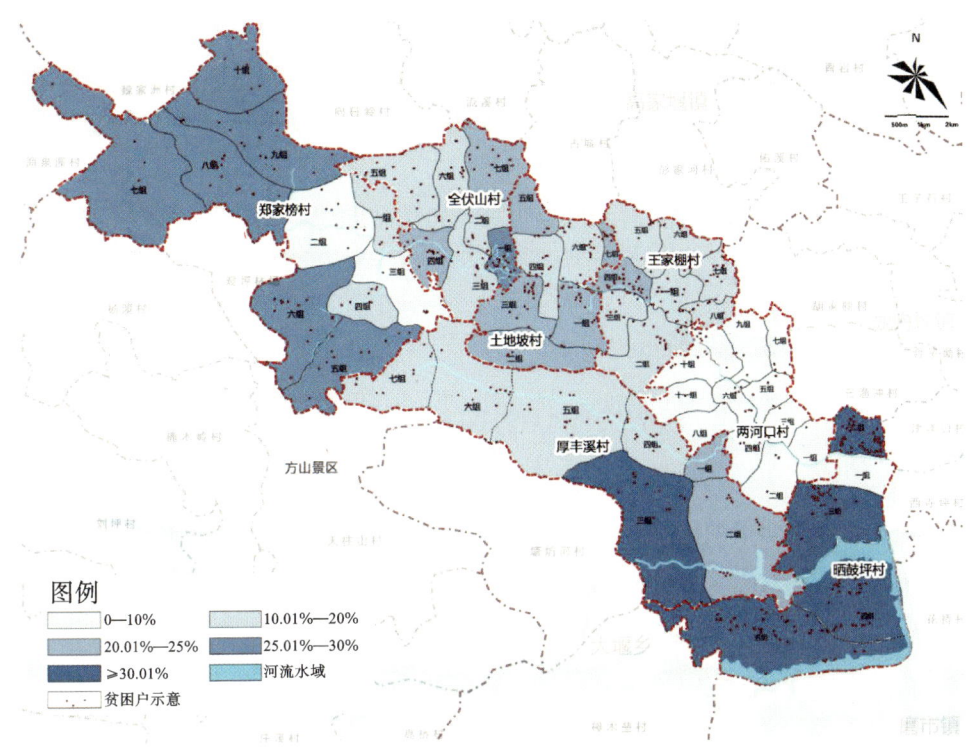

图6.9　沿头溪小流域贫困人口发生率空间分布图

（图片来源：长阳县清江沿头溪小流域综合发展规划（2015—2030））

表6.1　2017年沿头溪各村贫困人口数据[①]

村名	村民小组数/个	总人口数/人	贫困人口数/人	低保人数/人	五保人数/人	妇女人数/人	残疾人口数/人	贫困发生率/（%）
晒鼓坪村	5	2334	434	28	5	950	10	18.6
厚丰溪村	7	2138	386	28	5	1050	0	18.1
两河口村	11	3696	87	31	5	1190	10	2.4
王家棚村	8	2670	408	14	2	1308	115	15.3
土地坡村	7	2091	342	104	3	1023	0	16.4
全伏山村	7	1908	334	43	2	982	80	17.5

---

① 根据长阳县扶贫办2017年行政村登记数据绘制。

村名	村民小组数/个	总人口数/人	贫困人口数/人	低保人数/人	五保人数/人	妇女人数/人	残疾人口数/人	贫困发生率/（%）
郑家榜村	10	2265	296	209	8	625	40	13.1
总计	55	17102	2287	457	30	7128	255	13.4

6.1.2 地理空间特征

地理空间特征是重构乡村空间体系的基础。特别是在村庄功能共同体层级，乡村生态、生产、生活空间要素及空间组织单元边界需要在三维地理空间上具有系统性与完整性，同一地理空间下的村庄空间要素分布与要素组织方式具有相似性，村庄节点之间的联系性也往往更加密切。

沿头溪小流域地理单元内，沿头溪河道的空间走向以及与河道有不同空间距离的空间要素分布情况支配着小流域空间单元要素的空间组织行为（如图6.10所示）。以河道为中心，两侧各300米的地带是沿头溪小流域空间组织的核心区，地域范围内地势较为平坦，是流域主要的可支配空间要素密集分布区，也是村庄居民点、优质种植农业、旅游服务、交通设施建设与景观环境等类型空间分布最为广泛的区域；而距离河道300—500米的乡村地带，地形坡度维系在25%以下，部分乡村

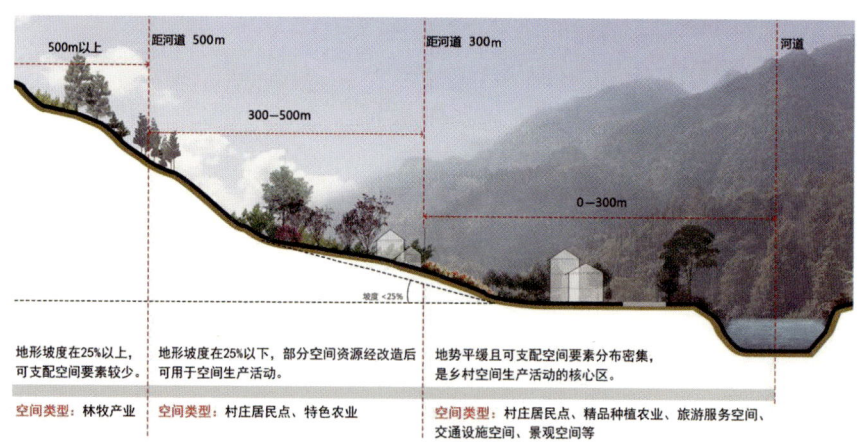

图 6.10　沿头溪小流域空间要素的梯度分布图

（图片来源：作者自绘）

空间要素零散分布或经改造后集聚成块状分布，该区域是小流域村庄居民点及特色农业分布的重要地区；距离河道500米以上的乡村地带，多为高山地区，地形坡度普遍在25%以上，该区域是小流域特色林牧产业发展的重点区域。

从地理空间的高程分区来看，沿头溪小流域多集中于中高海拔地区，300米以下低海拔地区约占总用地的24.59%，而地形坡度方面，15°以上坡度地区占总用地的83.37%，15°及以下坡度地区仅占16.63%（如表6.2、表6.3所示）。从高程与坡度图中可以发现，沿头溪小流域低海拔低坡度地区空间上主要分布在沿头溪河道两侧，且两者具有较强的空间重合性（如图6.11至图6.14所示），由此可见，从地理空间单元来看，沿头溪小流域优势空间资源要素的空间分布有向河道两侧缓坡地区集中的趋势。

表6.2　沿头溪小流域不同高程区间用地统计表

编号	高程区间 / 米	面积 / 公顷	占比 / （%）
1	80—300	3644.07	24.59
2	301—600	5005.10	33.77
3	601—900	3794.33	25.60
4	901—1200	1808.92	12.21
5	1201—1500	567.86	3.83
6	1501—1800	0.42	0.00
总计		14820.70	100

表6.3　沿头溪小流域不同坡度区间用地统计表

编号	坡度区间 / （°）	面积 / 公顷	占比 / （%）
1	0.0—2.0	339.67	2.29
2	2.1—7.0	390.43	2.63
3	7.1—15.0	1734.57	11.70
4	15.1—25.0	4018.65	27.12
5	25.1—90.0	8337.38	56.25
总计		14820.70	100

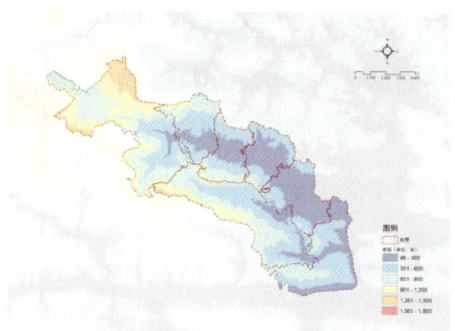

图6.11 沿头溪小流域高程分析图

（图片来源：作者自绘）

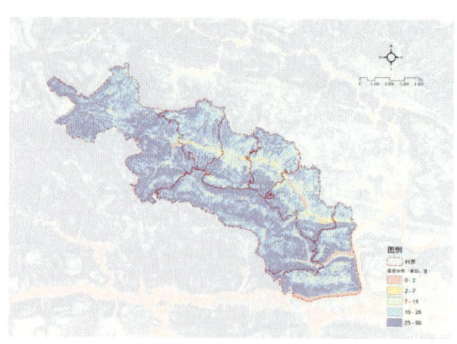

图6.12 沿头溪小流域坡度分析图

（图片来源：作者自绘）

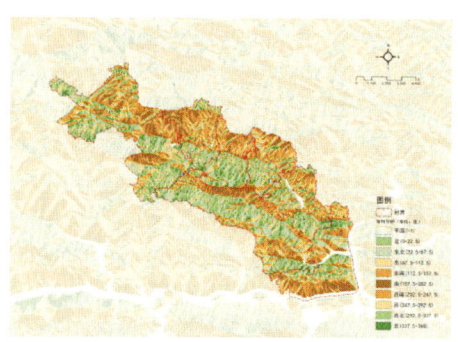

图6.13 沿头溪小流域坡向分析图

（图片来源：作者自绘）

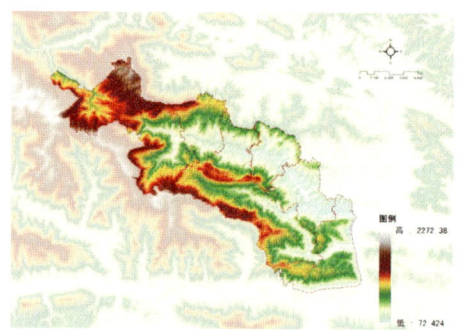

图6.14 沿头溪小流域地形分析图

（图片来源：作者自绘）

6.1.3 产业空间特征

产业空间特征是重构乡村空间体系的关键内容。在村庄功能共同体层级，地理空间单元上村庄虽具有整体性的特征，但县域村庄发展存在对外部有限资源要素的竞争关系，县域乡村个体化组织空间生产现象突出，乡村产业协同性在基础生产单元内难以形成有效组织，导致乡村生产空间层级下沉，乡村产业发展内向化，产业空间也呈现出分散低效的特征。

沿头溪小流域的产业经过多年的发展后，在空间上逐步围绕方清公路形成东西两个中心（如图6.15所示）。东侧以两河口村、晒鼓坪村为中心，主要发展产业门类为经济作物种植、高山茶叶种植与农产品加工，同时晒鼓坪村借助位于清江画廊景区入口的区位优势，局部地区发展农家乐等旅游服务产业。西侧以郑家榜村为中心，依托清江方山景区发展旅游服务、特色农产品种植、农产品加工等产业（如图6.16、表6.4所示）。

图6.15 沿头溪小流域产业空间结构图

（图片来源：作者自绘）

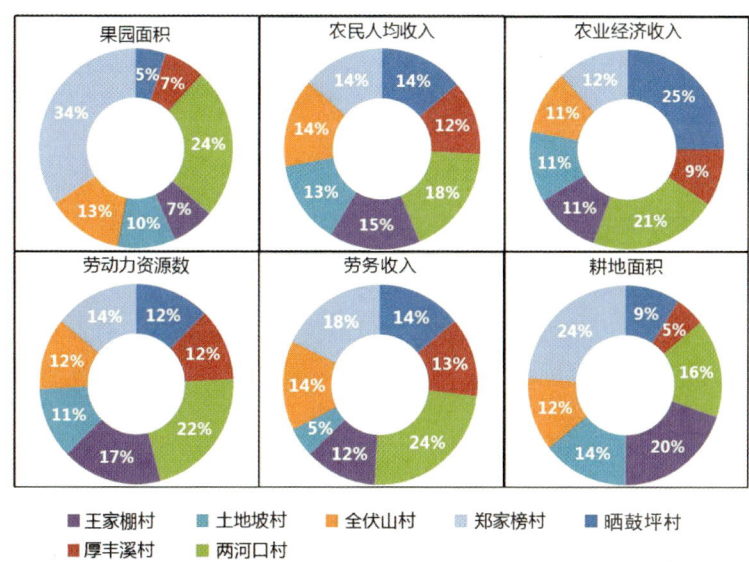

图6.16 沿头溪小流域分村产业经济对比图

（图片来源：作者自绘）

表 6.4　沿头溪小流域分村经济发展统计表

村庄名称	劳动力资源数 / 人	耕地面积 / 亩	果园面积 / 亩	农业经济收入 / 万元	劳务收入 / 万元	农民人均收入 / 元
晒鼓坪村	1431	1723	841	7604	3254	9173
厚丰溪村	1355	959	1130	2819	2980	7822
两河口村	2496	3031	4099	6500	5575	11800
王家棚村	1916	3773	1186	3326	2795	9916
土地坡村	1320	2677	1602	3455	1107	8828
全伏山村	1352	2267	2126	3195	3380	9438
郑家榜村	1620	4521	5738	3560	4150	8880

资料来源：2017 年长阳县龙舟坪镇乡村统计数据。

以村组为单元落位沿头溪小流域三次产业发现，村庄产业主要集中在沿头溪流域沿线300米范围内，同时，临近景区的村庄工业与服务业均有小规模的集聚效应。

6.1.4　设施空间特征

设施空间的分布状况从空间层级、乡村空间辐射能力强弱、空间体系完整度等方面反映出村庄功能共同体内乡村空间联系性的强弱以及村庄中心网络结构。下面对沿头溪小流域设施空间特征的分析主要从公共服务设施与基础设施空间分布特征两个方面展开。

（1）公共服务设施空间分布特征

受地形条件影响，小流域公共服务设施在地域空间上主要沿方清公路带状展开，且各类公共服务设施呈现出向中心村湾集聚的空间特征（如图6.17所示）。另外，在公共服务设施配给内容上存在层次低、结构单一的问题。特别是在教育设施方面存在严重短缺的现象，除两河口村、王家棚村以外，其余村庄并未配置小学或幼儿园。

（2）基础设施空间分布特征

道路交通设施构成了乡村空间组织的支撑体系，同时也是影响乡村层级中心网络结构形成的重要支撑。道路交通设施建设的完善程度不仅影响到村民的日常出行，同时也是影响乡村空间组织效率的重要指标，特别是高等级道路交通设施的建设能够加速乡村空间要素的区域流通，引导空间要素向优势区位空间集聚，改善村镇空间可达性，使乡村空间功能协同有序推进。因此，此处将沿头溪小流域的道路交通系统的空间分布特征作为分析的主要内容。

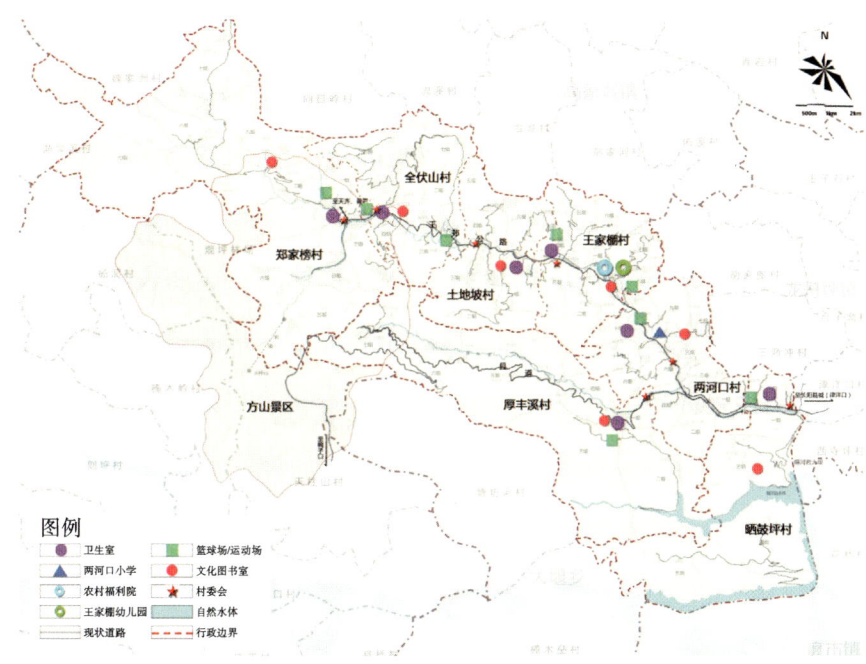

图 6.17　沿头溪小流域公共服务设施布局图

（图片来源：长阳县清江沿头溪小流域综合发展规划（2015—2030））

为能够准确反映道路交通设施对小流域乡村空间的影响效应，这里对小流域范围内不同等级道路进行不同宽度的缓冲区分析。对流域内方清旅游公路及王郑公路做200米缓冲区，对主要通村组道路做150米缓冲区，对其他村庄内部道路做100米缓冲区，在此基础上叠加小流域内村庄居民点用地斑块，最终得到道路交通基础设施在沿头溪小流域的空间分布状况（如图6.18所示）。

小流域7村中56%的居住斑块被交通缓冲区所覆盖（如表6.5所示），但仍有44%的居民点未被覆盖，这表明道路交通条件对居民点布局具有正向吸引作用，同时小流域道路交通系统仍需进一步完善，以增强其空间服务能力。

图6.18 沿头溪小流域道路缓冲区分析图

（图片来源：长阳县清江沿头溪小流域综合发展规划（2015—2030））

表6.5 沿头溪小流域居住斑块道路缓冲区划分统计

序号	村名	交通吸引斑块数量 /个	居住斑块数量 /个	交通条件较好的居住斑块比例 /（%）
1	厚丰溪村	29	51	57
2	晒鼓坪村	28	44	64
3	两河口村	42	72	58
4	王家棚村	36	58	62
5	土地坡村	14	29	48
6	全伏山村	24	49	49
7	郑家榜村	26	52	50
	总计	199	355	56

6.1.5 乡村居民点空间特征

小流域微观地理单元下的乡村居民点空间是构建村庄功能共同体生活空间的核

心。受小流域整体的地理空间、设施空间、产业空间的综合影响，山区流域自成一种典型的地理空间和产业经济单元。对于小流域居民点空间特征的分析主要从居民点空间分布与自然地理环境、交通条件、产业发展情况以及公共服务设施的空间关联性展开。

小流域地理单元上地形条件的变化决定了居民点的数量、用地规模、空间分布形态，同时从居民点与生产空间、生态空间要素的空间关系来看，小流域有限的生产空间要素主导了居民点的空间布局，特别是可耕作土地的空间分布情况影响了居民点选址与空间形态。

（1）居民点等级分布

以居民点的空间邻近性为基础，以10户、30户为临界点将小流域村庄居民点（居住斑块）划分为三个等级（如表6.6所示）。小流域内31户及以上的居民点占总居民点数的32.68%，同时较大规模居民点主要围绕中心村湾有一定的集聚分布的特征，但整体来看，小流域居民点空间分布呈现出大分散小集中的空间特征。

表6.6　沿头溪小流域居住斑块等级划分统计

斑块等级	一级（31户及以上）	二级（10—30户）	三级（10户以下）	总计
斑块数量／个	116	194	45	355

（2）与地理环境的耦合分析

小流域居民点的空间分布在海拔上呈现出三级阶梯（如图6.19所示），400米以下为一级阶梯，居民点数量分布最为广泛；400—900米为二级阶梯，居民点零散分布；而海拔900米以上地区居民点分布较少。

在坡度分布方面，居民点主要分布在7°—28°区间，7°以下坡度地区并非居民点分布最为密集的地区，这是因为该地区是小流域主要的种植业分布区，耕作土地的稀缺性使居民点选址边缘化现象较为突出。坡度在25°以上地区居民点整体分布较少（如图6.20所示）。

（3）居民点的人地关系空间特征

小流域耕地资源匮乏，户均耕地资源不足，农业生产能够维系生活需要，但对

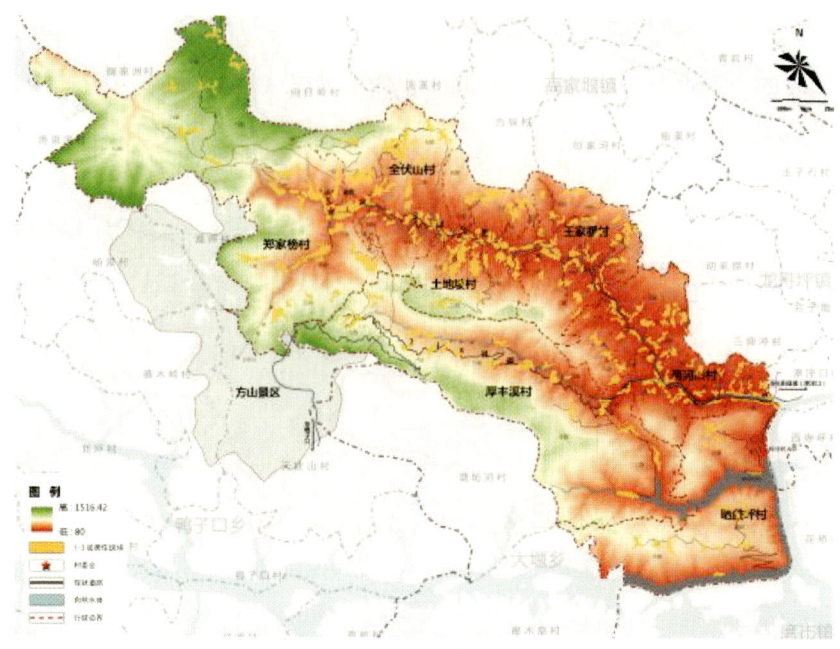

图 6.19 沿头溪小流域居住斑块海拔分析图

（图片来源：长阳县清江沿头溪小流域综合发展规划（2015—2030））

图 6.20 沿头溪小流域居住斑块坡度分析图

（图片来源：长阳县清江沿头溪小流域综合发展规划（2015—2030））

村民生活质量提升的促进作用十分有限。农村人地关系紧张状态导致农村劳动力大量外流，乡村居民点局部出现空心化。而小流域乡村人地关系的空间状态是评价乡村居民点空间活力的重要指标，因此基于长阳县2017年的人口与土地数据，以居住斑块的"人地关系数量比"[129]为评价标准，评价小流域乡村人地关系，低于50%的区域评价为紧张区域，介于50%—150%之间的评价为协调区域，而高于县域户均指标50%的地区评价为人地关系富足区域，以此从侧面衡量村民基本生活条件与居民点空间活力特征。

从图6.21中可以看出，小流域村庄人地关系整体上呈现紧张态势，人地关系紧张的居住斑块数量占总居住斑块数量的74.1%（如表6.7所示）。同时，人地关系紧张与协调地区呈现出空间分化的特征，人地关系紧张区域主要分布在沿头溪河道及方清旅游公路两侧，该区域居民点较为密集，耕地资源相对较少，造成人地关系的紧张状态；而人地关系协调区域主要位于郑家榜村、土地坡村、厚丰溪村的高山平坝地区，该地区居民点规模较小，同时户均耕地资源相对丰富。

图6.21　沿头溪小流域人地关系分析图

（图片来源：长阳县清江沿头溪小流域综合发展规划（2015—2030））

表 6.7　小流域乡村居住空间单元人地关系统计　　　　　　（单位：亩）

人地关系等级	紧张Ⅰ型	紧张Ⅱ型	协调Ⅰ型	协调Ⅱ型	富足型	合计
划分标准（户均用地面积，包括耕地和宅基地）	< 2	2—4.5	4.5—9.32	9.32—13.92	> 13.92	
居住斑块个数	129	134	81	6	5	355

资料来源：参考文献［112］。

6.2　沿头溪小流域空间——功能提升策略

沿头溪小流域为微观村庄功能共同体层级的组成部分，依据前述在微观层级基于村庄最大引力连线对村庄功能共同体的中心网络结构进行优化的内容，小流域乡村空间组织模式研究的一个重点内容是对流域内村庄的中心网络结构进行综合分析。结合小流域乡村空间特征分析中存在的多样复杂的问题症结，在小流域中心网络化结构模式指引下，对乡村空间生产的组织性、产业发展的整体性、空间功能的协同性、基础设施建设的网络性以及居民点体系优化的系统性等进行系统的优化构建。同时，在新的国土空间规划指引下，将上述空间优化内容在地域空间上精准落位，通过土地利用结构优化，实现小流域乡村地域空间组织、环境建设、村庄治理、规划管控内容的多元融合。

6.2.1　小流域乡村的中心网络结构模式

运用社会网络分析中的中心度分析测度小流域乡村空间的中心性，将村庄引力矩阵表（如表6.8所示）导入UCINET 6.0分析软件进行点度中心度、接近中心度、中间中心度分析，并运用NetDraw工具对村庄网络中心性进行结构描绘。

表 6.8　沿头溪小流域村庄引力矩阵表

村庄引力值	晒鼓坪村	厚丰溪村	两河口村	王家棚村	土地坡村	全伏山村	郑家榜村
晒鼓坪村	0	1.21	3.13	0.78	0.56	0.50	0.51
厚丰溪村	1.39	0	2.26	0.75	0.58	0.56	0.45

村庄引力值	晒鼓坪村	厚丰溪村	两河口村	王家棚村	土地坡村	全伏山村	郑家榜村
两河口村	4.86	3.04	0	1.62	1.06	1.03	0.96
王家棚村	1.07	0.89	1.43	0	2.38	1.53	1.17
土地坡村	0.63	0.53	0.74	1.88	0	3.39	2.04
全伏山村	0.63	0.57	0.77	1.26	3.52	0	4.32
郑家榜村	0.79	0.60	0.96	1.33	2.96	5.93	0

由于方清旅游公路的修建，小流域7个村庄之间通行时间均控制在30分钟以内，村际交通可达性不存在联系障碍，因此，以通行时间为关键评价指标的村庄中心性分析在小流域微观单元得到的结果并不具有太大参考性。这里仅采用点度中心度对小流域7村的空间引力中心性进行粗略评价（如表6.9所示）。

表 6.9　基于 UCINET 6.0 的沿头溪小流域村庄点度中心度分布表

村庄名称	Degree	NrmDegree	Share
全伏山村	13.240	37.212	0.177
两河口村	12.570	35.329	0.168
郑家榜村	12.570	35.329	0.168
土地坡村	11.100	31.197	0.149
晒鼓坪村	9.370	26.335	0.125
王家棚村	8.820	24.789	0.118
厚丰溪村	7.070	19.871	0.095

注：表中"Degree"、"NrmDegree"、"Share"三个指标为软件中导出，分别对应绝对点度中心度、相对点度中心度和贡献程度。

从小流域7村的点度中心度来看，全伏山村点度中心度最高，但并未与其他村庄拉开差距，这是因为方清旅游公路对于村庄空间可达性的改善使小流域村庄之间处于交通均衡吸引状态，空间联系的均衡性缩小了村庄综合质量发展差异（如图6.22所示），这也说明现有的交通联系下的村庄中心性特征反映并不明显。因此，对于小流域乡村中中心村的选择，需要更多地从区域宏观区位与产业发展情况出发，结合小流域各村庄已有的发展基础，确定中心村的选择。

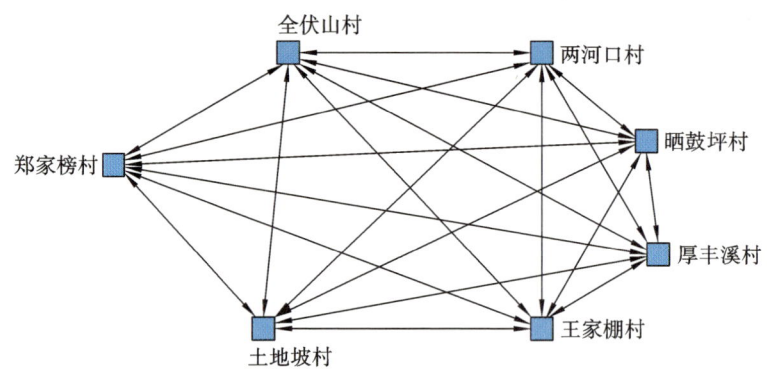

图 6.22　基于 UCINET 6.0 的沿头溪小流域村庄网络结构中心性分析

(图片来源：作者自绘)

清江画廊与清江方山两大旅游景区对村庄服务性产业的极化影响，已经逐渐替代中心城区与龙舟坪镇镇区在空间上对偏远村庄形成的正向影响，距离城区最远的郑家榜村利用旅游景区近域辐射的发展优势反向弥补了距离衰减劣势，形成引导乡村发展的中心。最终，在参考社会网络分析中的中心度测度结果的基础上，结合前述村庄综合质量评价结果（如表6.10所示），选择两河口村与郑家榜村作为小流域村庄功能共同体的中心村。

表 6.10　沿头溪小流域村庄综合发展质量评价表

序号	村庄名称	综合质量评分	村庄职能
1	厚丰溪村	36.12	一般村
2	晒鼓坪村	31.33	一般村
3	两河口村	48.61	中心村
4	王家棚村	42.88	一般村
5	土地坡村	33.92	一般村
6	全伏山村	35.21	一般村
7	郑家榜村	48.46	中心村

6.2.2　小流域乡村产业资源的协同整合组织模式

村庄功能共同体的构建是基于同一微观地理单元内空间要素的相似性，并以产业协同性为目标对共同体内部空间要素进行规模化整合的过程。因此，构建小流域乡村产业空间组织的协同整合模式需要对流域内产业资源空间分布特征、村庄产业发展格局进行精准把握，通过对已有的细碎产业资源进行整合，以流域整体性发展为目标在村庄内部围绕优势产业链条进行组织分工，实现产业空间的协同整合组织。

（1）乡村产业发展格局

这里采用引力连线分析方法对小流域产业发展格局进行整合性构建。通过村庄节点之间引力联系强度与联系网络密度差异，测度小流域乡村空间发展的内在格局，并以社会网络分析中的网络凝聚子群分析对上述结构进行二次校核，最终得到小流域乡村产业发展的格局。

首先构建小流域7个村庄引力联系网络，以连线宽度的不同表达节点村庄之间的引力大小差异，在绘图软件中赋予最大引力连线宽度为6，最小引力连线宽度为1，依次类推得到小流域村庄引力连线分布图（如图6.23所示）。从图6.23中可以看出小流域7个村庄最大引力连线并未呈现出与方清旅游公路方向一致的连续不断的多段线形状，而是在王家棚村、两河口村之间出现断裂，小流域乡村产业发展在空间上形成"厚丰溪村—两河口村—晒鼓坪村"、"郑家榜村—全伏山村—土地坡村—王家棚村"两个小型村庄功能协同体。

图6.23 沿头溪小流域村庄引力联系分析图

（图片来源：作者自绘）

对上述两极协同的产业空间格局进行网络凝聚子群分析验证。运用UCINET 6.0网络分析软件的CONCOR算法对小流域村庄网络凝聚子群进行分析，结果如图6.24所示。图6.24中晒鼓坪村与厚丰溪村、全伏山村与郑家榜村形成两个基础的三级凝聚子群；土地坡村与"全伏山村—郑家榜村"三级凝聚子群产生关联，形成二级凝聚子群；而两河口村、王家棚村再作为个体节点与前述"晒鼓坪村—厚丰溪村"三级凝聚子群、"郑家榜村—全伏山村—土地坡村"二级凝聚子群一起构成了小流域乡村的一级凝聚子群[①]（如图6.25所示）。

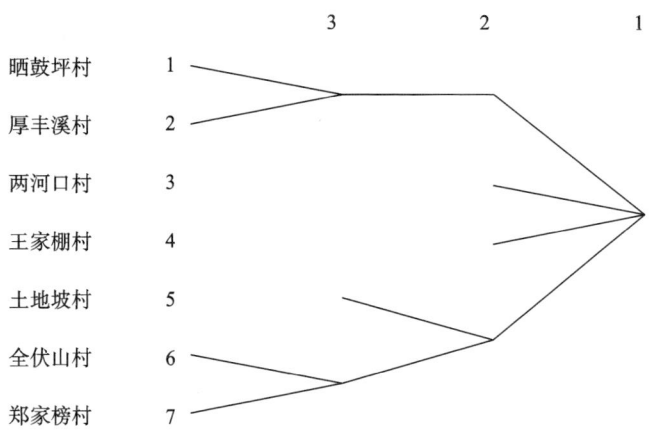

图 6.24　沿头溪小流域村庄网络凝聚子群分析图

（图片来源：作者自绘）

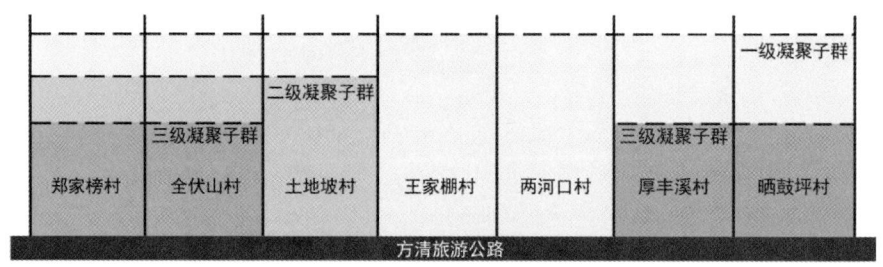

图 6.25　沿头溪小流域村庄网络凝聚子群结构图

（图片来源：作者自绘）

① 在网络凝聚子群分析中，一个凝聚子群等同于一个村庄产业功能协同单元，凝聚子群等级越低，其节点之间的关联性越强。

结合两项分析结果发现，经过引力连线优化后的小流域两极产业协同空间格局与网络凝聚子群分析结果存在一致性结论，即小流域空间层面存在东西两个小型产业协同功能体，东部协同功能体包括晒鼓坪村、厚丰溪村，西部包括郑家榜村、全伏山村、土地坡村。王家棚村与两河口村在空间上存在与其他产业协同功能体整合的灵活性，可结合流域产业发展的需要弹性地选择与其他村庄产业协同体整合构建。这里延续引力联系分析的结论，即小流域产业发展在空间上形成以方清旅游公路为发展轴带，东西以两河口村、郑家榜村为中心的两极协同发展格局（如图6.26所示）。

图6.26　沿头溪小流域乡村产业规划图

（图片来源：在长阳县清江沿头溪小流域综合发展规划（2015—2030）基础上改绘）

（2）产业发展路径选择

通过产业发展格局的优化构建，明确了小流域产业功能组织的协同单元，后续村庄产业空间组织优化工作还需准确定位各功能组织协同单元的产业发展方向与路径，这需要结合村庄产业空间资源要素以及产业发展现状进行研判定位。

小流域乡村以实现全域生态化发展为目标，发展农业生产与旅游服务两大产业。考虑到农业与旅游产业的属性差异，农业可以在小尺度空间单元进行分类组团化构建，而旅游产业发展更强调整体性发展，旅游集聚效应需要从大尺度地理空间上形成区域辐射能力。因此，对小流域乡村第一产业、第二产业的发展可结合两个产业功能协同单元进行差别化构建，而对于旅游服务产业的发展则需要整合小流域产业资源进行整体打造。

在农业发展方面，以土地资源最丰富的两河口村、王家棚村为中心组织产业功能协同单元内的农业生产，两河口村—厚丰溪村—晒鼓坪村形成以生态种植与养殖业为主的功能协同单元，王家棚村—土地坡村—全伏山村—郑家榜村形成以特色种植业、花卉与观赏苗木种植业为主的协同单元。

在旅游产业发展方面，小流域乡村旅游依托清江画廊与清江方山两大旅游景区的旅游服务功能溢出，以生态休闲、文化体验为特色，发展流域乡村旅游的新模式（如图6.27所示）。晒鼓坪村、两河口村强化作为两大景区入口门户的功能，主要

图6.27　沿头溪小流域乡村旅游产业发展规划

（图片来源：长阳县清江沿头溪小流域综合发展规划（2015—2030））

发展旅游接待、休闲度假产业；而郑家榜村作为清江方山景区的核心腹地，协同全伏山村、土地坡村与王家棚村，以生态休闲、文化体验为重点，与两河口村与晒鼓坪村旅游产业错位发展，实现流域乡村旅游产业的整体发展。

6.2.3 小流域乡村道路交通系统的层级网络化组织模式

结合高等级与低等级道路交通基础设施的功能特点，小流域村庄功能共同体交通空间的组织完善需要从村庄产业发展、旅游资源与居民点的空间分布出发，合理统筹高等级道路与低等级道路建设。

小流域现状的高等级道路通行里程为41千米，其中方清公路24千米，214县道17千米。由于自然山体隔断，通过规划新建的方式构建方清公路与214县道的联系回路并不具有较强的指导意义，而已有的两条高等级道路已经较好地覆盖了小流域村湾（如图6.28所示）。由此可见，在小流域内实现高等级道路系统的环形联系已无现实必要，小流域村庄空间联系网络优化构建更多地需要通过底层通村道路、通组道路建设实现内在资源要素流通网络功能的提升（如表6.11所示）。

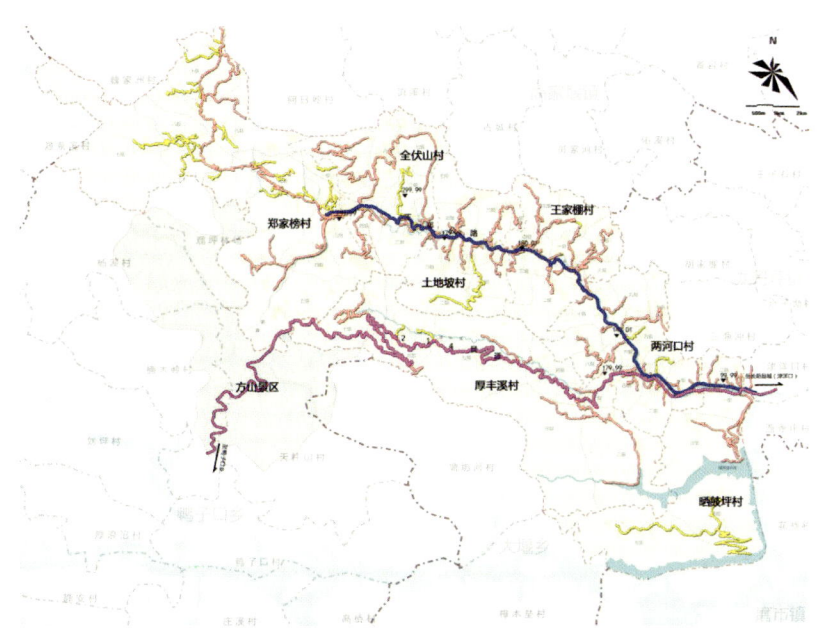

图6.28 沿头溪小流域乡村道路交通设施现状

（图片来源：长阳县清江沿头溪小流域综合发展规划（2015—2030））

表6.11　沿头溪小流域现状道路情况一览表

道路等级	道路质量（类型）	道路长度 / 千米	路面宽度 / 米
县道、一级公路	硬化	41	9
通村道路	硬化	32	3.5
通组道路	硬化	97	3
	非硬化	36	3

资料来源：长阳县交通运输局统计数据。

小流域现状低等级道路主要分布在小流域北侧阳坡山区，道路设施空间分布极不均衡，围绕方清公路呈树枝状分布，道路也多为尽端道路，彼此之间缺乏必要的联系回路。

因此，小流域低等级道路系统空间优化主要聚焦三个方面的内容：①依托现有产业、居民点、旅游景点等新建通村等级硬化道路，打通联系回路，通过此等级道路的建设使重要的产业空间、居民点以及旅游景点之间形成环线联系；②提升村际联系道路等级与服务能力，强化村庄之间次级联系廊道构建；③将部分非硬化土路改造为硬化道路，提升道路通行效率（如图6.29、表6.12所示）。

图6.29　沿头溪小流域道路交通规划图

（图片来源：长阳县清江沿头溪小流域综合发展规划（2015—2030））

表 6.12　沿头溪小流域道路优化情况一览表

道路类型	道路等级	道路宽度 / 米	道路长度 / 千米
新建道路	通村道路（次级）	9	14.5
	通组道路（三级）	5	31.5
拓宽道路	现状通村道路	9	26
	现状通组道路	5	88
硬化道路	现状通组道路	5	36

6.2.4　小流域乡村居民点体系的组织模式

小流域村庄居民点体系的优化是与流域地理环境条件、资源要素分布、产业发展、道路交通建设、公共服务及基础设施支撑条件密切互动的过程，特别是流域生态人居环境的改善离不开村居建设与产业发展的协同耦合影响。因此，小流域村庄居民点体系需要以"产业—村居"协同发展为目标，在集约化组织的原则下兼顾集约化与适度分散化的组织方式进行分类优化。

从村庄居民点分布的地域空间特征来看，小流域沿线300米核心发展范围内的村庄居民点空间优化需要协同优势产业资源要素及村庄产业发展方向进行集约化构建；而距小流域300米以上的中等海拔（500—900米）的平坝地区居民点，则需根据空间要素的分布与居民点的现状分布特征，采取集约为主、适度分散的原则进行空间优化；除此之外的零星分散分布的居民点，原则上就近迁入村级中心村湾、村组中心村湾，以集中化的人居环境改善与公共服务设施配给，提升村民生活环境品质。

具体来看，在"村级中心村湾—村组中心村湾—自然村"三级体系下，首先在村庄层面预留未来中心村湾拓展及部分高山地区居民点搬迁改造空间，同时从上位国土空间规划中明确中心村湾空间拓展边界与用地指标，最终确定中心村湾地域空间范围（如图6.30所示）。村组中心村湾与自然村居民点则需要结合耕地资源空间分布与居民点空间集聚特征进行优化组织。沿头溪小流域村级中心村湾与村组中心村湾情况如表6.13、表6.14所示。

(a) 村级中心村湾   (b) 村组中心村湾

图 6.30　沿头溪小流域村庄中心村湾规划图

（图片来源：长阳县清江沿头溪小流域综合发展规划（2015—2030））

表 6.13　沿头溪小流域村级中心村湾统计表

村庄名称	中心村湾名称	用地面积 / 亩
晒鼓坪村	梧桐山	93.40
厚丰溪村	罗家坪、陈家坪、运永坪	359.10
两河口村	石门沟、方家湾、覃家河	168.75
王家棚村	石牌子	206.63
土地坡村	曹家山、熊家岭	343.97
全伏山村	邓家庄、荷叶山	482.83
郑家榜村	金子坪、管家冲	514.80

表 6.14　沿头溪小流域村组中心村湾统计表

村庄名称	村组个数 / 个	中心村湾名称
晒鼓坪村	4	头道河、洞湾 - 龙家湾、梧桐山、下巫岭
厚丰溪村	7	周家河、邱家山、游览口、罗家坪、陈家坪 - 运永坪、曾家坪、五僮山
两河口村	11	赵家湾、赵儿湾、耳宫坝、牛篓岩、石门沟、方家湾、桑树坳、田柱山、曾家湾、覃家河、胡家窝
王家棚村	8	石牌子、大柳树、周家棚、邓家湾、小寨子、四方岩、下茅坪 - 三口井、天家湾
土地坡村	7	方家台、枫竹园、曹家山、熊家岭、赵家窝、城墙堰、邓家林子

村庄名称	村组个数 / 个	中心村湾名称
全伏山村	7	网洲溪、柳树坪、官家河、刘家坝、邓家庄、荷叶山 - 刘家山、安王山
郑家榜村	10	金子坪、管家冲 - 郭家榜、伍家坡、石子庙、乱麻坑、青岗岭、桥河、天齐、王家岭、杨树坪

在小流域土地利用现状数据库[①]基础上，以县域户均宅基地面积（为382.57平方米）为基准[②]，将小流域村庄居民点斑块按10户以下、10—30户、31户及以上三个等级进行分类筛选。将得到的居民点斑块数据导入ArcGIS 10.2软件，运用聚合分析工具分析居民点邻近50米、100米、150米的空间聚合特征。结果发现，在50米聚合距离下小流域零散分布的居民点（10户以下）斑块面积占总居民点面积的21.57%；100米聚合距离下居民点零散分布的面积占总面积的5.94%；而150米聚合距离下的比例为1.82%（如图6.31、表6.15、表6.16、表6.17所示）。

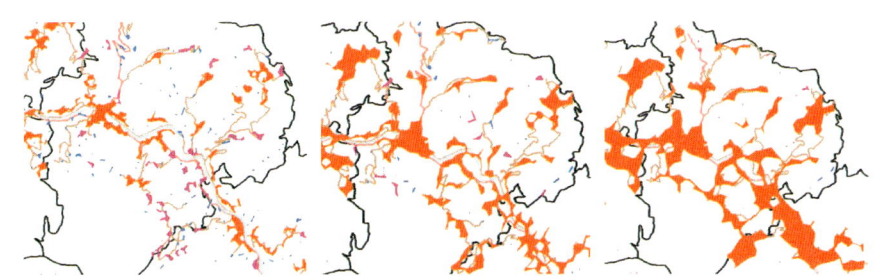

图 6.31　沿头溪小流域 50 米（左）、100 米（中）、150 米（右）聚合距离下居民点斑块聚合分析对比图（分村细节）

（图片来源：作者自绘）

表 6.15　沿头溪小流域 50 米聚合距离下居民点斑块聚合统计表

序号	分类标准	聚合面斑块数量 / 个	居民点斑块聚合面积规模 / 公顷	面积占比 /（%）
1	10 户以下	802	904633.26	21.57
2	10—30 户	137	880784.11	21.00
3	31 户及以上	89	2408463.66	57.43

① 资料来源于长阳县自然资源和规划局小流域村庄第三次土地调查数据。
② 数据来源为长阳县村庄布点规划（2019—2035）。

表 6.16　沿头溪小流域 100 米聚合距离下居民点斑块聚合统计表

序号	分类标准	聚合面斑块数量 / 个	居民点斑块聚合面积规模 / 公顷	面积占比 / (%)
1	10 户以下	368	434975.51	5.94
2	10—30 户	81	551514.09	7.53
3	31 户及以上	93	6336199.86	86.53

表 6.17　沿头溪小流域 150 米聚合距离下居民点斑块聚合统计表

序号	分类标准	聚合面斑块数量 / 个	居民点斑块聚合面积规模 / 公顷	面积占比 / (%)
1	10 户以下	188	216021.35	1.82
2	10—30 户	62	434197.01	3.65
3	31 户及以上	78	11246049.55	94.53

　　将分析结果与实际居民点空间分布情况进行比对，最终选择拟合度较高的100米聚合距离下的居民点空间整合作为指导居民点整合的依据。原则上保留10户以上的村庄居民点并结合已有建设情况筛选村组及村级中心村湾，居民点体系重点整治对象为10户以下零散分布的居民点，通过适度集中搬迁，集中往村级、村组中心村湾安置（如图6.32所示）。

图 6.32　沿头溪小流域村庄居民点搬迁安置规划图

（图片来源：长阳县清江沿头溪小流域综合发展规划（2015—2030））

6.3 郑家榜村乡村振兴概况

郑家榜村位于长阳县龙舟坪镇沿头溪小流域的西段，距长阳县县城25千米，通行时间约为45分钟，是沿头溪小流域村庄功能共同体的中心村庄（如图6.33所示）。村域面积41.21平方千米，林地总面积2.1万亩，耕地面积3858.72亩（约2.57平方千米），森林覆盖率88.91%，为典型的山地型村庄。村庄内旅游资源丰富，作为景村共建示范村，村庄部分村组划入清江方山4A旅游景区。2017年村庄总人口数2265人，全村农村经济总收入4380万元。

图6.33 郑家榜村空间区位图

（图片来源：作者自绘）

6.3.1 人口及产业空间现状特征

（1）人口空间分布特征

郑家榜村共计10个村民小组，外出务工1105人，留守村庄1160人（如表6.18所示）。总体来看，郑家榜村人口空间分布呈现出不均衡性，这与郑家榜村的整体地理环境相关，人口主要集中于沿头溪沿线用地条件与交通设施较好地区。

表6.18　郑家榜村村组人口分布表

序号	村组	中心村湾	人口规模／人
1	一组	金子坪	369
2	二组	管家冲－郭家榜	340
3	三组	伍家坡	158
4	四组	石子庙	269
5	五组	乱麻坑	215
6	六组	青岗岭	262
7	七组	桥河	112
8	八组	天齐	188
9	九组	王家岭	192
10	十组	杨树坪	160
总计			2265

（2）产业空间现状特征

郑家榜村目前产业主要以农业为主，但农地总量较少限制了农村产业发展。村庄发展延续了传统种植农业的发展方式，村域范围内零星分布少量特色养殖产业，如中华鲟、娃娃鱼养殖（如图6.34所示）。除第一产业外，村域三组有一所茶叶加工厂。郑家榜村虽临近清江方山4A旅游景区，但村庄旅游产业发展层次较低，旅游产业门类主要围绕酒店住宿与餐饮农家乐。

6.3.2　国土与生态空间现状特征

郑家榜村村域内平均高程在800米左右，最高海拔达到1516米，属于典型的高山地形，村域地势平缓地区主要分布于中心村湾沿头溪两侧地区（如图6.35所示）。从坡度图来看，郑家榜村整体坡度起伏较大，25°以上坡度区域占到67%以上，地势平坦区域主要分布在流域两侧低海拔区域。

图 6.34 郑家榜村现状产业空间布局图

（图片来源：长阳县龙舟坪镇郑家榜村村庄规划）

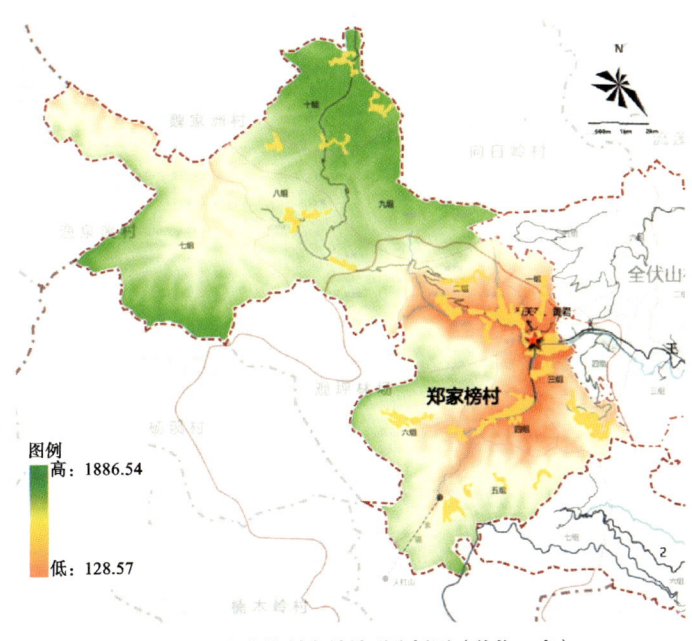

图 6.35 郑家榜村自然地形分析图（单位：米）

（图片来源：长阳县龙舟坪镇郑家榜村村庄规划）

郑家榜村的土地利用现状呈现出"八山一田半水半路"的空间特征，村域范围内林地众多，耕地资源面积约2.57平方千米，仅占村域总用地的6.24%。村庄建设用地主要沿沿头溪小流域、方清旅游公路沿线线性条状分布（如图6.36所示）。

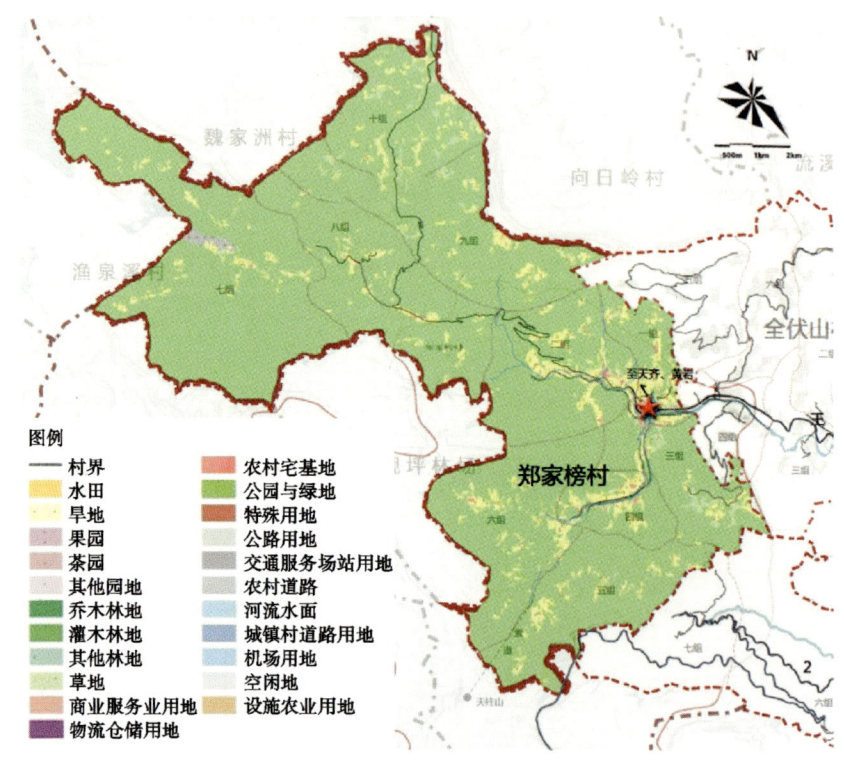

图 6.36　郑家榜村土地利用现状图

（图片来源：长阳县龙舟坪镇郑家榜村村庄规划）

6.3.3　村庄居民点及公共服务设施空间分布特征

郑家榜村居民点的空间分布呈现出与地理环境、耕地空间分布高度耦合的"大分散小集中"空间特征，低海拔的缓坡谷地地区村庄居民点斑块空间分布较为密集，且单一居民点用地斑块较大。而在高海拔地区，村庄居民点空间上分布较为零散，居民点斑块密度分布较低，呈现出围绕通村道路线性分布的特征（如图6.37所示）。

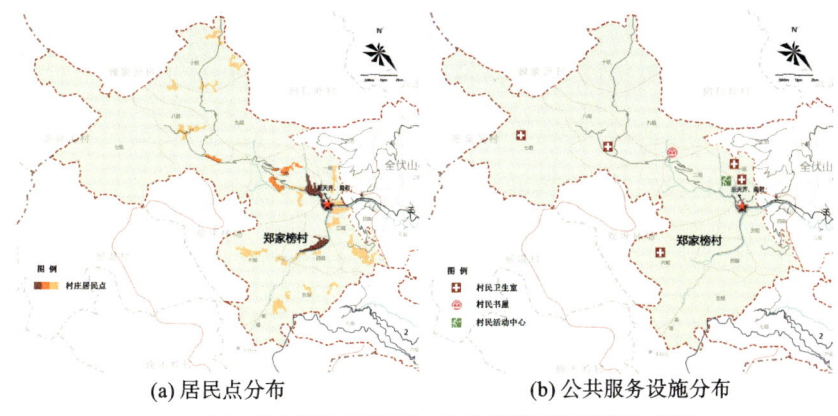

(a) 居民点分布   (b) 公共服务设施分布

图 6.37 郑家榜村现状居民点及公共服务设施空间分布图

（图片来源：长阳县龙舟坪镇郑家榜村村庄规划）

在村域公共服务设施配置方面，受限于地形地貌条件，公共服务设施在村域范围布局较不均衡且存在服务层次与能力较低的问题。中心村湾配置有卫生室、图书室、体育设施等内容，其余村组总共仅配有4处卫生室与1处图书室。在公共服务设施配置内容方面缺乏村民急需的幼儿教育设施门类。

6.3.4 交通及其他基础设施空间分布特征

在郑家榜村的道路交通系统中，方清公路是郑家榜村主要的对外联系通道，其余道路为村庄对内联系的通村、通组道路（如图6.38、表6.19所示）。通过对方清

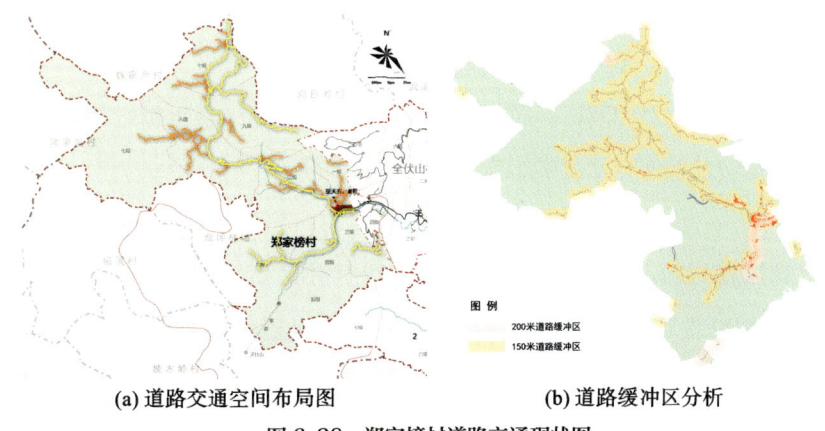

(a) 道路交通空间布局图   (b) 道路缓冲区分析

图 6.38 郑家榜村道路交通现状图

（图片来源：作者自绘）

公路做200米缓冲区，对其余通村道路做150米缓冲区分析，发现村域范围内，方清公路缓冲区仅能覆盖村域13.58%的居民点，空间影响程度较低；而通村道路缓冲区可以覆盖村域61.88%的居民点，而同时仍有24.54%的居民点未被道路缓冲区所覆盖，这表明村域范围内道路系统的服务水平有待进一步提升。

表 6.19　郑家榜村道路缓冲区分析表

道路等级	缓冲区类型	居民点斑块数量 / 个	占比 / （%）
一级公路	200 米缓冲区	52	13.58
通村道路	150 米缓冲区	237	61.88
未覆盖区域		94	24.54
总计		383	100

在其他基础设施方面，郑家榜村电网覆盖率达到100%，同时经过近年来的农村集中式污水处理及"厕所革命"的持续推进，村民已基本可以实现独立取水，并且在方清公路沿线及主要的通村道路沿线零散设有垃圾收集池等基础设施。

6.4　郑家榜村空间——功能提升策略

郑家榜村作为沿头溪小流域景村共建示范村，其产业发展定位、主导产业选择、居民点体系整理、基础设施支撑体系建设等空间组织内容需要与清江方山景区进行综合统筹。清江方山景区旅游产业发展的外向性改善了郑家榜村发展环境，而快速旅游公路的开通使村庄分享了景区旅游的溢出红利，村庄产业结构出现旅游产业化的特征。

纵观郑家榜村的产业发展基础以及土地利用情况可以发现，村域范围内可利用优势资源稀缺性存在对产业发展支撑性不足的问题，加上长久以来的种植农业主导下的产业内卷化发展，村庄发展的基础薄弱、能级较低。而景区旅游产业兴起带动外部多元资源要素对村庄空间的实验性改造，削弱了村庄基本单元作为组织主体的能动性，加上村庄基层组织在空间治理过程中缺乏全局统筹的发展思路，村庄的发展目标定位不明确，产业发展方向单一化。这些问题反映在地域空间层面是各类空间要素组织呈现出一定的杂乱无序的空间特征。由此可见，以新时代的国土空间规划为契机，赋能村庄微观基础单元，重构村庄空间组织模式，从村庄空间治理的角度全盘统筹村庄发展的各项问题，是推进郑家榜村景村融合发展的科学路径。

6.4.1　产业发展规划：构建区域协同发展体系

郑家榜村产业的个体发展离不开小流域乡村产业整体的框架支持。从小流域乡村产业一体化发展的角度来看，充分发挥流域村庄地理区位优势，借助方清公路对两大重点旅游景区的交通串联作用，接驳景区旅游产业溢出及人口集聚效应，从依靠景区、配套服务景区到融入景区，扩大整合景区与乡村旅游的产业资源与体系，从延伸旅游产业链角度出发，重点发展乡村生态休闲游与文化体验游，打造"景区+小流域+乡村一体化发展"的产业发展格局（如图6.39所示）。

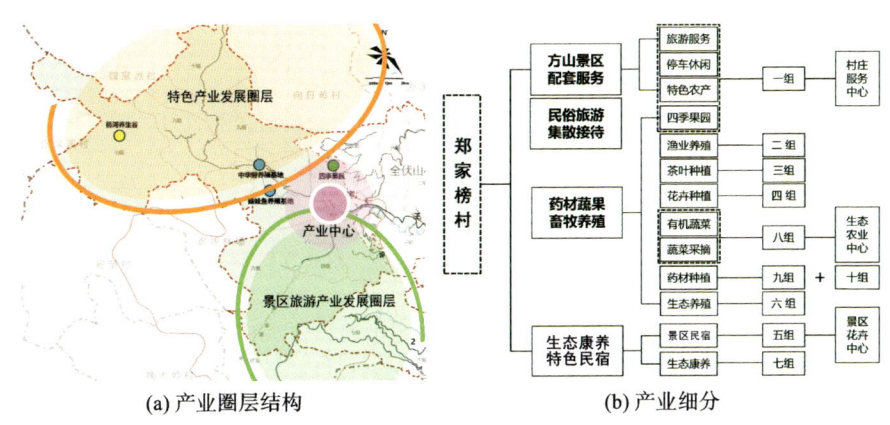

(a) 产业圈层结构　　　　　　　(b) 产业细分

图6.39　郑家榜村产业发展圈层结构图

（图片来源：作者自绘）

郑家榜村为景中村，其产业发展需要针对产业空间区位差异在村域层面对村庄产业发展的格局进行分类优化（如图6.40、表6.20所示）。临近景区旅游核心区的村庄地区，主要通过发展景区配套服务相关产业，融入景区旅游产业发展圈层；景区外围圈层的村庄产业发展主要从农业生态化与精品化、旅游产业特色化的角度协同第一产业与第三产业服务业的多元融合，形成外围特色产业发展圈层。

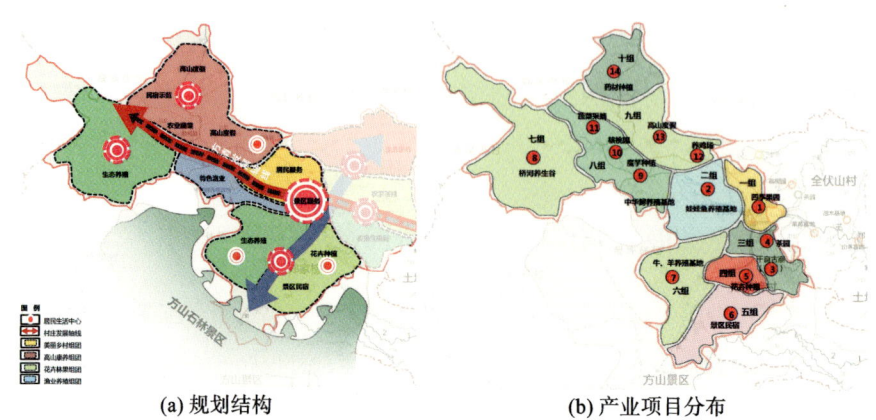

(a) 规划结构   (b) 产业项目分布

图 6.40 郑家榜村产业空间布局规划图

（图片来源：长阳县龙舟坪镇郑家榜村村庄规划）

表 6.20 郑家榜村产业项目统计表

村组	产业类型	项目分布	建设规模 / 亩
一组	农业	四季果园基地（含 5—6 家农家乐）	150
二组	养殖业	渔业养殖基地	100
三组	农业、服务业	千亩古寨农家乐、茶叶种植	600
四组	花卉种植	花卉基地	30
五组	服务业	方山景区民宿	
六组	养殖业	生态牛、羊养殖基地	100
七组	农业	桥河养生谷	20
八组	蔬菜种植	蔬菜采摘	200
九组	药材种植、服务业	药材基地、高山度假	1000
十组	药材种植	药材基地	1000

6.4.2 国土空间布局规划

村庄国土空间布局规划工作主要从上级土地利用规划与最新的县域土地第三次调查（简称三调）的土地利用现状图进行地类比对（如图6.41所示），通过生态用地、农业用地、村镇建设用地等地类的面积变化，反映村庄用地布局中的关键问题[①]。

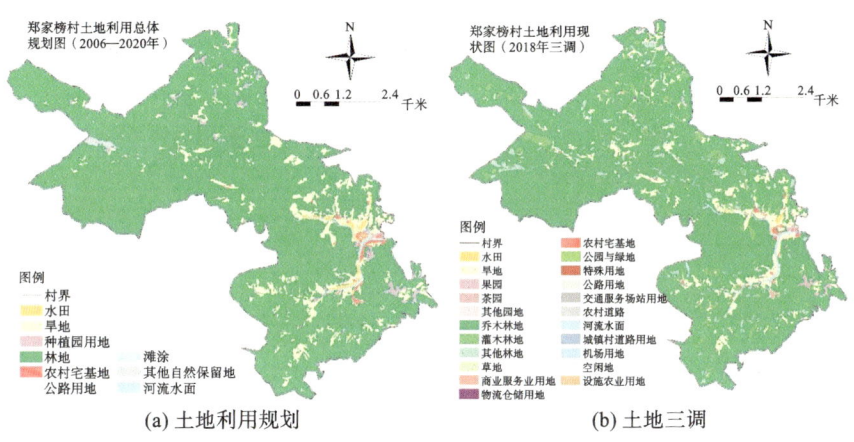

(a) 土地利用规划   (b) 土地三调

图6.41 郑家榜村土地利用规划与三调数据比对图

（图片来源：长阳县龙舟坪镇郑家榜村村庄规划）

郑家榜村在总用地面积不变的情况下，对比土地利用规划与三调用地现状发现，在自然保护与保留用地方面总规划建设用地面积75.11公顷，现状建设用地面积82.24公顷，建设用地面积超出规划7.13公顷（如图6.42所示），农林用地超出11.89公顷，村域结余建设用地14.23公顷[②]，本次规划还需解决建设用地规模的缺口13.95公顷。

---

① 此部分内容涉及较多的长阳县土地三调数据及国土空间规划数据，由于数据保密性的缘故，将研究内容中部分土地数据进行简化处理。

② 违规建设用地表示处于管制区、永久基本农田保护区、生态公益林保护区和生态红线保护区内的三调现状建设用地，在第三次全国土地调查中现状为建设用地，但和2006—2020年土地利用总体规划建设用地不一致的斑块；结余建设用地表示2006—2020年土地利用总体规划中规划为建设用地的地块，但在第三次全国土地调查中现状为未建设用地的斑块；现状规划一致建设用地表示不与"三线"和管控区冲突，并在2006—2020年土地利用总体规划中与三调现状两者用途一致的地块，为合规合法建设区。

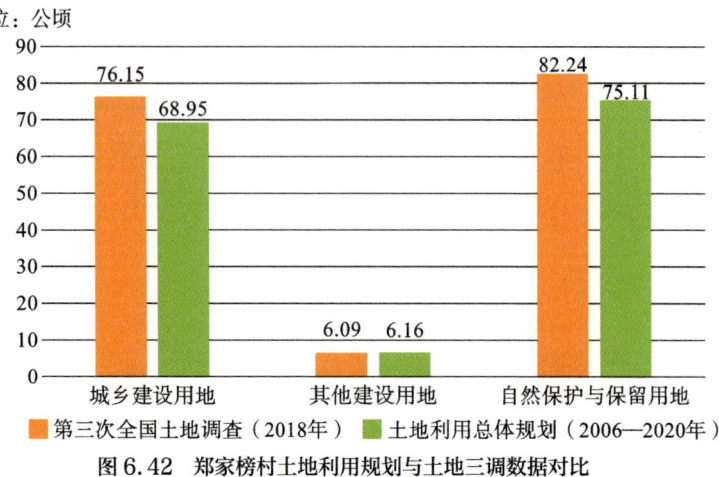

单位：公顷

图 6.42　郑家榜村土地利用规划与土地三调数据对比

（图片来源：长阳县龙舟坪镇郑家榜村村庄规划）

6.4.3　村庄国土空间管制规划

以长阳县最新的三调数据为基础，对郑家榜村的生态空间、农业空间、建设空间以及基本农田保护红线、生态保护红线进行分类划定。首先根据地类斑块属性提取村域基本农田斑块，以此划定基本农田保护红线，同时结合耕地、种植园用地斑块划定农业空间范围。然后通过提取村域内的林地、河流水面、滩涂、其他自然保留地等确定生态保护红线，并以此划出生态空间范围。最后筛选村庄居民点斑块，并依据国土空间规划调整指标，确定建设用地布局方向，并最终确定建设空间范围（如表6.21、图6.43所示）。

表 6.21　郑家榜村土地用途空间管控表

序号	空间类型	空间管制规则
1	生态空间	·严格遵循相关法律法规实施自然生态空间用途管制； ·区内现有非农建设用地应当按其适宜性调整为林地或其他农用地，规划期间确实不能调整的，可保留现状，但不得扩大面积； ·不得占用区内土地进行毁林开荒、采石、挖砂、取土等活动； ·严禁占用区内林地、耕地进行非农建设

序号	空间类型	空间管制规则
2	农业空间	·强化永久基本农田对各类建设布局的约束和引导，严格落实保护责任，建立健全考核、补偿、监管的长效机制； ·基本农田保护区内禁止占用基本农田进行城镇、村镇、开发区和工业小区建设，现有各类非农建（构）筑物不得改建或扩建，坚持农地农用，严格控制农地转作其他用途； ·严格限定农业用地的结构调整，结构调整必须以不破坏土地耕作层为前提
3	建设空间	·鼓励增加土地单位面积产出，减少闲置用地和低效率用地； ·村庄内各类开发和集中建设活动，必须在城镇开发边界内选址，须符合相关上位规划的空间管控要求； ·制定建设用地的空间引导政策，转变土地粗放利用方针，对于工业用地、商服用地、道路交通设施用地要因地制宜进行选址研究； ·严格控制建设空间外的各类开发建设活动

资料来源：长阳县龙舟坪镇郑家榜村村庄规划。

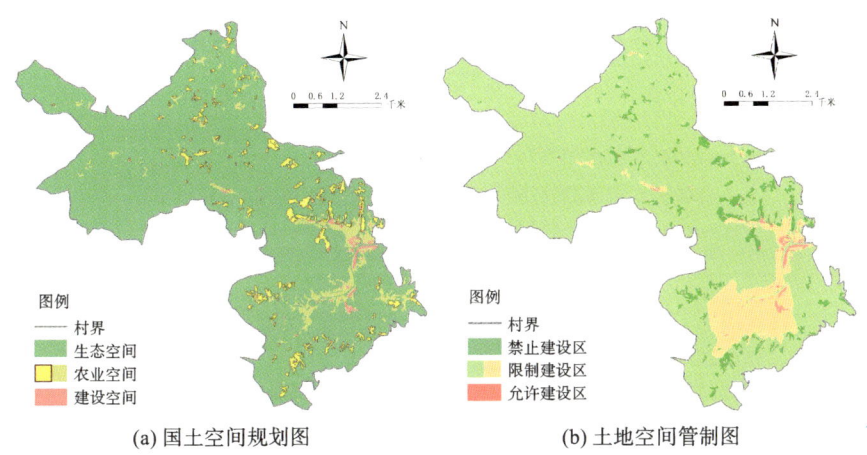

(a) 国土空间规划图　　　　　　　　　　(b) 土地空间管制图

图 6.43　郑家榜村国土空间管制规划图

（图片来源：长阳县龙舟坪镇郑家榜村村庄规划）

6.4.4　村庄居民点体系及公共服务设施规划

（1）居民点体系整理

采用与小流域村庄居民点体系构建相似的类型化构建路径，区划郑家榜村"村级中心村湾—村组中心村湾—自然村"三级体系，并在空间上明确村级中心村湾与村组中心村湾的建设范围及规模。对于自然村层面的居民点整理则运用较为贴合小流域实际情况的聚合分析方法，按100米的空间距离对郑家榜村村域范围内居民点进行聚合分析，最终筛选出搬迁居民点分布情况（如图6.44、表6.22所示）。

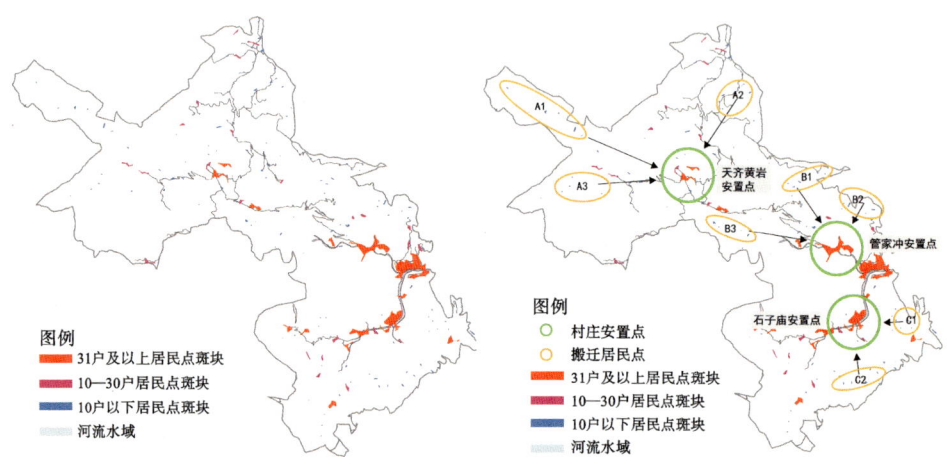

图 6.44　基于 100 米聚合距离分析的郑家榜村居民点空间整合分析

（图片来源：作者自绘）

表 6.22　郑家榜村 100 米聚合距离下居民点斑块聚合统计表

序号	分类标准	聚合面斑块数量 / 个	居民点斑块聚合面积规模 / 公顷	面积占比 /（%）
1	10 户以下	139	142605.74	14.71
2	10—30 户	24	158655.29	16.36
3	31 户及以上	14	668238.64	68.93

　　在郑家榜村居民点的100米聚合图（图6.44）中可以看出，31户及以上的大型居民点主要在方清公路两侧分布较为密集，这表明居民点空间分布在低海拔的临水开敞空间集聚分布特征较为显著；10—30户中等规模的居民点主要分布在小流域中等海拔的缓坡地带，居民点空间布局体现出临路分布的空间特征；而10户以下的居民点斑块共有139个，占总聚合斑块面积的14.71%，这些居民点主要分散在村域高海拔地区。由于这类居民点大部分不在道路缓冲区范围内，

居民点空间呈现出一定的内闭性，因此将这些居住斑块作为郑家榜村村庄居民点整治的重点对象，未来可通过整体搬迁安置的方式整合入邻近的村级、村组中心村湾。

（2）公共服务设施规划

在对村庄现有设施进行完善的基础上，重点配套村内所缺乏的文体、教育公共服务设施，优化公共服务设施服务半径，提高村民生活质量。郑家榜村公共服务设施配置单元以居住聚集程度来划分，分为小流域村庄功能共同体、村级中心村湾和村组中心村湾三个级别（如图6.45所示），按相应的标准分类配置各级公共服务设施（如表6.23所示）。

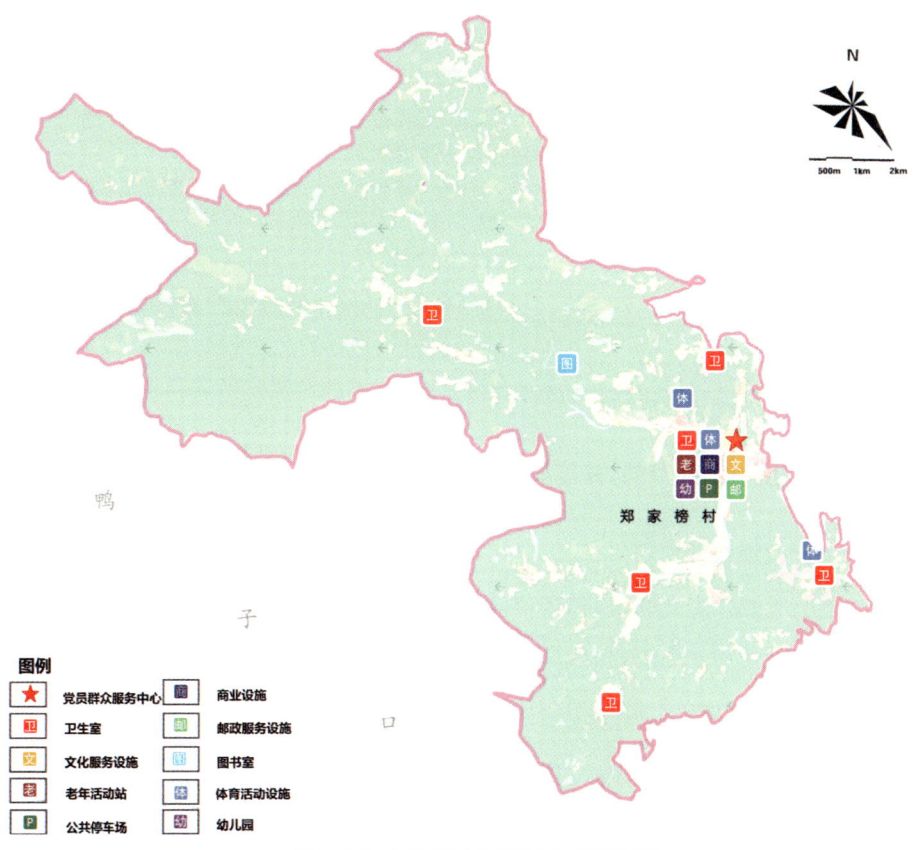

图 6.45　郑家榜村公共服务设施规划图

（图片来源：长阳县龙舟坪镇郑家榜村村庄规划）

表 6.23　郑家榜村公共服务设施分级分类配置表

序号	设施级别	设施配置内容	配置标准及相关内容
1	小流域村庄功能共同体	社区服务中心、小学、卫生室、体育健身设施、文化活动室（图书室等）、养老院、邮政局、电信局（所）、超市、集贸市场、农资供应站、农业科技站以及公共厕所	根据《湖北省新农村建设村庄规划编制技术导则》，社区服务中心最低配置标准为 20—25 m^2/人，用地按 25—30 m^2/人。规划设置郑家榜和两河口小学，分别为 12 个班和 24 个班，其中，两河口小学为寄宿制。文体设施建筑和用地面积最低要求分别为 300—500 m^2 和 600—1000 m^2。养老院按老龄人口的 7% 提供床位，计算可得小流域范围内共需约 220 张床位（其中，两河口村 45 张，郑家榜村 34 张，王家棚村 33 张，土地坡村 28 张，全伏山村 26 张，厚丰溪村 29 张，晒鼓坪村 26 张）；建筑面积约为 4000 m^2，用地面积不得小于 6000 m^2。邮政局包括电商物流点，面积可结合实际情况来定
2	村级中心村湾	村委会、幼儿园、卫生室、运动场 / 篮球场、文化小站、老年活动室、电信局、淘宝村级服务点、小卖部	村委会建筑面积依据各村实际情况而定，主要包含"一所两栏三办八室"。根据《湖北省新农村建设村庄规划编制技术导则》，幼儿园最低配置标准为 5—7 m^2/人，用地按 7—9 m^2/人；每班 25 人，独立地段。卫生室建筑面积为 40—100 m^2。硬质铺装多用途运动场地不小于 300 m^2。老年活动室结合卫生室一起配置
3	村组中心村湾	晒谷场 / 运动场、卫生室、老年活动室	晒谷场 / 运动场不小于 200 m^2，老年活动室和卫生室相结合布置，面积为 60—200 m^2

6.4.5　道路交通设施与基础设施规划

（1）道路交通设施规划

在前述小流域村庄交通体系优化的基础上，结合郑家榜村村域空间要素分布情况与产业发展现状，从构建郑家榜村乡村交通网络出发，强化村际中心与村组、自然村湾的联系性，打通村域范围内重要产业资源点、居民点，以"拓宽通村道路、连通通组道路、硬化村组道路"为指引构建村庄交通层级网络。拓宽原有宽度为 3.5—4.5 米的通村、通组道路，并通过部分新建道路与已硬化道路形成环路（如表6.24所示）。

表 6.24 郑家榜村道路情况一览表

道路类型	道路等级	道路宽度 / 米	道路长度 / 千米
新建道路	通村道路（次级）	9	4.6
	通组道路（三级）	5	11.2
拓宽道路	现状通村道路	9	9
	现状通组道路	5	19
硬化道路	现状通组道路	5	11

（2）基础设施规划

郑家榜村村庄基础设施建设采取与公共服务设施类似的分级建设方法：在村级中心村湾设置集中供水点、村级污水处理厂、垃圾转运站、电信信号基站、公共厕所等基础设施；在村组中心村湾设置集中取水点、村组污水收集池、垃圾收集点、公共厕所等基础设施（如图6.46所示）。

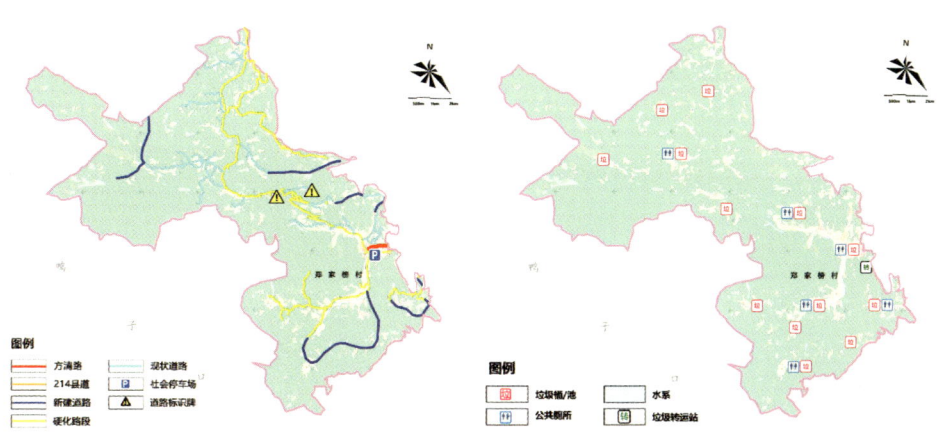

图 6.46 郑家榜村道路与基础设施规划图

（图片来源：长阳县龙舟坪镇郑家榜村村庄规划）

7

鄂西武陵山区乡村空间组织
优化下的制度创新

从鄂西武陵山区县域乡村空间体系存在的三种典型组织模式来看，县域乡村空间体系组织优化构建的内容既包含对县域乡村空间体系空间层级结构纵向维度上的组织优化，又涉及各层级功能单元之间横向维度空间联系的整体系统构建；同时从组成县域乡村空间体系的村镇个体来看，空间体系的优化构建也应包含节点在县域空间网络体系中的定位转变，以及对功能组团进行涉及空间要素、功能与结构的系统优化组织。因此，鄂西武陵山区县域乡村空间体系组织优化转型策略的提出，既要照顾到整体体系运转所涉及的系统组织关系层级构建的内容，也要考虑到乡村产业发展、社会治理等专项内容的支撑性优化，还要响应鄂西武陵山区乡村发展的现实诉求。具体到相关优化策略制定方面，主要涉及乡村发展整体的政策制度创新策略、产业结构调整策略以及社会治理转型策略三个部分。

7.1　政策制度创新策略

鄂西武陵山区乡村的稳步发展与乡村空间体系的有序构建是一个全面且长期的过程，这其中所涉及的外界物质环境要素的投入、乡村内在社会治理秩序的重构，以及生态与地域文化精神的培育，都需要稳定且长效的政策环境的支撑保证。特别是对于鄂西武陵山区这种欠发达的山区乡村，在国家层面的精准扶贫与乡村振兴的战略背景下，大量外部资金与资源要素的连续导入，使乡村内生发展的低水平均衡发展状况有所改善，但这种长期以来形成的整体性稳态并没有呈现出质的转变，乡村内生发展的动力仍需进一步激化培育，乡村空间生产的方式仍需转变。这也表明现有的外部资源要素导入并没有达到预期的价值效用最大化运行，鄂西武陵山区乡村的全面发展不仅需要从宏观层面解决村庄发展的财政资金来源问题，还要能够为乡村发展提供稳定的政策环境，同时对外在资源要素导入分配制度、乡村整体收益分配制度进行合理设计，并对村庄集体性合作组织的培育发展进行制度指引。这些内容需要通过政策制度的创新设计形成一套具有穿透性的制度体系。

7.1.1 建立健全区域生态转移支付制度，保障乡村发展的外部资金来源

我国社会经济发展存在着较强的区域发展不均衡性，东部沿海地区自然生态资源（主要指土地资源）匮乏，但社会经济发展水平较高，中西部生态资源富集区域的社会经济发展水平较低。中西部生态资源富集区域不仅为东部沿海地区发展输入了丰富的人口与生态资源，同时也为跨区域经济社会发展与生态环境稳定之间的平衡做出重要贡献。这种资源要素的输出由于区域补偿制度的不完善，并没有收到较好的回报补偿，这也导致区域发展不均衡的矛盾日益加深。鄂西武陵山区作为我国传统的生态资源富集区，乡村发展同样面临缺乏全面且充足持续资金投入的问题。因此，在对县域乡村空间体系进行优化组织之前，需通过区域性的生态转移支付制度的建立健全，解决乡村发展的基础资金持续支持问题。

（1）国家生态转移支付体系的法治化建设

生态转移支付是国家宏观层面平衡区域发展、保障落后地区基本发展需求的重要举措，因此对于生态转移支付体系的构建，需要集中于国家层面制度的顶层设计。当前国家生态转移支付主要包括两种形式：一种是以项目投资的形式由国家直接对生态资源富集区域进行投入，另一种是区域间横向的转移支付。但目前来看，国家对地方的纵向项目投资补偿是我国生态转移支付的主要形式，如退耕还林还草工程、天然林资源保护工程等；而省际的横向转移情况较少，仅在京津冀生态环境治理一体化工程中，推行了由北京市向河北省支付生态保护补偿费的措施。

未来我国生态转移支付体系的建设需要聚焦两个方面内容：一是逐步完善国家生态转移补偿制度设计，并以立法的形式明确其法律地位，保障生态转移支付工作的常态化健康运行；二是建立跨区域的横向生态补偿协商机制，由国家统筹建立中央生态补偿基金，以财政手段平衡区域社会经济发展与生态环境问题，减少省级政府之间博弈，降低谈判成本。

（2）建立省市转移支付基金分配平衡机制

在国家层面明确区域生态转移支付的制度框架后，省市转移支付需要关注的重点落在对转移支付资金的分配使用问题。由于省域范围内县市生态转移贡献程度

以及社会经济发展的不平衡性，转移支付资金很难在省域范围内做到平均分配，因此，对于生态转移支付财政资金的使用，有必要在省级政府建立省级生态转移支付基金，通过对基金的市场化运作，由省级政府对生态转移支付资金的使用进行统筹。

省级转移支付基金的使用须由相关地方政府共同决定，即明确基金的适用范围不得超越生态转移支付相关的县市。同时，需明确界定基金必须用于生态性项目，如地区生态饮水改造、退耕还林、退耕还草、地区生态湿地保护、环境污染治理等内容，也包含因环境保护带来的企业、村庄迁移补偿等相关费用范畴。

7.1.2　构建县域乡村新型要素资源投入与均衡收益的奖励机制

未来鄂西武陵山区县域乡村的发展遵循产业专业化、规模化与品牌化，社会组织合作化、网络化与体系化，空间类型化、复合化与多样化的三位一体发展思路，当前乡村振兴战略下乡村发展广泛存在资金支持与资源导入的低效无序性问题，这需要对外部涉农资金以及导入资源进行科学的制度安排，通过合理的分配制度落实资源要素的高效精准导入，同时也可以通过合理的分配奖励制度激发村庄及村民主体的参与积极性，培育村庄内生发展动力，引导乡村发展的整体性提升。

（1）差别化均衡的资源要素导入机制

按资源要素的来源划分其类型，大致可以分为自上而下的政府财政性资源要素（纵向导入）与市场化资源要素（横向导入）两类。前者的导入形式有财政资金支付与资源项目落地两种形式，后者（市场化资源要素）的导入主要采取投资项目的形式。资源要素的导入需要一方面实现政府主导的纵向资源导入对村庄产业发展的均衡，以及对优势资源价值的激发，另一方面对市场主导的横向资源导入进行筛选监管，以避免市场资本的逐利性对乡村生态及资源要素价值的过度侵蚀。

政府性纵向资源要素投入的一个重点内容是平衡村庄发展，这一过程需要保障每个村庄进行基础性建设的财政资金，即每个行政村均可获得资源性财政资金或项目的支持，如村庄集体产业振兴扶持基金、村庄人居环境提升资金等；而投资性的资源要素导入则主要与资源要素禀赋条件较好的村庄结合，形成对乡村空间要素的资源化、市场化与资本化价值提升的过程。通过点式项目性投资，可形成乡村发展的极核，以带动乡村整体发展。在市场性横向资源导入方面，政府需建立对市场资源要素的事前审核、事中监管、事后评估的制度机制：强化事前（项目立项之前）对项目的经济性、社会性与生态性影响的综合评价，进而形成符合当地发展特征且科学合理的项目筛选制度；在项目建设及运营过程中，强化对项目建设过程的生态影响评价与项目可持续性评估，同时保证项目建设过程中具有通畅的问题协商机制；在项目建设完毕后对项目建设全程进行综合评估，总结经验与教训，形成完备的市场性资源要素导入的监管制度。

（2）均衡与激励并举的村庄收益分配制度

为摆脱以行政村为单位的细碎化生产，在鄂西武陵山区乡村生产过程中，自下而上地将基础生产单元由行政村跃迁至更大地域范围内，形成多行政村功能整合的整体——村庄功能共同体，并以此为基础在县域空间范围内组织乡村的产业生产活动。随着乡村生产专业化水平的不断提高，乡村空间生产的价值伴随着适度的生产规模化与产品生态化实现效益的提升，并最终实现生产品牌化，村庄空间产出的整体价值效应增强，也为乡村地区带来更多收益。这种多村集体协作生产的方式，有利于实现乡村地区整体效益的提升。这种合作生产方式与人民公社化运动中的个体无差别性参与集体生产有所差别，因为前一种合作生产过程中村庄资源禀赋条件以及村庄劳动人口基础的差别客观存在且将会影响其未来收益的具体分配。

村庄收益可分为三个部分，即村民的基本收入、村民的生产分红和村集体的经营资金。其中村民的基本收入属于固定分配的经营收益，其余两个部分则主要以浮动激励资金的形式与各村实际的生产状况挂钩，而所有收益均以村为单位进行综合核算分配。对于村民的基本收入部分需维系一定的平衡性，即保持不同村庄村民基本收入水平差异性不超过某一小幅比例，如5%—15%，这种差异性在确定时主要依据村庄人均经济收入的排名约定具体比例。同时，也需为村民的基本收益提供符合农业发展增长速度的浮动调整空间，即依据每年村庄功能共同体产出效益的变动情况对村民的基本收入进行浮动调整。

除村民的基本收入部分以外，村民的生产分红与村集体的（年度）经营资金是激发村民积极生产、培育村社集体经济的重要手段。在除去村民基本收入的固定支出后，对剩余收益进行合理的制度性分配。对于浮动收益的分配，既要考虑到村庄个体收入的均衡，同时也要对村庄生产的积极性形成良性的激励，鼓励资源要素条件较好的村庄组织更为高效地生产。另外考虑到部分村庄功能共同体内的村际资源要素与劳动人口的禀赋程度差异，村庄在村民分红与村集体年度经营资金方面可能存在较大差距，村集体经营收益还需要适度发挥对收益支出的宏观调节效用，需要在具体的收益分配制度中明确村庄基本经营性资金的底线收入标准，以维系村庄生产基本组织运营工作。与此同时，也通过大比例的分红激励高效生产的村庄，例如对于村庄基本经营资金部分可约定在扣除村民收入后，对剩余收益的30%—40%进行平均分配，除此之外的收益则作为村庄生产分红，依据村庄功能共同体内村庄生产效益的总体排名及占比份额，以及村庄对计划生产目标的完成度与参与社会活动的次数，进行综合分配。

村民的分红收益分配，主要依据村民在生产过程中对集体生产的贡献程度进行界定，在核定村民主要生产贡献度时以户为单位，以户均土地、生产工具以及劳动人口数量等资源要素的投入进行核定，同时考虑到多产业门类生产方式与产品价值差异性，适度调整个体生产对整体效益提升贡献度的占比，进而形成村民分红效益的制度安排。

7.1.3 引导构建农村新型"生产—经营"合作体系，适度放宽集体经营范围，完善农村生产经营制度

（1）引导构建农村新型"生产—经营"合作体系

在鄂西武陵山区乡村空间体系模式中，底层的行政村通过产业规模化重组形成村庄功能共同体，此时村庄个体的生产细碎性被适度的整体性合作生产所代替。而各层级功能单元的构建都是基于低级功能节点密切联系性的整体性构建，因此，未来鄂西武陵山区乡村生产经营制度设计，应重点体现适配于鄂西武陵山区乡村产业功能整合单元化的发展需求，引导乡村产业转型与社会治理走向集体合作化道路，进而支撑未来鄂西武陵山区乡村空间体系的优化构建。

农村土地"三权分置"制度确定以后，特别是土地承包权与经营权的分离，农村发展呈现出多样的适度规模化经营趋势，如：以家庭农场、龙头公司的形式通过土地流转进行集中市场化生产，达到规模化效益的提升；以村社集体为整体，通过

村民土地合作入股或土地经营权托管的形式组织集体化合作生产等。土地经营权活力的释放为乡村的生产经营合作提供了发展契机。农业生产经营的组织关系与其空间层级具有等级匹配性，基础生产单元层级的跃迁，带动生产经营权由个体农户向村庄功能共同体层级跃升。从长远来看，乡村生产行为与经营行为的适度分离，有助于提高生产效率，实现要素产业化生产的价值提升。

乡村生产行为聚焦于村庄功能共同体层级，逐渐形成"村庄功能共同体合作单元—行政村合作单元—小型专业生产合作社"的生产体系。而经营行为则在村庄功能共同体与乡村主体功能区两个层级进行整体性构建。以行业协会的形式组织"县市引导—主体功能区核心经营—村庄功能共同体辅助经营"的经营体系，一方面可以避免"个体农户对接大市场"现象的出现，另一方面可借助县镇高等级乡村产品专业经营服务平台，实现生产资料统购、产品统销、品牌化打造、产业市场化运营。对于专业化的经营合作组织，县乡两级政府对其经营行为进行监督指导，特别是在成立初期对经营产品进行专业的培训指导，但县乡两级政府并不参与其直接的经营行为，以保持合作组织的独立性。

（2）完善农村经营制度，适度放宽农村生产经营范围

农村新型"生产—经营"体系建立以后，需要解决的首要问题是村庄集体性组织的经济来源问题。对于处在起步期的鄂西武陵山区乡村来说，传统农业生产难以在短期内积累足够的经济基础，因此，各类集体性合作组织在成立初期，需要国家与地方政策在财政上对其进行资金补贴，或在税收政策上对集体经营组织的经营收入进行免税或贴税，同时也需要自上而下创新涉农产业的经济利益分配的相关制度。例如，临汾市大宁县"购买式造林"农村改革经验，是以制度安排的方式将国家对乡村地区植树造林所涉及的资金、土地、劳动力等生产要素，与农村发展、村社组织培育及农民脱贫增收相结合，下放部分涉农的非农产业经营权至集体合作组织，以促进集体性合作组织的发育和农民增收，如以政府采购的形式组织村集体合作社参与造林工程，允许村社集体合作组织参与乡村基础设施建设招标，让村民参与乡村建设，分享建设红利。因此，完善农村制度安排，扩展农村集体性组织的经营范围，允许村集体适度参与涉农的非农经济活动，对于快速培育村社集体组织、构建村社居民紧密的社会组织关系具有较强的引导作用。

7.2 产业结构调整策略

7.2.1 构建多样化的在地性新产业体系

（1）增强产业融合度，促进三次产业融合发展

在当前农业供给侧改革的宏观背景下，鄂西武陵山区乡村产业发展需要解决的首要问题是明确未来主导产业发展方向。作为生态资源要素富集地区，鄂西武陵山区乡村产业发展具有多重复合属性，三次产业的融合发展将成为未来鄂西武陵山区乡村产业发展的主题。农业的生态化、精品化发展，农产品加工工业的延伸有序发展，休闲农业、体验农业、乡村旅游等涉农服务业的转型发展，使乡村产业在地性特色展现，多样化的新型产业体系的构建成为推进鄂西武陵山区乡村振兴工作的重中之重。

在产业结构调整方面，鄂西武陵山区乡村产业结构呈现出来的种植业主导特征具有较强的普适性，而乡村工业发展整体较为落后，乡村旅游服务业与农业的发展融合度较低，缺乏持续发展动力。未来鄂西武陵山区产业发展在实现第一产业提升的同时，应适度鼓励发展低环境影响的生态型农产品加工工业，通过引入农产品加工企业或扶持农村集体性生产企业的方式，对乡村地区特色农产品进行深加工与精细加工，形成从农业种植到农业生产、农业加工的产业链条延伸，提升生产效率及产品价值，同时通过多层级的"生产—经营"合作体系，打通农产品种植、生产、加工与销售的完整产业链条，实现第一产业与第二产业的融合发展。

鄂西武陵山区乡村第三产业发展主要聚焦于乡村旅游服务产业。但区域旅游资源的等级分化特征较为突出，各类优势旅游资源已经开发为较成熟的旅游景区，当前乡村旅游服务的重点领域停留在对知名旅游景区外溢碎片化的旅游人口的吸纳，这也导致当前鄂西武陵山区乡村旅游虽有一定程度的发展，但整体质量与层次较低。从未来乡村旅游产业发展的方向来看，与传统优势旅游资源要素结合开发新的综合性旅游景区已不具有较强的指导意义，但乡村旅游产业借势已有成熟的旅游景区，以农旅结合的参与式旅游、体验式旅游为主体，嵌入整体的旅游格局中，形成区域旅游的一大特色与亮点，成为乡村第三产业发展的一个关键。因此，未来地区乡村旅游产业的整体发展应聚焦于乡村农业生产过程的生态化，以及对农业生产文化资源的挖潜，将乡村生活、生产文化与体验式旅游结合，实现乡村地区产业结构由第一产业主导提升为三次产业协同发展的局面。

（2）强化生产组织合作化，增强产业发展的多样性

鄂西武陵山区乡村产业功能整合以及单元化协同发展，并非要抹杀产业发展的多样性，各产业功能共同体之间具有产业组织上的关联性，这种关联性主要体现了一种合作性生产组织关系，对主导产业的选择、特色产品的打造等方面并不过多地约束。鄂西武陵山区县域乡村产业发展需在整合各类空间资源的基础上，结合未来农业供给侧结构性改革的要求，以乡村生产规模化、专业化、生态化，提升乡村产业生产效率与产品价值。特别是在村庄功能共同体层级，村庄的产业生产过程聚焦于某一类或几类重点特色产业进行，规模化、精品化的生产使内部行政村之间生产差异性降低，逐步引导乡村产业发展由"一村一品"的分散化、低水平打造，转向"多村一品"、"一镇几品"的高质量、精品化、品牌化发展。

鄂西武陵山区乡村产业发展需要聚焦于乡村主导产业，并通过合作化的生产体系壮大集体经济，通过集体经济的盘活，驱动地区产业与社会治理的整体发展，将以传统种植业为主的产业空间适度外向延伸，发挥地区生态资源优势，使乡村产业由种植业转向林业、养殖业、特色经济作物种植加工等产业，通过主导产业的多样性打造，弱化产业发展中对种植业的依赖性。同时，挖掘农村生产、生活文化要素及传统农业生产技术，将农业生产的传统技艺转化为提升产品价值与提供新型旅游服务的体验性产品，通过技术培训与推广，鼓励各类专业合作社、家庭农场、集体性手工作坊参与生产，打造一批具有鄂西武陵山区特色的"土字号"产品品牌。如清江沿线的乡村可结合渔猎文化与巴土文化，发展传统渔鼓、九子鞭制作；巴土文化与土司文化影响地区乡村可以发展传统手工艺术服饰制作等产业。同时，在农业发展方面还需注重科技农业的创新性发展，注重与高校科研机构的合作，解决农业生产过程中的技术难题，强化新型科技农业产品的培育，通过新产品计划农业生产与产出效率，提升农业生产的整体价值。

7.2.2　延伸产业发展链条，拓展提升产业发展新空间

（1）立足农业发展，延伸产业发展链条

在鄂西武陵山区典型案例长阳县的乡村产业发展特征中可以看到，传统种植业在农业生产中的比重依旧较大，农产品加工业的发展依然处于萌芽起步阶段，农村产业链条停留在农产品原料生产这一环节，农村产业发展在价值取向上被限制在较低的水平。未来鄂西武陵山区乡村应立足当地资源，延伸农村产业发展链条，实现原料与加工、生产、销售等环节的有机结合，形成产业之间互动关联；破除低效、低价值取向生产，并在空间上围绕产业链的各项经济活动，布局除农业种植空间以外的新型产业空间，进而拓展乡村产业发展空间。如以"粮头食尾、农头工尾"为抓手，改变农村卖原料、城市搞加工的格局，结合乡村资源进行农产品精深加工，培育发展壮大一批特色农业产业园。

（2）全要素立体化的产业空间布局新模式

鄂西武陵山区立体化的气候条件使乡村生产要素在垂直空间上分散分布，进而形成竖向梯度分层的空间格局（如图7.1所示）。针对这种生产要素的空间分层现象，通过优化农林牧副渔等产业结构，统筹乡村全要素的高效生产，将传统意义上种植业主导下的农业生产转向由山区立体化多空间场域协同生产的新格局，提升原有产业空间生产效率，成为支撑鄂西武陵山区乡村产业发展的重要策略。优势生产要素富集的低海拔滨水地区，是乡村产业活动的主要场域，同时也是乡村人居、社会文化活动的主要空间场域，这一区域的产业发展主要围绕产业专业化，以村庄功

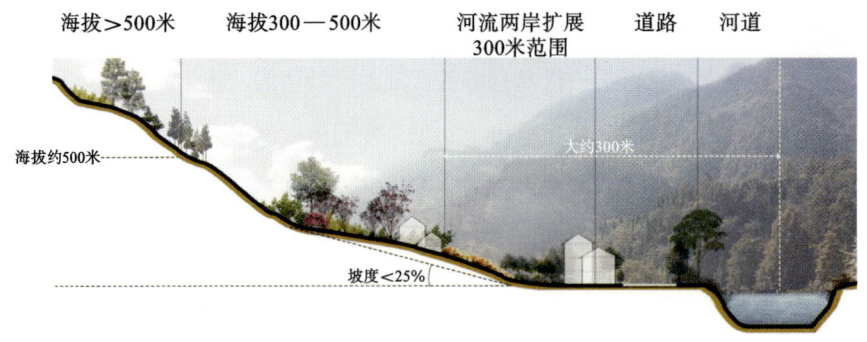

图 7.1　长阳县乡村生产要素竖向梯度布局示意图

（图片来源：作者自绘）

能共同体为基础单元组织生产，形成产业发展的规模集聚效应。随着海拔的抬升，乡村生产要素种类增多，但可提供农业生产的绝对要素数量减少，由于这一区域土地条件制约，以及缺乏有效的道路及其他基础设施的支撑，该区域应避免大规模的种植业的发展，转向以生态化特色发展为导向的精品农业种植，如高山茶叶种植、油茶种植、精品苗木等。而高海拔地区可耕作土地稀缺，则主要通过适度发展林下经济，盘活产业空间（如表7.1所示）。

表 7.1　长阳县乡村产业垂直梯度分布表

序号	产业竖向结构分区	产业门类	产业要素特征	平面分布特征
1	河道两侧 300 m 以内	有机农业、花卉苗木、农产品加工等	要素连续性较强，与交通要素耦合性高，空间资源整合程度高	耦合于道路及河流走向形成连续的带状分布
2	距离河道 300 m 以上，海拔 300—500 m 的坡地	特色种植、山林畜牧、经济林木种植	要素具有多样性，且要素功能具备向旅游服务功能转化的潜力	空间功能多样分化，典型耕作用地零散，但产业要素斑块划特征显著
3	海拔 500 m 以上	高山蔬菜、有机茶园、原生果园	环境依赖度较高	基于土壤特质以及自然地理条件呈现组团状分布

7.2.3　培育以村庄功能共同体为核心的产业规模化发展新模式

总体上来看，鄂西武陵山区乡村产业发展维系着村民个体化小农生产的模式，村庄层面没有形成统筹协作村民生产的集体性合作组织。同时，由于资源匮乏影响下的内生性发展带来的低水平均衡，村庄之间在产业结构与发展模式上存在同构的现象；加上鄂西武陵山区乡村外在导入资源的有限性，实际上村际更多地体现出对有限资源要素的竞争性争夺，产业协同发展较为少见。追根究底，这一现象源于村民与村庄的个体化生产带来的资源与生产价值的细碎化，最终自下而上影响乡村整体发展的提升。这种带有一定"原子化"倾向的个体化农业生产模式，反映出鄂西武陵山区乡村产业发展在村庄内部及村际缺乏产业统筹的现实问题。因此，破题这种发展格局需要从区域乡村资源要素的规模化整合与流通出发，以集体化生产思路组织村庄内在生产，以功能整合协同发展思路在村际整体性布局产业空间，在县域空间地域内通过基础生产单元的重构与等级跃迁，自下而上形成产业功能单元多元化布局的新局面。

从鄂西武陵山区县域存在的几种乡村空间体系组织的模式来看，这里要构建的基础生产单元并非停留在自然村落、村民小组与行政村等微观空间层级，而是以多村协作形成的村庄功能共同体作为基础生产单元。生产单元与自然地理单元高度耦合，且在空间组织上具有互动关联性，围绕某一类或几类生产功能，形成村际具有生产协同关系的统一功能整体。通过基础生产单元等级从村民个体的无序组织跃迁至村庄功能共同体的整体性组织，实现生产的统一化与规模化。基础生产单元的等级跃迁带来村庄内部与村际的产业交易成本大大降低，乡村产业发展的低效与低价值化倾向被高效的新模式所取代，进而有助于实现产业发展水平质的转变。

7.2.4　以设施建设打通产业功能整合通道

鄂西武陵山区县域乡村空间体系组织模型除包含不同层级功能组团形成的功能节点以外，同时还包含联系各节点的产业信息交换廊道。因此，在围绕村庄核心的产业功能，组织各级节点自下而上构建高等级功能共同体的过程中，需要保证在功能共同体内部节点村庄之间，以及在功能共同体之间，形成要素交流与产业功能协作通畅的联系通道，这是构建完整的产业空间体系的重要支撑。从具体的建设内容上看，道路交通设施以及信息化平台建设是构建产业信息交换廊道的主要方式，特别是县道、省道、国道等高级别道路设施的建设对山区乡村产业快速提升及城乡产业一体化具有重要推动作用。而乡道及通村道路体系的系统性梳理和打造，也将在底层村庄架构乡村产业发展的微观网络通道。除此之外，鄂西武陵山区乡村产业发展仍需关注山区乡村空间要素的资源化、产业化问题，通过适度的市场化与资本化运作，以适配乡村地域性特点的新型乡村产业发展信息平台的形式，对接未来互联网时代的市场化新要求。

在道路交通设施建设方面，由于鄂西武陵山区县域乡村空间体系组织的层级性，其等级结构中的"县域—乡村主体功能区—村庄功能共同体—行政村"四级结构，对应的需要构建的产业信息交换廊道共有三个等级，自上而下包含：县域层面主体功能区之间的联系通道，中观层面主体功能区内部的村庄功能共同体联系通道，以及中观层面村庄功能共同体内部的行政村联系通道。

（1）县域道路交通基础设施建设

鉴于鄂西武陵山区乡村复杂特殊的地理环境，在县域层面实现各主体功能区之间的高等级快速交通网络体系具有较大难度，可在当前县域高等级道路交通设施的现状基础上，适度对交通设施进行维护提升，保证其交通通畅性，同时对空间上确实存在较强关联的主体功能区，可将现存的低级别道路交通设施进行提档升级，如将个别干线联系的乡道提升为县道级别，以适应其高层级功能组团之间联系性的需要。

（2）乡村主体功能区内道路交通基础设施建设

在主体功能区内部，村庄功能共同体为基本的生产单元，个体之间空间要素流通的顺畅性，关系到整体产业功能的高效化运作，村庄功能共同体之间的产业联系通道构建成为县域乡村道路交通设施建设的核心内容。前述县道等高等级道路架构起乡村空间联系的骨架，但在村庄功能共同体内部仍需形成流畅的联系回路，以提升个体村庄之间的要素流通效率。具体来看，县域的乡道构成了这一层级村庄功能共同体之间的联系主体，而山区县域乡道尽端式分布的问题仍需通过联系回路的建设及对通村道路的提档升级进行补充性的完善，以保证部分远离干线交通的村庄功能共同体与主体功能区服务核心之间维持至少1条乡道以上级别的道路联系。

（3）村庄功能共同体内道路交通基础设施建设

在村庄功能共同体基础生产单元内部，行政村个体之间的产业生产行为更多地表现为集体化的整体生产，即村庄围绕某一类或几类具有地域特色的产品进行规模化的生产，这时村际的竞争关系被更为明确的产业协同关系所替代。村庄之间道路设施建设同样遵循围绕高等级道路交通骨架、强化村际联系回路的建设原则，使中心村与各一般村之间维持至少1条主要的联系通道，并通过"毛细血管"式的通村道路的连通建设，增加联系的流畅性，以保证村庄功能共同体内部产业组织的有序性以及公共服务设施供给服务的效能最大化。

7.3 社会治理转型策略

乡村社会治理是指在乡村社会所遵循的制度框架内，多元社会参与主体通过平等对话、沟通协商，依法对社会生活、社会事务、社会组织进行合理引导和适度规范，以实现社会公共利益最大化的过程。我国乡村治理共经历了封建社会的"官政自治"到民国时期的"专政劣治"，从中华人民共和国成立初期集体化生产时期的"集权统一"到改革开放以来的"乡政村治"四个时期[130]。当前"乡政村治"下的鄂西武陵山区乡村社会是以"小农"为基础的组织架构，在强势的市场竞争环境下，无组织的"小农"无法成为市场的主体，未来鄂西武陵山区乡村社会治理转型的重点在于如何让无序的小农组织成为有组织的社会性团体。

同时，乡村社会治理转型需要围绕其产业发展结构的转变进行结构性的调整与适配。围绕产业功能单元化发展的乡村空间体系，需要在乡村治理体系层级方面与其形成对应关系，并通过与乡村产业发展过程的嵌入，与生产经营活动形成良性互动。因此，鄂西武陵山区乡村社会治理的重点内容聚焦四个方面内容：一是乡村社会治理体系的层级性构建；二是明确与产业发展契合的社会合作组织体系的内涵内容；三是乡村社会治理转型的政策制度保障；四是打造具有鄂西武陵山区地域文化特色的社会治理品牌。

7.3.1 构建重心下移的"乡镇—行政村—自然村"三级乡村社会治理体系

鄂西武陵山区乡村的社会组织结构与传统的乡村社会管理结构高度同构，即在"乡政村治"的治理格局下，形成"乡镇—行政村—村民小组"的三级治理结构。而鄂西武陵山区村域面积普遍较大，村落空间呈现出大分散小集中的空间特征，小地域单元下的自然村落往往拥有更为紧密的社会组织联系，邻里也更加熟悉，村民社会聚合力也往往越强，因此，对于鄂西武陵山区的乡村来说，乡村社会治理应当以自然村落为重点进行基础性的组织。而传统乡村社会管理结构下的村民小组作为社会治理的基础单元，并不能在自然村落层级提供更加基础的治理内容，鄂西武陵山区乡村社会治理结构在底层基础层面存在空间层次不匹配的问题。因此，乡村社会治理结构中的基础治理单元从村民小组过渡至自然村落的"重心下移"工作，成为鄂西武陵山区乡村社会治理体系结构优化的重要内容。

对于鄂西武陵山区乡村来说，社会治理的重心下移带动社会治理结构向"乡镇—行政村—自然村"的三级结构，或"乡镇—行政村—村民小组—自然村"的四级结构转变。而不同等级的社会治理结构又与村庄自然环境特征、产业发展状况、村民社群关系以及地域的文化差异息息相关，村域地域范围愈广、产业发展以及社群关系愈复杂、文化差异愈强烈的乡村地区，在社会组织治理过程中更需要以村民小组的形式进行更为细致的结构区划；同时也需要借助村民小组中存系的干群关系，对自然村基础单元的治理行动进行适度调适，其乡村社会治理结构往往选择包含村民小组的四级结构。除此之外，鄂西武陵山区大部分的村庄基本延续"乡镇—行政村—自然村"的三级社会治理结构体系。

另外，从乡村社会治理半径来看，鄂西武陵山区乡村社会治理存在治理半径扩大的趋势。公共服务设施与基础设施的合理配置是维系乡村社会组织关系良性运转的重要途径，乡村的社会治理需要在空间上与公共服务设施及基础设施体系耦合形成治理主线。服务设施供给需要具有一定的人口规模基础，而鄂西武陵山区乡村空间在人口老龄化与村庄空心化的影响下逐渐凋敝衰落，人口的持续外流导致部分乡村聚落需通过适度的合并适配乡村公共服务设施配给的最低标准。因此，未来鄂西武陵山区乡村社会治理除关注治理层级向微观自然村落的"重心下移"以外，还需要关注与公共服务设施及基础设施配置半径增加的空间适配性问题。乡村社会治理在行政村层级通过公共服务设施、基础设施体系的纽带作用，与自然村湾基层治理单元形成关联，并将社会治理结构的内容与服务范围进行相应的扩展。同时，通过下沉至自然村湾的乡村治理体系的构建，反向推动乡村社会各类公共服务设施与基础设施的供给配置。

7.3.2 构建生产合作、供销合作、信用合作"三位一体"的综合性农民合作社体系

我国落后山区乡村发展的共性问题是乡村生产组织的无序性导致乡村对接市

场主体地位的缺失，乡村的生产过程成为低价值、低效率与低市场话语权的简单生产过程。乡村的社会治理在调整适配乡村产业转型发展新要求方面，需要将生产组织关系由传统的个体化向集体合作化方向转变，这一过程也将传统的个体生产的无序组织，转向涉及乡村产业发展全流程的集体性合作生产，包括产品的生产资料采购、种植、生产、销售等过程。同时对于鄂西武陵山区乡村来说，除从外部对乡村地区进行资源要素导入以外，更重要的是需要从乡村内部挖潜与发展属于村民自己的乡村资本，这需要对关系到乡村发展关键的金融信用体系进行创新性的构建，进而从内外两方面形成对鄂西武陵山区乡村发展的整体支撑。将与产业生产关联的社会治理内容分为两个部分，一是围绕产业生产全过程的社会生产组织关系的构建，二是村庄内生性金融信用体系的构建。

（1）构建适配产业生产全过程的生产合作社服务体系

在社会生产组织关系方面，社会治理的内容需全面贯穿农业生产过程，通过综合性农民合作社的形式，将小农生产行为转变为村社集体性的生产行为。在生产过程中以专业合作社的形式生产某种特色产品；在原料与其他物资采购环节则通过专业合作社或县、镇一级农业协会进行统购，以规模化采购的形式降低生产资料的投入费用；通过村级合作社或县、镇农业协会整体销售各项产品，有助于避免"小农户对接大市场"的现象出现，并通过特色产品产量规模的增加，提升农业生产的产业化与品牌化程度。社会生产组织关系方面的治理优化内容落脚于村社集体的组织架构的转变，而治理的主要内容集中在村庄层级各类集体性生产合作社的构建，以及在县乡两级农业协会的组织建设。这一过程的目的是适配产业规模化发展的需求，同时伴随着产业发展水平的提升，有序地培育村社集体经济。

（2）通过乡村内置金融体系构建，释放乡村组织活力

村庄的金融信用体系构建，主要包括涉农金融体系制度的创新与乡村内生金融信用体系培育两个部分。鄂西武陵山区乡村为欠发达山区，由于产业经济发展水平的限制，银行金融资金的"逐利性"使转移导入乡村地区的金融资金并无富余，以小农经济为主要特征的鄂西武陵山区农民"贷款难、贷款贵"的问题突出。这也反映出当前金融供给制度、农村信贷抵押机制、金融主体培育等问题成为影响未来乡村金融信用体系构建的关键问题。未来在金融供给制度方面，需要扭转当前由银行主导的金融借贷格局，将社会资金与村社内部资金纳入金融供给范畴，从源头上多元化丰富金融资金来源。特别是村社内生性金融体系的构建，对于未来培育属于村民自己的乡村资本、提升对接市场化金融资金的主体地位具有重要意义。如信阳市郝堂村通过内置金融体制的创新性设计实施，实现村庄由贫困山村向国家美丽乡村建设示范村角色的转变。

相对于外部金融的导入，村庄内生金融信用体系的完善与构建更为重要。内生金融信用体系主要依托山区乡村静态的生产要素，将土地、山林、房屋、生产工具等作为抵押物在村社集体内部进行金融借贷，因此，相比外置金融，内生金融更加贴近村社与村民。乡村的内生金融同样可以在"县—镇—村"三级形成穿透性的体系性建设：在县级农会中设置专门的农村金融信用服务部门，对全县农村内生金融的资金进行整合管理与投资运营，所获取的利益以股息、利息或分红的形式，最终再分配给农民；镇一级农会的金融信用服务部门主要负责汇集所辖地区的农村金融资金，并对农村金融所经营的业务事项进行审查校核；在村庄层面，以村社集体为单位协调村民的金融借贷需求，同时结合村庄的发展情况，作为内生金融的参与者制定相关金融决策。

7.3.3　文化嵌入打造乡村社会治理品牌

随着经济社会的发展，文化治理逐渐成为许多国家现代治理的热潮。在全面深化改革、推进国家治理体系和治理能力现代化的发展目标下，文化作为社会经济发展的内核因素，在国家与地区社会治理体系中扮演着重要角色。从文化治理的内涵来看，文化治理是多元主体以合作共治的方式治理文化，并利用文化的功能来达成政治、社会和经济等多重治理目标的过程。由此可见，文化治理参与国家与地方社会治理的方式主要包括两个方面：首先，文化治理作为社会治理的一种工具，实现"校正社会文化趣味，提高文明水平"的治理目标；其次，文化作为治理内容与对象，以问题导向的形式，针对国家或地区发展中产生的社会、经济、文化问题进行多元共治活动。

对于鄂西武陵山区的乡村来说，内生性经济影响下的乡村社会结构带有向个体"原子化"发展的趋势，农民生产活动的个体理性加上当前基层政权协调作用失效，使传统的基于血缘、地缘关系形成的熟人社会逐渐瓦解，乡村社会也出现多元价值观认知的分化。集体主义消解、利己主义至上导致乡村传统伦理凋零，乡村出现伦理危机。因此，鄂西武陵山区文化治理的主要内容既包含了复兴乡村伦理文化、实现乡村乡风文明的振兴目标，同时也包含了将乡村文化融入乡村振兴战略，创新性地通过制度建设，实现地域文化的传承保护与创新性的文化产业发展的目标。

（1）复兴乡村伦理文化，振兴乡风文明发展

复兴乡村伦理文化，并不是对乡村传统伦理文化的全盘继承，而是有选择地对伦理文化中的精华加以继承与发扬，包括传统伦理中安贫乐道的朴素民风，重义轻利的传统经济伦理，敬老孝道、扶危救困、邻里互助的社会伦理等内容。随着未来鄂西武陵山区乡村新型集体合作型生产关系的构建，未来乡村社会生活中的个体与集体的关系需要在相互博弈中实现个体服从并维护集体整体利益的治理目标。文化治理在实现其社会治理的工具属性时，需要将传统伦理文化与现代精神进行融合，以更好地契合乡村社会组织场景，实现对村民行为的约束和规范，并通过村规民约等形式形成集体性的准则。

在推进乡村文化治理的过程中，需要关注乡村文化治理的空间载体及平台建设。鄂西武陵山区作为少数民族欠发达地区，文化资源要素较丰厚，但整体文化空间缺乏较好的空间承载，同时在地区乡村文化的建设方面也存在滞后性。未来鄂西武陵山区乡村文化空间打造需要实现文化内容挖掘、文化组织孵化、文化团体建设、文化活动组织、文化产品打造的全面提升。在文化内容挖掘方面，围绕少数民族文化形成具有地域特色的生产与生活文化，并通过文化展示技术的创新，形成地区村民易于接受的文化内容，同时对传统文化中的精华进行组织培训教育、挖掘并传承"老艺术"、"老手艺"；通过文化活动的组织，激发文化团体的孵化，以文化活动丰富地区群众的文化生活，提升乡村文化凝聚力；围绕"土家文化"、"土司文化"等少数民族地域文化主体，策划创作文化展示活动，扩展地区文化服务对象，并通过外延文化产品的生产销售，增强文化服务功能向旅游服务功能的转变，实现文化要素向文化资源的转化，最终通过市场化的运作，将文化资源转化为文化产业，在实现鄂西武陵山区乡村乡风文明治理目标的同时，优化地区乡村产业结构。

（2）培育乡村文化治理品牌，振兴乡村文化产业

除文化治理的工具属性以外，文化治理的另外一个属性体现在乡村社会治理过程中对其文化功能的创新性利用，即在文化治理形成和谐有序的社会文化伦理秩序、实现乡风文明的目标后，对地区文化内核进行挖潜，提炼适合地区地域文化特质的要素，适度进行创新性利用，将文化治理嵌入乡村产业的整体发展，为地区的整体发展创造新的机遇。

从乡村社会文化资源的类型上看，乡村社会特有的生产与生活环境、各类生产资料、种植产出产品、农业生产方式，以及农村的风土人情与田园景观，都可以成为发展乡村文化产业的要素来源。同时，农耕文化传承下的乡村生活与生产方式也逐渐被赋予了更多的文化内核，其基本服务职能由传统的服务农业向旅游服务业转化，而与此相关的各类传统农耕物品、传统服饰与地域饮食文化也逐渐成为乡村文化产业的新类型。鄂西武陵山区丰富的生态环境赋予了乡村丰富的农耕文化遗产，对现存的农耕文化遗产一方面进行充分保护，保护其存在的生态文化环境的完整性，另一方面也充分挖掘文化遗产的现代价值，活化文化遗产的利用方式，保证农村居民能够从文化遗产中持续获得文化、生态、社会效益，以促进其更好地投入对文化遗产的保护工作中。

除此之外，对于主题性文化资源的保护利用，需要将乡村文化资源融入地区农业发展的进程中，实现文化产业与地区其他产业的融合发展。这种融合型发展路径所带来的整合发展，不仅体现在文化产业与其他产业的整合上，同时还包括了乡村文化产业与区域整体文化旅游产业融合的过程。首先，文化资源在与乡村产业发展融合的过程中需要吸纳现代文化中的多元要素，实现从依托村庄的内生性发展到依托多元文化内核的内外融合型发展，通过文化产业发展为地域文化注入新的发展活力，形成以地域特色文化为基础、外在多元文化为支撑的发展格局，如将文化与互联网技术、数字产业、信息产业结合，扩展文化服务受众，扩大地区文化影响力，打造地域文化产业品牌。其次，在与区域整体文化旅游产业的整合过程中，需要关注到乡村文化主题性旅游虽在服务对象与内容上与周边大型旅游服务景区存在互补性，但由于整体旅游资源节点的空间分散性，以及乡村旅游产业缺乏整体统筹，在服务层次与等级上难以与旅游景区服务能力形成较好的匹配，难以形成较好的区域文化旅游产业的联动效应。因此，未来鄂西武陵山区乡村文化产业的发展，不仅需要统筹完善乡村文化旅游产业体系，通过多样差别化的乡村文化旅游主题的塑造，提升旅游服务能力与服务层次，同时还要将乡村文化旅游纳入区域旅游的整体格局，从区域旅游产业联动的角度，审视乡村文化旅游扮演的角色与定位，从区域发展的整体格局出发谋划乡村产业发展的新格局。

参 考 文 献

[1] 毛婧瑶，葛咏，赵中秋，等. 武陵山贫困片区扶贫成效评价与空间格局分析[J]. 地球信息科学学报，2016，18（3）：334-342.

[2] 张丽红. 长阳县农村贫困人口空间特征及治理对策研究[D]. 武汉：华中科技大学，2016.

[3] 陈宗兴，陈晓键. 乡村聚落地理研究的国外动态与国内趋势[J]. 世界地理研究，1994（1）72-79.

[4] HALFACREE K H. Locality and social representation：space，discourse and alternative definitions of the rural[J]. Journal of Rural Studies，1993，9（1）：23-37.

[5] 叶超. 人文地理学空间思想的几次重大转折[J]. 人文地理，2012，27（5）：1-5，61.

[6] HALFACREE K. Rural space：constructing a three-fold architecture[M]//CLOKE P，MARDSEN T，MOONEY P. Handbook of rural studies. London：SAGE，2006：44-46.

[7] 李红波，胡晓亮，张小林，等. 乡村空间辨析[J]. 地理科学进展，2018，37（5）：591-600.

[8] 顾朝林. 中国城镇体系——历史·现状·展望[M]. 北京：商务印书馆，1992：1.

[9] 平亮，宗利永. 基于社会网络中心性分析的微博信息传播研究——以Sina微博为例[J]. 图书情报知识，2010（6）92-97.

[10] 郭晓东. 黄土丘陵区乡村聚落发展及其空间结构研究[D]. 兰州：兰州大学，2007.

[11] 金其铭. 农村聚落地理[M]. 北京：科学出版社，1988：7-12.

[12] 白吕纳. 人地学原理[M]. 任美锷，李旭旦，译. 南京：钟山书局，1935：10-27.

[13] HILL M. Rural settlement and the urban impact on the countryside[M]. London: Hodder & Stoughton, 2003.

[14] 严钦尚. 西康居住地理[J]. 地理学报，1939，6（1）：43-58.

[15] 陈述彭，杨利普. 遵义附近之聚落[J]. 地理学报，1943，10：69-81.

[16] 金其铭. 农村聚落地理研究——以江苏省为例[J]. 地理研究，1982，1（3）：11-20.

[17] 金其铭，董昕，张小林. 乡村地理学[M]. 南京：江苏教育出版社，1990.

[18] 王焕，徐逸伦，魏宗财. 农村居民点空间模式调整研究——以江苏省为例[J]. 热带地理，2008（1）68-73.

[19] 杨凯健，黄耀志. 乡村空间肌理的保护与延续[J]. 小城镇建设，2011（3）65-69.

[20] 陆元鼎，魏彦钧. 广东潮安象埔寨民居平面构成及形制雏探[J]. 华南理工大学学报（自然科学版），1997（1）33-40.

[21] 裴安平. 澧阳平原史前聚落形态的特点与演变[J]. 考古，2004（11）63-76.

[22] 刘顺. 洞庭湖流域史前聚落形态研究[D]. 湘潭：湘潭大学，2008.

[23] 鲁西奇. 人群·聚落·地域社会：中古南方史地初探[M]. 厦门：厦门大学出版社，2012.

[24] 郑涛. 2000年代以来江都区农村劳动力与集体土地利用关系研究[D]. 武汉：华中科技大学，2015.

[25] 任国平，刘黎明，付永虎，等. 都市郊区乡村聚落景观格局特征及影响因素分析[J]. 农业工程学报，2016，32（2）：220-229.

[26] 约翰·冯·杜能. 孤立国同农业和国民经济的关系[M]. 吴衡康，译. 北京：商务印书馆，1986.

[27] 阿尔弗雷德·韦伯. 工业区位论[M]. 李刚剑，等译. 北京：商务印书馆，1997.

[28] 吴文恒，牛叔文，郭晓东，等. 黄淮海平原中部地区村庄格局演变实证分析[J]. 地理研究，2008（5）1017-1026.

[29] 曾山山，周国华，肖国珍，等. 地理学视角下的国内农村聚居研究综述[J]. 人文地理，2011，26（2）：68-73.

[30] 乔家君. 乡村社区空间界面理论研究[J]. 经济地理, 2012, 32（5）: 107-112.

[31] 何峰, 柳肃, 易伟建. 基于人居环境科学视角的历史文化名村整治规划研究——以湖南省张谷英村为例[J]. 热带地理, 2012, 32（5）: 457-463, 486.

[32] 何峰, 陈征, 周宏伟. 湘南传统村落人居环境的营建模式[J]. 热带地理, 2016, 36（4）: 580-590.

[33] 文晓璐. 哈尔滨乡村聚落自组织空间形态研究[D]. 哈尔滨: 哈尔滨工业大学, 2016.

[34] CLOKE P, MILBOURNE P, WIDDOWFIELD R. The local spaces of welfare provision: responding to homelessness in rural England[J]. Political Geography, 2001, 20: 493-512.

[35] 张义丰, 贾大猛, 谭杰, 等. 北京山区沟域经济发展的空间组织模式[J]. 地理学报, 2009, 64（10）: 1231-1242.

[36] 吕红医. 中国村落形态的可持续性模式及实验性规划研究[D]. 西安: 西安建筑科技大学, 2005.

[37] 姜雪婷, 严力蛟, 后德仟. 广东永汉传统农村的聚落生态观[J]. 生态学报, 2011, 31（19）: 5654-5662.

[38] 翁一峰. 苏南乡村人地空间组织与模式探究——以产权关系为视角[J]. 城市规划学刊, 2014（6）30-37.

[39] 乔杰, 洪亮平, 王莹. 全面发展视角下的乡村规划[J]. 城市规划, 2017, 41（1）: 45-54, 108.

[40] 王竹, 范理杨, 陈宗炎. 新乡村"生态人居"模式研究——以中国江南地区乡村为例[J]. 建筑学报, 2011（4）22-26.

[41] WOODS M. Regions engaging globalization: a typology of regional responses in rural Europe[J]. Journal of Rural and Community Development, 2013, 8（3）: 113-126.

[42] TORRES R M, CARTE L. Community participatory appraisal in migration research: connecting neoliberalism, rural restructuring and mobility[J]. Transactions of the Institute of British Geographers, 2014, 39（1）: 140-154.

[43] 梁漱溟. 乡村建设理论[M]. 上海：上海人民出版社，2011.

[44] 孙诗锦. 启蒙与重建：晏阳初乡村文化建设事业研究（1926—1937）[M]. 北京：商务印书馆，2012.

[45] 王金霞，赵丹心. 定县模式——北碚模式：两种不同乡村建设模式的取舍[J]. 河北师范大学学报（哲学社会科学版），2005（3）10-14.

[46] 张富刚，刘彦随. 中国区域农村发展动力机制及其发展模式[J]. 地理学报，2008，63（2）：115-122.

[47] 龙花楼，李婷婷，邹健. 我国乡村转型发展动力机制与优化对策的典型分析[J]. 经济地理，2011，31（12）：2080-2085.

[48] 陈晓华，曹梦莹. 国外乡村空间重构研究述评[J]. 安徽农业大学学报，2019，46（2）：275-281.

[49] MARSDEN T. New rural territories：regulating the differentiated rural spaces[J]. Journal of Rural Studies，1998，14（1）：107-117.

[50] HRUSKA V. Strategic planning of the Czech rural space：the analysis of its failure，improving its image on the example of the Moravskoslezský region[J]. Europa Regional，2010，18：163-175.

[51] KERSELAERS E，ROGGE E，VANEMPTEN E，et al. Changing land use in the countryside：stakeholders' perception of the ongoing rural planning processes in Flanders[J]. Land Use Policy，2013，32：197-206.

[52] TOMASCIUC A I，IATU C. The influence of urban sprawl on the geo-demographic dynamics of periurban rural space. case study on the postsocialist expansion of Suceava City[C]//International Scientific Conference Geobalcanica，2016：375-382.

[53] MARSDEN T，SONNINO R. Rural development and the regional state：denying multifunctional agriculture in the UK[J]. Journal of Rural Studies，2008，24（4）：422-431.

[54] BOURNARIS T，MOULOGIANNI C，MANOS B. A multicriteria model for the assessment of rural development plans in Greece[J]. Land Use Policy，2014，38：

1-8.

[55] DROBNJAKOVIĆ M, VUKSANOVIĆ-MACURA Z, SPALEVIĆ A, et al. Researching and planning the rural space: the work of Branislav Kojić[J]. J. Geogr. Inst. Jovan Cvijic, 2017, 67（2）：195-211.

[56] AMIT-COHEN I. ‘Conservation rural space’— the case of agricultural cooperative settlements and open space in Israel[J]. Int. J. HA, 2017, 2（1）：159-173.

[57] JONES R D, HELEY J. Post-pastoral? rethinking religion and the reconstruction of rural space[J]. Journal of Rural Studies, 2016, 45: 15-23.

[58] 陈晓华, 张小林. 国外乡村社区变迁研究概述[J]. 皖西学院学报, 2007（5）114-118.

[59] 刘彦随, 刘玉, 翟荣新. 中国农村空心化的地理学研究与整治实践[J]. 地理学报, 2009, 64（10）：1193-1202.

[60] 龙花楼, 屠爽爽. 论乡村重构[J]. 地理学报, 2017, 72（4）：563-576.

[61] 王天一. 土地流转背景下北京地区乡村空间重构策略研究[D]. 北京：北京建筑大学, 2017.

[62] 储程, 李广斌. 尺度重组视角下的城郊型乡村空间重构——以常州市窑港村为例[J]. 现代城市研究, 2018（8）52-58.

[63] 张小林. 乡村空间系统及其演变研究[M]. 南京：南京师范大学出版社, 1999.

[64] 石忆邵. 国内外村镇体系研究述要[J]. 国际城市规划, 2007（4）84-88.

[65] 张杜娟, 刘科伟. 村庄体系重构与县域经济发展问题分析——以陕西省咸阳市三原县为例[J]. 生产力研究, 2010（5）181-183.

[66] 斯坦利·沃瑟曼, 凯瑟琳·福斯特. 社会网络分析：方法与应用[M]. 陈禹, 孙彩虹, 译. 北京：中国人民大学出版社, 2012.

[67] 崔曙平. 如何构建新型城镇[J]. 城乡建设, 2005（2）40-41.

[68] 黄晓军, 黄馨, 王颖. 新时期县域村镇体系规划编制的思考——以吉林省集安市为例[J]. 国土与自然资源研究, 2011（2）38-39.

[69] 张京祥, 张小林, 张伟. 试论乡村聚落体系的规划组织[J]. 人文地理, 2002（1）85-88, 96.

[70] 唐劲峰. 统筹城乡发展的县域村镇体系规划编制方法研究[D]. 长沙: 中南大学, 2007.

[71] 刘和涛. 县域村镇体系规划统筹下"多规合一"研究[D]. 武汉: 华中师范大学, 2015.

[72] 王昭娜. 成都市近郊乡村居民点布局研究[D]. 成都: 西南交通大学, 2012.

[73] ISARD W. Location and space-economy[M]. New York: MIT Press and John Wiley & Son, 1956.

[74] 刘玉, 刘彦随, 郭丽英. 乡村地域多功能的内涵及其政策启示[J]. 人文地理, 2011, 26 (6): 103-106, 132.

[75] 李瑛, 陈宗兴. 陕南乡村聚落体系的空间分析[J]. 人文地理, 1994, 9 (3): 13-21.

[76] 马晓冬, 李全林, 沈一. 江苏省乡村聚落的形态分异及地域类型[J]. 地理学报, 2012, 67 (4): 516-525.

[77] 李立. 乡村聚落: 形态、类型与演变——以江南地区为例[M]. 南京: 东南大学出版社, 2007.

[78] 杜国明, 杜蕾, 薛剑, 等. 黑龙江省垦区与农区居民点体系对比研究[J]. 东北农业大学学报, 2012, 43 (11): 133-139.

[79] 袁莉莉, 孔翔. 中心地理论与聚落体系规划——以苏州工业园区中心村建设规划为例[J]. 世界地理研究, 1998, 7 (2): 67-71.

[80] 蔡瀛, 孙波. 广东中心镇发展现状与思路探讨[J]. 小城镇建设, 2005 (3) 15-18.

[81] 王婷, 周国华, 杨延. 衡阳南岳区农村居民点用地合理布局分析[J]. 地理科学进展, 2008 (6) 25-31.

[82] 张如林. 城镇密集地区农村居民点空间发展模式探讨——以嘉兴为例[J]. 规划师, 2007, 23 (8): 75-78.

[83] 葛丹东, 华晨. 适应农村发展诉求的村庄规划新体系与模式建构[J]. 城市规划学刊, 2009 (6) 60-67.

[84] （法）阿·德芒戎. 人文地理学问题[M]. 北京: 商务印书馆, 1993: 135-139.

[85] 德伯里. 人文地理: 文化　社会与空间[M]. 王民, 王发曾, 程玉申, 等译. 北

京：北京师范大学出版社，1988：181-190.

[86] 林超，楼桐茂，郭令智. 大巴山地理考察简报[J]. 地理，1935，3（34）：1-4.

[87] 朱炳海. 西康山地村落之分布[J]. 地理学报，1939，6：40-43.

[88] 胡振洲. 聚落地理学[M]. 台北：三民书局，1977：32-45.

[89] 金其铭，董新，陆玉麒. 中国人文地理概论[M]. 西安：陕西人民教育出版社，1990：171-176.

[90] 王传胜，孙贵艳，朱珊珊. 西部山区乡村聚落空间演进研究的主要进展[J]. 人文地理，2011，26（5）：9-14.

[91] 陈永林，谢炳庚. 江南丘陵区乡村聚落空间演化及重构——以赣南地区为例[J]. 地理研究，2016，35（1）：184-194.

[92] 李骞国，石培基，刘春芳，等. 黄土丘陵区乡村聚落时空演变特征及格局优化——以七里河区为例[J]. 经济地理，2015，35（1）：126-133.

[93] 洪惠坤，廖和平，李涛，等. 基于熵值法和Dagum基尼系数分解的乡村空间功能时空演变分析[J]. 农业工程学报，2016，32（10）：240-248.

[94] 张瑜，李德智，洪亮平. 武陵山区特困区自然村空间特征及演变机制研究——以湖北省长阳沿头溪小流域自然村为例[C]//中国城市规划学会，杭州市人民政府. 共享与品质——2018中国城市规划年会论文集（18乡村规划）. 杭州：中国城市规划学会，2018：11.

[95] 汤汇道. 社会网络分析法述评[J]. 学术界，2009（3）205-208.

[96] 刘法建，章锦河，陈冬冬. 社会网络分析在旅游研究中的应用[J]. 旅游论坛，2009（2）172-177.

[97] 张文宏，阮丹青，潘允康. 天津农村居民的社会网[J]. 社会学研究，1999（2）108-118.

[98] 林聚任. 社会网络分析：理论、方法与应用[M]. 北京：北京师范大学出版社，2009.

[99] SNICKARS F，WEIBULL J W. A minimum information principle[J]. Regional Science & Urban Economics，1977，7（1-2）：137-168.

[100] LIN N，COOK K S，BURT R S. Social capital：theory and research[M]. New

York：Aldine Transaction，2001.

[101] ESCH T，MARCONCINI M. Dimensioning urbanization—an advanced procedure for characterizing human settlement properties and patterns using spatial network analysis[J]. Applied Geography，2014，55（9）：212-228.

[102] 阮丹青，周路，布劳，等. 天津城市居民社会网初析——兼与美国社会网比较[J]. 中国社会科学，1990（2）157-176.

[103] 刘军. 社会网络模型研究论析[J]. 社会学研究，2004（1）1-12.

[104] 李林艳. 社会空间的另一种想象——社会网络分析的结构视野[J]. 社会学研究，2004（3）64-75.

[105] 张荣天. 长三角城市群网络结构时空演变分析[J]. 经济地理，2017，37（2）：46-52.

[106] 周丰芝，谢光华，李鑫鸿. 基于SNA的长株潭城市群经济空间网络结构研究[J]. 当代经济，2018（21）54-58.

[107] 葛丽霞，段汉明. 基于SNA的北疆区域城镇空间结构研究[J]. 陕西理工学院学报（自然科学版），2011，27（4）：43-48.

[108] 高阔，邱嫣然，卢雨薇，等. 基于SNA的昌九一体化城市群网络结构的经济联系分析[J]. 九江学院学报（自然科学版），2015，30（4）：1-6，14.

[109] 王雯雯. 基于SNA的村镇体系空间模型研究[D]. 南京：南京师范大学，2016.

[110] 李雪萍，王蒙. 多维贫困"行动—结构"分析框架下的生计脆弱——基于武陵山区的实证调查与理论分析[J]. 华中师范大学学报（人文社会科学版），2014（5）1-9.

[111] 许杨. 长阳县乡村文化空间单元研究[D]. 武汉：华中科技大学，2016.

[112] 侯杰. 长阳县乡村居住空间单元识别及体系建构[D]. 武汉：华中科技大学，2016.

[113] 龙花楼. 论土地整治与乡村空间重构[J]. 地理学报，2013，68（8）：1019-1028.

[114] 陈勇，陈国阶，王益谦. 山区人口与环境互动关系的初步研究[J]. 地理科学，2002（3）282-287.

[115] 周晓然. 生态视角下长阳县农村居民点空间布局优化研究[D]. 武汉：华中科技大学，2016.

[116] DOXIADIS C A. Ekistics, the science of human settlements：ekistics starts with the premise that human settlements are susceptible of systematic investigation[J]. Science, 1970, 170（3956）：393-404.

[117] 吴良镛. 人居环境学科导论[M]. 北京：中国建筑工业出版社，2001：39.

[118] 王飒. 中国传统聚落空间层次结构解析[D]. 天津：天津大学，2011：49-51.

[119] 邬建国. 景观生态学：格局、过程、尺度与等级[M]. 2版. 北京：高等教育出版社，2007.

[120] 戴维·史密斯·卡彭. 建筑理论（上）：维特鲁威的谬误[M]. 王贵详，译. 北京：中国建筑工业出版社，2007.

[121] WACKERNAGEL M, ONISTO L, BELLO P, et al. Ecological footprints of nations：how much nature do they use? how much nature do they have? [R]. Toronto：The Earth Council for the Rio+5 Forum, International Council for Local Environmental Initiatives, 1997.

[122] WACKERNAGEL M, REES W. Our ecological footprint：reducing human impact on the earth[M]. Gabriola Island：New Society Publishers, 1996.

[123] WACKERNAGEL M, ONISTO L, BELLO P, et al. National natural capital accounting with the ecological footprint concept[J]. Ecological Economics, 1999, 29（3）：375-390.

[124] 张志强，徐中民，程国栋，等. 中国西部12省（区市）的生态足迹[J]. 地理学报，2001（5）598-609.

[125] 陈彦光，刘继生. 基于引力模型的城市空间互相关和功率谱分析——引力模型的理论证明、函数推广及应用实例[J]. 地理研究，2002（6）742-752.

[126] 管雯君，杨传勇. 自然资源部统筹下的新型地理设计思路探索[J]. 规划师，2018（12）68-72.

[127] 庄少勤. 新时代的空间规划逻辑[J]. 中国土地，2019（1）4-8.

[128] 董志海，孙青林，李铭. 从生产田园走向宜居家园——对国土空间规划支撑乡

村振兴的思考[J]. 小城镇建设, 2019, 37（11）: 31-38.

[129] 万晔, 司徒群, 朱彤, 等. 云南彝族农村聚落区人地关系研究[J]. 经济地理, 2002（S1）69-72.

[130] 马良灿. 中国乡村社会治理的四次转型[J]. 学习与探索, 2014（9）45-50.